역사는 어떻게
삶의 무기가 되는가

문예춘추 편집

역사는 어떻게
삶의 무기가
되는가

이미경 옮김

베가북스
VegaBooks

프롤로그

지금 우리가 격동하는 세계사의 한가운데에 놓여 있다고 느끼는 사람은 적지 않을 것입니다. 중국의 대두, 트럼프 대통령의 등장, 유럽의 혼란, 갈수록 심각해지고 있는 이민 문제, 벌어지는 격차, 전 세계로 확산하는 테러 행위 등, 손꼽아 헤아릴 수가 없습니다. 이 같은 파도가 의미하는 것은 새로운 시대의 도래일까요, 아니면 세상의 상궤常軌를 벗어나는 패닉의 연쇄일까요? 그 답은 아직 누구도 알 수 없습니다.

틀림없이 과거 세계사의 혼란기에 놓여 있었던 사람들은 지금의 우리와 똑같은, 아니 그보다 더 큰 불안을 안고 있었을 것입니다. 배는 정처 없이 헤매며 어제까지만 해도 잘 보였던 섬의 모습도 점차 멀어지며 눈앞에서 사라져갑니다. 우리 눈앞에는 아무런 표지標識도 없고 누구도 가본 적 없는 망망대해만이 펼쳐져 있을 뿐입니다. 게다가 날씨 또한 시시각각으로 변하며 때로는 짙은 안개가 시야를 가리기도 합니다.

그럼에도 불구하고 인류는 항해를 계속하며 '역사'라는 이름의 지도와 일지를 남겼습니다. 물론 하나하나의 역사는 되풀이되지 않기 때문에 같은 길을 항해하지는 않습니다. 그렇기 때문에 '역사'라는 낡은 지도가 얼마나 도움이 될지 어쩐지, 불안하게 느껴지기도 합니다. 하지만 거기에는 인류가 무수히 많은 고난 속에서 배운 지혜와 쓰디쓴 실패의 교훈이 새겨져 있습니다. 궂은 날씨로 방향을 잃었을 때야말로 선인들이 남긴 기록과 사고를 마주해야 하는 게 아닐까요?

우리는 많은 선택과 시행착오의 결과로, 현재의 지점에 서 있는 것입니다. 무언가를 시도할 때마다 맞닥뜨리는 수많은 문제를 필사적으로 해결한 경험이나 힘에 부쳐 실패하고 말았던 경험이 반복되는 복잡한 사정의 축적, 그것이 바로 '현재'입니다. 그 사정의 복잡함에 망연자실茫然自失할 때도 숱하게 있을 것입니다. 그럴 땐 '처음'으로 거슬러 올라가 그 문제의 소재를 다시 한번 바라보는 것입니다. 그것이 '역사를 통해 배우는 것'이지요.

새로운 시대를 살아가기 위해서는, 새로운 시점으로 역사를 다시 배워야 합니다. 지금의 세상을 현실에 맞게 이해하기 위한 역사. 이 책이 당신을 그 입구로 이끄는 안내서가 될 수 있기를 기원합니다.

분게이슌쥬(문예춘추) 편집부

목차

제1장

고대

01
페르시아 제국이
고대 그리스를 조종했다

생각 없이 믿으면 곤란한 상식

모리타니 기미토시
데이쿄 대학 교수

기원전 5세기의 고대 그리스.

번영의 절정을 맞이했던 아테네에는 기이한 유행이 모습을 드러내고 있었다. 본디 그리스인의 의상은 한 장의 천을 두르기만 할 뿐 소매가 없었는데, 소매도 길고 옷 자체도 기다란 상의를 입는 사람들이 늘어나고 있었던 것이다. 또 노예에게 머리 위로 양산을 씌우게 하고 외출을 한다거나, 실내에서는 자신에게 부채질을 시키는 여자들도 있었다. 이러한 모습은 현존하는 도자기의 문양에서도 찾아볼 수 있다. 소매가 긴 상의, 양산과 부채, 이런 관행은 모두 페르시아풍을 흉내 낸 것으로, 상류 사람들의 모습에서 두드러졌다.

페르시아 스타일을 따라 하는 것은 개인의 취미로만 그치지 않았다. 민주정을 이끄는 몇몇 계층 가운데 하나인 평의원은 원형으로 된 장소에 집결했는데, 그 상부는 우산을 펼친듯한 원뿔형을 하고 있었다. 아크로폴리스 언덕에 세워진 오데온Odeon이라는 이름의 건물은 정사각형의 부지에 9열×9열로 줄지어 선 기둥이 사각뿔의 지붕을 받치고 있는 형태로, 당시의 그리스에서는 생각할 수 없었던 건축 양식이었다. 이는 페르시아 왕의 천막을 모방한 것으로 추정되고 있다. 이처럼 공공 건축물에까지 페르시아 양식이 사용되었다.

이러한 에피소드들은 무엇을 의미하는 걸까?

그리스가 자신들을 침략한 페르시아군을 물리친 페르시아 전쟁(기원전 490년~479년)이 끝나고서 수십 년이 지났을 즈음, 그리스인은 전쟁에서 패배한 페르시아인을 경멸하면서 그들을 왕의 노예나 다름없다고 여기고 있었다. 그러나 한편으로 그리스 사람들은 페르시아인이 전장에 남긴 호화로운 천막이나 금은으로 된 가구 장식품에 감탄하며 이국의 정서가 넘치는 문물에 강한 동경을 품기도 했다. 아테네가 파견한 외교 사절도 페르시아 왕이 내린 호화로운 선물과 수많은 외래품을 받아들였다. 그중에는 공작새도 있었다. 페르세폴리스의 조각에서도 볼 수 있지만, 양산陽傘은 페르시아 왕의 권력을 상징하는 물건이었다. 그런데 아테네의 상류 시민이 이를 흉내 낸 것은 자신의 사회적 지위를 과시하기 위해서였다. 원래대로라면 노예는 생산 노동에 사용해야 한다. 양산을 들고 있는 노예가 어떤 가치를 생산할 수 있겠는가! 그러므로 노예에게 양산을 들고 있도록 했다는 것은, "나는 생산 노동을 하지 않아도 되는 노예까지 거느릴 정도로 많은 재산을 보유하고 있다."는 것을 과시했다는 이야기다.

보통의 경우, 전쟁에서 패배한 측이 승리한 측의 문화를 동경하기 마련이다. 그런데 페르시아 전쟁에서 승리한 그리스 사람들은 패배한 페르시아의 문화를 모방하고, 페르시아의 취미에 빠져버리는 기이한 현상을 보여준 것이다.

풍요로운 아시아, 빈곤한 그리스

그리스 사람들이 그렇게까지 페르시아 스타일에 빠져든 이유는 무엇일까?

이는 세계사에서 배운 것과는 반대로 그리스보다 페르시아가 훨씬 더 풍요로웠기 때문이다. 대부분 산으로 이루어진 그리스의 국토는 메말랐고 포도와 올리브가 자라긴 했지만, 곡물을 자급하기에는 어려웠으며 일부를 제외하고는 귀금속 또한 부족했다. 반면 페르시아인은 소아시아부터 중앙아시아까지 아우르는 대제국을 이루었고, 농작물부터 보석에 이르기까지 풍부한 산물을 보유하고 있었다.

헤로도토스의 《역사》 제1권에 따르면 페르시아 이전에 소아시아를 지배했던 리디아 왕국의 크로이소스왕은 막대한 부를 지녔고, 그 명성은 그리스 안에서도 자자했다. 제7권에는 스파르타에서 망명한 왕이 페르시아의 크세르크세스왕에게 이렇게 말하는 대목이 나온다. "그리스 사람들에게 빈곤이란, 태어날 때부터 함께 하는 동반자와도 같은 것이다."

기원전 479년 플라타이아이 전투에서 페르시아군이 후퇴한 뒤 스파르타의 지휘관은 포로로 잡혀 온 요리사에게 페르시아 장군들에게 바치는 음식과 똑같은 요리를 만들게 했는데, 그 산해진미에 놀라움을 금할 수 없었다. 그리고 장난삼아 자신의 하인에게 스파르타풍의 요리를 만들게 했지만, 너무 맛이 없어 그 격차에 그만 실소가 터져 나왔다고 한다. 아리스토파네스의 희극《벌》에는 값비싼 페르시아의 고급 외투를 언급하는 장면이 나온다. 동방의 풍요로움과 그리스 세계의 빈곤함, 이것이 고대 그리스사에 일관되게 흐르는 숨겨진 단서다.

내분의 배경에는 페르시아라는 존재가…

지금까지의 상식을 잠시 벗어던지고 페르시아의 관점에서 바라본다면, 과연 고대 그리스사는 어떻게 묘사될까? 애초에 그리스가 그토록 빈곤한 땅이었다면, 왜 페르시아 왕은 굳이 대군을 이끌고 그리스를 침략한 것일까? 새로 즉위한 페르시아의 크세르크세스왕은 자신이 왕위에 걸맞은 인물임을 증명하기 위해 전쟁에서 승리를 거둬야 했다. 부왕인 다리우스 1세가 이루지 못한 그리스 정복을 실현함으로써 아버지의 뜻을 잇는 데서 그치는 정도가 아니라 왕으로서의 위신을 확립하려고 한 것이다.

끝내 그리스 정복은 이루지 못했지만, 그 후 페르시아 왕들은 국토의 태평을 확보하는 데 다른 방법을 사용했다. 그리스인이 아시아로 전쟁의 화살을 돌리지 않도록 그들을 항상 싸우게 만든 것이었다.

우리가 잘 알고 있듯이, 고대 그리스는 통일 국가가 아니라, 폴리스 polis라는 다수의 도시 국가로 이루어져 있었다. 폴리스의 수는 약 1,000 개라고 알려져 있다. 당시 전성기를 맞이했던 아테네는 에게해의 섬들 및 소아시아 연안의 도시들과 델로스 동맹Delian League을 결성하여 때로는 페르시아령에 원정군을 파견하기도 했다.

기원전 431년 아테네는 또 하나의 유력한 도시 국가였던 스파르타 와 전쟁을 일으켰고, 그렇게 그리스 세계를 둘로 쪼개버리는 펠로폰네 소스 전쟁이 시작된다. 전쟁 말기에 아테네 세력이 쇠퇴하자 페르시아 왕은 스파르타에 군자금을 제공했고, 그로 인해 건설된 해군이 결정적 인 역할을 한 결과, 기원전 404년 아테네는 항복했다.

그러나 패권을 차지한 스파르타가 소아시아의 그리스 여러 나라를 해방한다는 명목으로 소아시아를 침공한다. 페르시아 왕은 이 위협을 없애기 위해 이번에는 아테네와 테베 등, 힘 있는 나라들에 자금을 보내 반反스파르타 동맹을 결성시켰다. 그렇게 기원전 395년에 코린토스 전 쟁이 시작되었고, 스파르타는 소아시아에서 군대를 후퇴시켰다. 페르시 아 측의 의도대로 이루어진 셈이다. 일진일퇴를 반복하는 전황戰況이 이 어졌으나, 아테네가 다시 해상을 장악할 것을 두려워한 페르시아와 스 파르타의 생각이 맞아떨어지면서 기원전 386년 안탈키다스Antalkidas라는 이름의 평화조약이 맺어졌다. 이는 그리스의 모든 폴리스의 자유와 자 치를 보증하는 대신, 소아시아의 그리스인이 페르시아 왕에게 복속됨을 인정하는 내용이었다. 이 때문에 스파르타는 대륙의 동포를 페르시아에 팔아넘겼다는 비난을 받았다.

그 후에도 그리스 사람들 사이의 패권 다툼은 멈추지 않았다. 페르시아 왕은 그때마다 유력한 국가의 조력자가 되어 조약을 갱신하면서, 어떠한 폴리스도 절대 패권을 쥘 수 없도록 그리스인들을 조종했다. 그렇게 하는 한 그리스 사람들이 연합해 페르시아령을 공격할 우려는 없기 때문이었다. 기원전 4세기의 그리스 세계는 안탈키다스 평화조약이라는 국제적인 합의에 따라 페르시아 왕의 통제를 받고 있었던 것이다.

만성적인 전쟁에서 통 벗어날 수 없었던 그리스는, 국내 정치의 다툼과 경제의 몰락으로 인해 많은 시민이 고국을 떠났고 생계를 위해 용병이 되어 각지를 전전했다. 그리스인은 우수한 병사로서 명성이 높았기 때문에 페르시아 왕과 소아시아의 총독들은 모두 그들을 고용했다. 아테네의 장군들도 개인적인 이득을 위해 해외로 나가 용병 대장으로 활약했다. 스파르타는 기원전 371년 레욱트라 전투에서 패배하면서 일등국의 지위에서 내려온 후, 왕이 스스로 스파르타 병사들을 이끌고 이집트 왕에게 고용되어 그 수당으로 국가 재정을 다시 세우려 했다. 국가 전체가 나서 재정을 확보하고자 했던 것. 그리고 이집트는 기원전 5세기 말 이후 페르시아로부터 독립했고, 페르시아 왕은 이집트로 여러 차례 원정군을 파견했다. 두 국가는 그리스인 용병을 의지하고 있었기 때문에 결국 그리스인이 적군과 아군으로 나뉘어 싸우는 형국이 되었다.

페르시아 왕의 통제 아래 전쟁을 되풀이하며 국력을 소모한 그리스 각국. 그리고 외국을 떠돌며 왕후에게 고용되어 생계를 꾸려나간 그리스 용병. 이것이 기원전 4세기 페르시아 제국의 시각에서 바라봤을 때 서쪽 변방에 지나지 않는 그리스의 현실이었다. 실은 동방원정론도 이러한 현실을 전제에 두고 태어난 것이다.

빈곤에서 탄생한 동방원정론

알렉산드로스 대왕의 동방원정이 거대한 인상을 심어준 탓에 동방 원정은 알렉산드로스 대왕의 전매특허라고 생각할 수 있지만, 실상은 그렇지 않다. 그의 아버지인 마케도니아의 필리포스 2세 왕은 그리스를 정복한 지 2년 뒤 페르시아 원정에 착수하고 있었다. 그 직후 필리포스 왕이 암살되면서 원정은 일단 중단되었으나, 알렉산드로스가 부왕의 계획을 이어받아 즉위 2년 후인 기원전 334년, 다시 원정을 시작했다.

그렇다면 동방원정을 처음으로 고안한 것은 필리포스 2세였을까? 그렇지 않다. 그 구상은 기원전 5세기 말부터 기원전 4세기 초에 걸친 그리스 지식인들의 논의에서 시작된다. 앞에서 이미 설명한 것처럼, 당시 그리스에서는 정치 항쟁과 전쟁으로 인해 농토가 황폐해진 탓에 많은 그리스 사람들이 가족과 함께 각지를 떠돌고 있었다. 그들은 이를 근본적으로 해결하는 방법이 뭐라고 생각했을까? 그리스 연합군이 페르시아 제국을 정복하는 것, 그리고 무산無産시민과 망명자를 식민화하는 것이 좋은 방법이라고 여겼다. 이렇듯 기원전 4세기의 정치 변론은 주로 페르시아와의 전쟁을 제안하거나 그리스인의 협조를 다루고 있었다. 동방원정론 또한 페르시아의 부유함과 그리스의 빈곤함에서 탄생한 아이디어였던 것이다.

알렉산드로스는 페르시아 제국의 후계자

아케메네스조 페르시아는 다수의 민족을 지배했지만, 세금을 납부하고 군역에 종사하는 한 내부에 간섭하지 않았고, 종교와 관습에 관해서도 관용의 태도를 보였다. 일부 지역에서 반란과 배반이 일어나기는 했지만, 건국 이후 200년이 넘도록 전체적으로 안정된 통치를 이어갔다. 그런데 왜 페르시아 제국이 알렉산드로스의 원정으로 인해 멸망한 것일까? 여기서는 동방원정을 페르시아의 입장에서 바라보고자 한다.

대왕 이전에 페르시아 영토를 본격적으로 공격한 외국군을 꼽자면 오직 둘뿐이다. 기원전 401년, 왕제王弟인 키루스의 반란을 지원한 1만 명의 그리스 용병, 그리고 기원전 390년대의 스파르타군이 그 둘이었다. 그리스 용병은 키루스가 전사한 후 고난 끝에 고국으로 돌아갔고, 스파르타군은 페르시아 왕이 계획한 코린토스 전쟁의 발발로 후퇴했다. 각지에서 반란이 일어났으나 결국 이집트는 다시 정복되었고, 소아시아 총독들의 반란도 제한된 지역에서만 일어났다. 또 그런 사례들도 모두 왕권 자체를 뒤집을 만한 위협이 되지는 못했다.

그러나 알렉산드로스는 전혀 다른 차원의 적이었다. 그는 처음부터 페르시아를 멸망시킨다는 목표를 품고 있었으며, 그의 정복 전쟁은 제국이 멸망할 때까지 끝나지 않았다. 그뿐만 아니라 제국이 멸망한 후에도 그는 전쟁을 멈추지 않았으며, 정복은 그 자체로 하나의 목적이 되어

가고 있었다. 이러한 의미에서 알렉산드로스라는 인물은 아케메네스조가 이제껏 경험해보지 못했던 완전히 새로운 유형의 정복자였다.

그렇다면 알렉산드로스의 침공에 페르시아인들은 어떻게 대응했을까. 그들에게는 두 가지의 선택지가 있었다. 하나는 페르시아 왕에게 끝까지 충성을 다해 침략자와 싸우는 것. 또 하나는 자신의 이득을 지키기 위해 다른 사람에게 충성하는 것이었다.

아케메네스조에는 제국 전체를 통일하기 위한 이념이나 이데올로기가 애당초 존재하지 않았다. 제국을 다스리는 무기는 오히려 왕과 신하의 개별적인 유대였다. 즉, 신하는 왕에게 충성을 다하고, 왕은 신하에게 은혜를 베풀어 보호함으로써 서로 혜택을 주고받는 호혜적互惠的 관계였다. 속주屬州 총독proconsul으로 대표되는 페르시아 귀족도 각 지역의 비非페르시아인들과 유사한 관계를 맺고 있었으며, 이러한 개인적 유대의 관계망이 아케메네스조의 통치 체제를 지탱하고 있었던 것이다. 그렇다면 외국의 침략자와 직면했을 때 자신이 현재 소유하고 있는 지위, 재산, 명예를 인정받을 수 있기만 하다면, 새로운 지배자에게 충성을 맹세한다 한들 아무런 문제도 없었다. 충성과 보호라는 호혜적 관계가 성립되기만 한다면, 꼭 페르시아 왕에게만 충성해야 할 필요가 없었다는 얘기다. 이를 배반으로 간주하는 것은 국민의식과 애국심이 뿌리내린 현대인의 관점에서 바라보는 편견에 지나지 않는다. 애초에 아케메네스조에 국민의식 같은 것은 존재하지 않았다.

따라서 동방원정의 성패를 가르는 열쇠는 각 전투에서의 승리뿐만이 아니라, 알렉산드로스가 페르시아 지배층에 호혜적 관계에 기반을 둔 은혜와 보호를 보증할 수 있느냐에 달려 있었다. 이 점에서 봤을 때 그는 확실히 성공했다. 원정 1년 차에 소아시아의 거점 사르디스의 수비대장이 귀순하면서 선례를 만들었고, 4년 차에는 신하로서 따르기로 한 바빌론과 수사의 총독을 알렉산드로스가 다시 그리스의 총독으로 임명했다. 그리고 알렉산드로스와의 전투에서 패한 다리우스 3세를 따라 도주했던 고관들도 차례차례 귀순했다.

아케메네스조 페르시아의 유연하고 관용적인 통치 체제는 다양한 여러 민족을 다스리는 데 굉장히 효과가 있었고 향후 그 방책이 로마 제국과 오스만 제국에도 계승되었으나, 알렉산드로스처럼 정복 자체를 목표로 하는 침략자의 앞에서는 저항할 힘이 없었다.

아케메네스조는 그 탁월한 통치 체제로 인해서 성공과 멸망을 동시에 맞이한 것이다. 또 다른 한편으로 알렉산드로스의 정복도 페르시아 제국의 체제를 파괴하는 것이 아니라 이를 계승함으로써 실현할 수 있었다.

고로 그는 사실상 아케메네스조의 후계자라고도 할 수 있는 것이다. 페르시아 제국은 멸망했으나, 그 체제의 핵심은 왕조를 넘어서도 계속되었으니까 말이다.

모리타니 기미토시

1956년 도쿠시마현 출생. 도쿄대 문학부 서양사학과 졸업.

고대 그리스 · 마케도니아사를 전공했다.

저서로는 《알렉산드로스와 올림피아스 대왕의 어머니, 광휘와 파란의 생애》,

《알렉산드로스의 정복과 신화》, 《알렉산드로스 대왕 동방원정로의 수수께끼를 풀다》,

《(신역) 알렉산드로스 대왕전》 등이 있다.

02
석가는 왜
불교를 창시했는가?

인간 사고의 원형, 문명의 축

구레 도모후사
평론가

지금으로부터 약 2,500년 전, 인류 사상사思想史의 원형이 되는
사상가들이 서로 다른 문명권에서 거의 동시에 등장했다. 공자(BC
552~479), 석가(BC 463~383), 소크라테스(BC 469~399)가 바로 그들
이다. 이들의 탄생과 죽음에 관해서는 학자들 사이에도 의견이 분분紛紛
하지만, 대략 2,500년 전으로 이해하면 좋을 것이다.

공자의 사상인 유교는 이후 동아시아 제국諸國의 사회-윤리-정치사
상의 날실이 되었고, 불교의 창시자인 석가는 아시아 각국의 문화에 커
다란 족적을 남김과 동시에 그 핵심적인 사상은 19세기 이후 유럽과 미

국의 철학자들에게도 충격을 주었다. 마지막으로 소크라테스의 사상은 그의 제자인 플라톤에 의해 계승되어 이후 유럽에 들어온 기독교를 이론화하고 체계화하는 데 중요한 역할을 했다.

인류의 역사에 이 세 명이 거의 동시에 나타난 것을 기적이라고 한다면 기적이겠지만, 그렇다고 이를 구태여 신비스럽게 생각할 필요는 없다. 그들의 출현을 준비했을 그 이전 시대 사상가들의 사상 또한 가히 탁월했지만, 이는 오로지 단편적으로만 전해지고 있다. 사상을 기록하고 정리할 수 있는 단계까지 발달한 문명이 이 세 위인을 등장시킨 것이다. 어쨌든 이 2,500년 전이 인류 사상사에서 찬란한 시대였다는 사실은 틀림없다. 20세기를 대표하는 철학자 중 1명인 칼 야스퍼스는 이 시대를 '축軸의 시대'라고 불렀다. 사상의 원형이 한데 모이고, 이를 주축으로 사상사가 전개되었기 때문이다.

이 세 명 가운데 공자와 소크라테스는 다른 기회에 다루기로 하고, 여기서는 석가와 그의 사상에 대해 고찰해보고자 한다. 왜 석가만을 다루자는 것일까? 일본의 경우만 보더라도 수천, 수만 개의 사원이 존재하고 있어서 석가와 불교가 일상 속에 깊이 들어와 있음에도 불구하고, 사람들은 오히려 이를 잘 이해하지 못하고 있기 때문이다. 칼 야스퍼스가 '사상의 축' 가운데 하나로 인정했고, 19세기 서양 철학자들이 충격을 받을 정도였던 사상이, 과연 마을 곳곳에서 흔히 볼 수 있는 사원 안에 들어있는 것일까?

많이 달라진 불교

조금 전 물음에 대한 대답은 애석하게도 "NO"이다.

우리는 서구에서 불교 붐이 빈번하게 일어나는 것을 목격해왔다. 그럼에도 불구하고 일본 불교를 대표하는 정토진종浄土真宗과 일련종日蓮宗의 사상이 서구 사상계에서 주목을 받은 적은 없었다. 서구인들이 보기에 이 두 개의 종파는 기독교의 아류에 지나지 않는 것이다. '아미타'라는 절대자가 죄지은 자들을 (그 죄로 인하여) 구제해준다는 사상이기 때문이다. 종교사의 관점에서도 정토진종은 기독교와 같은 계통으로 보는 설이 유력하지만, 막상 일본 불교계에서는 이런 점에 대한 언급을 꺼린다. 일련종 또한 이데아(이념)의 화신이 된 석가가 번뇌 속의 사람들을 구제한다는 믿음의 구성이라든지 특유의 종말 사상 때문에 기독교와 비슷하게 느껴진다.

석가의 사상에 대해서는 이후에 설명하겠지만, 요컨대 오늘날의 불교 종파들은 역사 속에서 다양한 사상 및 관습과 교류하면서 크게 변모되어버린 불교인 것이다.

일본의 또 다른 유력한 불교 종파로 선종禪宗을 들 수 있는데, 이는 위에서 언급한 두 종파보다도 훨씬 더 많이 변화했다. 심지어 선종의 경우에는 고전 인도어인 산스크리트의 원전조차 없다. 선종은 6세기 중국에서 장자의 사상을 해석하여 성립한 불교다. 그런데 공교롭게도 이것이 반대로 불교 본래의 모습을 나타내고 있다. 마치 진화의 과정 안에서 한번 바다에서 육지로 올라온 척추동물이 파충류를 거쳐 포유류가 되고, 다시 바다로 돌아가 물고기 같은 모습의 고래로 돌아가는 것과 마찬가지이다.

선종이 구미의 철학자들에게 중요시되고 있다는 사실은 일본 내에서도 잘 알려져 있다. 하지만 그보다 더 전인 19세기에 주목을 받았던 것은 대부분 석가의 교설이 원형을 이루고 있는 소위 《아함경阿含經》이다. '아함'이란 '전해 내려온 가르침'을 뜻한다.

아함경은 소승 불교의 경전으로, 대승 불교인 일본 불교에서는 한 단계 낮은 것이라고 하여 가볍게 봐왔다. '소승'이란 선택받은 자들만 탈 수 있는 작은 구원의 배라는 의미로, 대승 불교가 칭한 말이다. 따라서 최근에는 소승 불교라는 이름은 옳지 않다는 목소리도 나오고 있지만, 개인적으로 이해가 가지 않는 논리다. 소승이 한 단계 낮다는 것은 대승 측의 논리이며, 소승 측에서는 선택받은 소수의 사람을 구제한다는 사상을 올바른 것으로 여기고 있으니 말이다.

자, 여기서 한 가지 예를 들어볼까. 도쿄 대학은 '좁은 문'의 일류대학이다. 하지만 도쿄 대학은 자체를 '빨간 문'(옛 마에다 저택에서 유래한 별명)이라고 부르기는 해도, 자칭自稱 '좁은 문'이라고 한 적은 없다. 이를 가지고 입시가 없다고 해도 좋을 정도로 입학의 문이 넓은 대학을 다니는 학생이 도쿄 대학을 '좁은 문'이라고 부르는 것은 실례이니, 부르지 말아야 한다고 주장하는 것과 똑같은 셈이다. 우스운 이야기인 것이다.

이처럼 간단한 사실도 모를 만큼, '대승 정통론'이 전반적으로 침투되어 있다. 그 결과, 버려진 상표와도 같았던 '아함'의 이름을 내걸고 있는 무분별한 신흥 종교도 출현하고 있는 판국이다. 아함경을 제대로 충분히 읽어봤다면 이런 교의가 나올 수는 없다. 이 신흥 종교에서는 승려의 모습을 한 교조가 모닥불을 숭배하고 있을 뿐이다. 불을 숭배하는 배화교도 아닌데 말이다. 이런 몰지각한 자들이 출현하리라는 것을 2,500년 전 석가가 예견했더라면, 분통이 터져 그 자리에서 넘어지고 말았을 것이다. 그러면 불교는 성립되지 않았을지도 모를 일이다.

무상無常과 항상恒常

하지만 다행히도 석가는 '아함'의 이름을 내세우는 배화교가 나타나리라고는 짐작하지 못했다. 모르는 게 약인 법이다. 석가는 분해서 쓰러지지 않았고, 그렇게 불교는 이루어졌다.

석가는 인도 북부(현재의 네팔) 소국의 왕족인 샤카족의 왕자로 태어났다. 생모는 석가가 태어난 직후에 타계했는데, 그 슬픔이 석가를 내성적인 인격으로 만들었다고 전해진다. 오래지 않아 청년이 된 석가는 많은 사람의 스승이 되었다. 인도 문명의 특징은 이후 '0의 발견'으로 상징되는 추상적 사고인데, 이러한 사고의 정수精髓를 몸에 익히고 석가는 독자적인 종교를 창시했다.

그렇다면 불교에서는 무엇을 설명하고 있는 것일까? 석가의 '깨달음'이라는 사상은 무엇일까? 그것은 바로 이 세상의 모든 것이 '무상'하다는 것이다. 무상은 '항상'과 '영원'을 부정하는 말이다. 항상, 다시 말해서 영원한 것은 없음에도 불구하고 이를 깨닫지 못하고 집착하기 때문에 고뇌한다는 얘기다.

항상 혹은 영원은 무한, 절대, 완전이라는 말로 대신할 수 있다. 반대로 무상은 유한, 상대, 불완전하다는 말이 된다. 이를 이해하기 쉽게 정리해보자.

A '무상'의 그룹 – 유한, 상대, 불완전, 현상 등
B '항상'의 그룹 – 무한, 절대, 완전, 실체 등

그렇다면 우리는 (일신교의) 신과 이데아가 B에 포함되리란 것을 쉽게 짐작할 수 있다. 그리고 A에서는 신과 이데아의 적절한 반의어가 쉽게 떠오르리라고 예상할 수 있다. 즉, B는 기독교 사상을 따르는 것으로, 이는 '절대신'을 발견 혹은 발명함으로써 성립된다. B의 관점에서 보면 A는 모두 절대신이 만든 피조물의 세계이다. 세계의 본체는 B에 있다고 여겨진다. 반면에 A는 애초에 모든 것은 유한하며 불완전한 것이라고 여겨진다. 그것이 바로 세계의 본모습이라고 생각하는 것이다.

앞서 가볍게 언급한 것처럼, 기독교는 유럽에 들어와 플라톤 사상에 의해 이론화되었다. 그때까지는 신화라는 이야기 형식으로 전해졌던 사상이, 이론을 얻어 골격이 갖추어진 것이다. 플라톤이 생각하는 이데아는 유한, 불완전, 무상한 모든 것들의 '반대편'에 존재하는 무한, 완전, 항상적인 본질이며 인간을 포함한 모든 것은 이를 불완전한 형태로 반영, 분유分有하고 있다. 이것이 기독교가 생각하는 신과 인간의 관계와 닮아있다는 점은 쉽게 알 수 있으리라.

A의 사상과 B의 사상 중 어느 편이 좋고 나쁜지는 쉽게 결정할 수

없다. 그렇기에 각각의 사상이 축이 되어 세계사를 발전시켜왔다. 다시 말해 각 사상의 원형인 것이다.

이 두 사상의 원형은 소위 대극적對極的 관계이기 때문에 상대의 존재를 이해할 수 없을 것이다. 그리고 만약 상대가 보잘것없고 불완전하다면, 무시하거나 냉소를 보이면 그만이다. 하지만 상대가 장대한 사상 체계와 문명권을 형성하고 있음을 알게 되면, 이는 충격으로 다가온다. 기독교를 중심으로 하는 서양 문명이 불교 사상을 접했을 때의 충격이 바로 그런 것이다. 앞에서도 기술한 것처럼 그 충격은 19세기에 현저하게 나타나는데, 실은 그와 같은 충격파가 이미 BC 2세기 후반에 한 번 일어났었다. 바로 《밀린다왕문경》이다.

'밀린다'는 미란다 혹은 메난드로스라고도 하는데, 마우리아 왕조의 붕괴를 전후해 인도 북서부에 성립된 그리스계 왕조의 국왕이다. 밀린다 왕은 통치자로서 뛰어났을 뿐만 아니라, 지식인으로서도 헬레니즘 문화의 골자를 갖춘 탁월한 인물이었다. 인도 문명, 불교 사상에도 강한 관심을 보여 나선那先이라는 학승學僧과 문답을 나눴다. 이 시대는 아직 대승 경전이 성립되지 않았던 때였고, 석가의 사상 즉 불교는 거의 아함경 안에 있었다고 볼 수 있다. 그리고 기독교도 아직 나타나지 않았으나 후에 이를 이론화하는 플라톤 사상이 바로 헬레니즘 문화의 핵심에 있었다.

이 두 사람의 대화에서는 밀린다 왕이 나선의 반문과 명답에 당혹스러워하는 모습이 흥미롭게 느껴진다. 한 가지 예를 들자면, 영혼의 영속성(다시 말해 이데아의 영속성)을 믿는 밀린다 왕에게 영혼은 현상에 불과할 뿐 실체가 아니라고 나선이 답한다. 그 논증과 사고의 깊이에 밀린다 왕이 탄복하는 모습이 잘 나타나 있다.《밀린다왕문경》의 전반은 '나선비구경那先比丘經'으로 되어있다. 이는 석가가 논한 게 아니어서 좁은 의미의 '경'에는 포함하지 않는다. 그러나 아무리 생각해도 석가가 논했을 리 없는 말을 '불설佛說'이라고 하는 대승 경전보다 훨씬 더 본래 의미의 '경'에 걸맞은 것으로 보인다.

칸트와 불교

종교와 교리를 '믿음'이 아닌 객관적 대상으로 연구하는 종교학은 19세기 독일계 영국인 막스 뮐러Friedrich Max Müller에 의해 시작되었다. 불교에 대한 뮐러의 관심은 그가 언어의 계통을 연구하는 과정에서 깊어졌다. 뮐러의 저서는 오래전부터 번역되어왔지만, 절판된 것도 많고 번역도 매끄럽지 못했다. 다만 2014년에 출간된《비교 종교학의 탄생》은 일반 독자들에게 분량도 만만찮고 읽기도 버겁다고 하지만, 아우르는 범위도 넉넉하고 번역도 훌륭하다.

뮐러는 종교를 성립시키고 있는 것이 '무한을 감지시키는 능력'이라고 말한다. 이런 능력은 틀림없이 앞서 말한 B에 속한다. 그 자신은 기독교 신앙을 믿었다. 그런 뮐러가 산스크리트 연구를 하면서 접하게 된 불교는 '종교의 본질에 있어서 대극을 이루는 것'이었다. 무한과 항상을 부정하며 '인간이 진리로부터 멀리 떨어져 있기 때문'이다. 그런데 이러한 종교가 잡다한 토속적 미신이라면 모를까, 분명한 논리적 정합성을 가지고 성립되었다는 사실에 뮐러는 충격을 받았다.

그리고 이것은 이마누엘 칸트가 받은 충격과도 비슷하다. 그것은 칸트의 안에서 일어난 충격이자, 칸트가 후세에 가한 충격이다. 《순수 이성 비판》에서 그는 이성의 한계라는 것을 해설했는데, 이는 이성을 과신해서는 안 된다거나 이성의 오만은 위험하다고 말하는 통속적인 이론이 아니었다. 이성 그 자체의 원리적 한계를 규명했던 것이다.

칸트의 철학은 굉장히 난해하지만, 결국 우리가 보고 있는 것은 '보고 있는 것·보이는 것'에 불과할 뿐(현상), 원리적으로 현상 '그 너머'에 있는 것 자체, 즉, '물자체物自體(Das Ding an sich)'에는 이성이 미칠 수 없다는 것이다. 이 '물자체'가 이데아에 상응하는 것이며 B에 속한다는 것을 알 수 있다. 그리고 '현상'의 집적은 '무상'이며, 이는 A에 가깝다는 것도 쉬이 알 수 있으리라.

칸트는 플라톤이나 기독교적 사고에 엄청난 일격을 가했다. 이는 그 후 쇼펜하우어, 니체, 후설, 하이데거 같은 철학자들의 조류를 맞이하는 기틀이 된다. 그뿐만이 아니다. 자연과학에서 상대성 원리나 불확정성 원리를 의논하는 기반도 만들었다.

이러한 흐름과 불교에 대한 주목은 병행 관계에 있다. 실제로 뮐러는 《순수 이성 비판》을 처음으로 영어로 번역하기도 했으며, 칸트 사상을 깊이 이해한 인물이었다. 그것이 불교에 주목한 이유이기도 할 것이다.

"이성은 세계의 궁극(물자체, 이데아, 즉 B)에는 다다를 수 없다." 칸트는 그렇게 생각했다. 그렇다면 하나의 커다란 문제가 떠오르게 된다. "우리 인간들의 행동은 무슨 근거에 의해 뒷받침되는 것인가?" 바로 그것이 칸트가 말하는 '실천이성實踐理性(Praktische Vernunft)'이며, 하이데거의 개념으로는 '결단'이자, 사르트르의 개념으로는 '투기投企(projet)'가 되는 것이다. B가 어떠한가에 상관없이 인간은 현실에서 행동할 수밖에 없잖은가.

이 문제를 석가는 '전유경箭喩經'에서 논한다. '전箭'은 화살이며, '유喩'는 비유라는 뜻이어서, 이를 보통 '독화살의 비유'라고도 일컫는다.

"세계는 영구히 존속하는 것인가? 세계에 끝은 있는 것인가? 인간은 사후에도 존재하는 것인가? 영혼과 육체는 같은 것인가?" 석가의 제자인 말룽카풋타는 스승이 위와 같은 의문에 대해서 강의를 해주지 않는다고 불만을 품고 있었다. 그것은 각각 영원, 무한, 항상, 완전에 관한 질문으로 모두 B에 속한다.

하지만 석가는 이런 물음에 답하지 않았다. 이를 '무기無記'라고 한다. 말하지 않는다, 논하지 않는다는 뜻이다. 각각의 물음에 대한 대답은 그럴 수도 있고, 그렇지 않을 수도 있다, 즉, 정답에 이를 수 없다는 얘기다. 그럼에도 이런 의문에 매달려 공연한 논의에 빠지는 것은 '희론戲論(sophistry)'에 지나지 않는다.

석가는 이렇게 에둘러 설명했다. "독화살에 맞아 괴로워하는 사람이 있다고 하자. 그때 누가 그 화살을 쏘았는지, 활은 어떤 종류인지, 또 화살은 어떤 종류인지, 따위를 의논하고 결론이 나올 때까지 아무 행동도 취하지 않는 것이 정말 올바른가? 우선 독화살부터 뽑아야 하지 않겠는가?"

이 이야기 또한 불교가 사상의 한 축임을 증명하고 있다. 칸트가 주장하는 실천이성이란 개념의 원형이 2,500년 전에 이미 나온 것이다.

하지만 이 글을 쓰고 있는 나 자신은 석가의 가르침을 온전하게 따를 수만은 없는, 호기심 강한 지식인이다. 먼저 독화살을 뽑아야 한다는 석가의 말씀은 지당하지만, 희론이라는 것을 알면서도 희론에 빠져버리는 유혹 또한 떨쳐버릴 수가 없다. 난 알고 싶은 것이다. 그도 그럴 것이, 하이데거의 '결단'은 나치를 왕성하게 만들었으며, 사르트르의 '투기'는 공산주의에 이용되지 않았던가! 후세에 그렇게 될 것이라고는, 석가도 예상치 못했을 터이다.

A와 B 모두 인간의 사고의 원형으로서 앞으로도 2천 년, 3천 년 계속해서 엮어나갈 새끼줄과 같이 문명의 축이 될 것이다.

이 점만큼은 확신할 수 있다.

구레 도모후사
1946년 아이치현 출생. 와세다 대학 법학부 졸업.
만화, 사상, 사회 등 폭넓은 분야에서 집필 활동을 지속.
저서로 《현대인의 논어》, 《짜깁기 불교 입문》, 《일본 중우 사회》 등 다수.

03
카이사르는
왜 살해당했는가?

왕정과 공화정의 다툼은 오늘날에도

사사키 다케시
도쿄대학 명예교수

초대 왕 로물루스가 건국한 로마는 기원전 509년에 7대 타르퀴니우스 왕을 추방하고 공화정으로 이행했다. 그 중심인물은 루키우스 유니우스 브루투스였으며, 왕을 대신해 시민 집회에서 선발된 임기 1년의 집정관 두 명이 정치를 담당하게 되었다. 동시에 원로원은 300명으로 늘어나 정치 및 군사 인력의 공급원이라는 역할이 기대되었다.

로마는 귀족과 평민이라는 두 그룹으로 구성된 국가였으며, 후에 평민을 보호한다는 명목으로 호민관이라는 관직이 생겨났다.

도시 국가로서 로마를 가리키는 이름이 '공화국 res publica'이었고, 서로 앞다퉈 공화국에 봉사하고 공헌하는 것이 특히 유력 귀족들의 최대 관심사였다. 그리고 이를 지탱한 것이 유력 귀족과 평민 간의 '보호-피보호'라는 구조였다.

집정관의 임기는 1년으로 한정되었고 다른 관직에도 많은 동료가 있다는 점에서도 알 수 있듯이, 이는 권력의 억제와 균형을 위해 세심한 주의를 기울인 체제(혼합 정체라고 부른다)였다. 그리고 군사력이 정치적인 결정을 좌지우지하지 않도록 정치를 통해 군사력을 제어하는 데에도 신중을 기했다. 로마에서는 신앙심과 전통에 대한 복종이 가져다주는 굳건한 용기가 가장 중요한 덕목으로 여겨졌다.

로마 공화정은 많은 군사적 성공을 거두어 지중해 세계 전체를 지배하게 되지만, 그와 동시에 예로부터의 미덕을 잃게 되고 금전과 권력을 향한 탐욕이 횡행하면서 내부 대립의 심화가 시작된다.

그리고 그라쿠스 형제의 토지 개혁 시도는 참신했으나, 명문가 출신인 두 사람의 비참한 최후는 그 뒤에 시작되는 '내란의 1세기'라는 참혹한 앞날을 시사했다.

'몸값 올리기'

가이우스 율리우스 카이사르는 기원전 100년 7월 13일 로마에서 태어났다. 당시 로마에서 출생한다는 사실은 장래의 경력에 있어 중요했다. 율리우스 가문은 제3대 로마 왕 툴루스 호스틸리우스에 의해 정복된 알바롱가의 유력한 가문이었으며, 오랫동안 원로원의 자리를 차지해온 로마 귀족의 일원이었다.

그러나 공화정기에 눈부신 활약을 펼친 명문 귀족들과는 달리, 율리우스 가문은 집정관 리스트에도 거의 등장하지 않는다. 부친은 집정관 다음으로 높은 공직인 법무관이 되었으나, 법무관이 된 후 생애를 마친 것으로 전해진다. 정무관이 끝난 뒤에 속주 총독으로 취임하게 되면 지위나 재산을 축적할 기회를 얻을 수 있었던 당시의 사정으로 바라보았을 때, 정무관과 연이 없는 가문은 자연스레 그 재력 또한 대단치 않았을 것이며 특별한 정치적 영향력도 행사하지 못했을 것으로 추측할 수 있다.

카이사르의 유년기는 동맹시전쟁(로마와 동맹도시 사이의 전쟁)의 시대였으며, 마리우스와 술라라는 거두巨頭가 대결하던 시대였다. 백부인 루키우스 율리우스 카이사르는 기원전 1세기에 집정관으로 선출되었고, 북으로는 루비콘 강에서 남으로는 메시나 해협에 이르는 이탈리아 반도의 모든 자유민에게 로마 시민권의 취득을 인정하는 '율리우스 시민권법'에 그 이름을 남겼다. 카이사르의 운명에 있어 좀 더 중대한 점은 백모가 마리우스의 부인이었다는 사실이다.

그리고 마리우스와 술라의 대립은 개인의 대립에서 당파의 대립, 그러니까 원로원파·벌족파와 평민파의 대립으로 서서히 바뀌었다. 술라가 집정관과 미트리다테스 전쟁의 군사령관으로 선출되자 마리우스는 호민관과 논의해 그 결정을 뒤집는다. 원로원의 지지를 얻은 술라는 군대를 이끌고 로마로 진격했는데, 집정관이 스스로 군을 이끌고 로마에 진군하는 것은 전대미문의 일이었다. 술라는 마리우스를 역적이라고 선언하여 평민파를 탄압했다. 그가 동방 원정에 나서자 이번에는 집정관 킨나가 마리우스와 논의해 군사력으로 로마를 지배하고, 원로원 의원 50명을 포함하는 대량 학살을 자행했다. 현직의 집정관이 살해된 것도 이때가 처음이었다. 이렇게 건국 이래 지켜온 규율은 이 두 사람에 의해 잇따라 파괴되어갔다.

마리우스와 킨나가 사망한 후 집정관이 이끌었던 로마 정규군은 미트리다테스 전쟁에서 귀국한 술라의 군대에 패했고, 이번에는 술라가 평민파의 탄압과 말살을 자행했다.

이 시기에 젊은 카이사르가 킨나의 딸과 결혼한 것은 평민파로서의 기치를 선명하게 부각시킨다는 의미가 있었다. 이후 젊은 카이사르도 처벌 대상 리스트에 올랐고, 관계자들은 가까스로 술라의 관용을 얻을 수 있었으나 그는 평민파의 거두인 킨나의 딸과 이혼하는 것을 조건으로 내걸었다. 수에토니우스에 의하면 이때 술라는 이렇게 말했다고 한다. "당신들이 그토록 간절하게 평온무사를 바라고 있는 그 남자가 언젠가는 나와 당신들이 결속하여 지키고 있는 문벌파를 멸망시킬 것이다… [생략] …카이사르의 안에는 많은 마리우스가 존재하고 있기 때문이다."

그러나 카이사르는 술라가 내건 이 조건을 거부했고, 그에게 쫓기는 몸이 되었다. 그렇게 카이사르는 이탈리아 전국으로 몸을 피하는 것만으로는 안심할 수 없어 그리스에서 소아시아로 도망 다니는 세월을 보내게 된다. 그리고 군단에 몸을 담고는 술라의 죽음만을 기다렸다.

하지만 술라가 죽은 후에도 평민파를 둘러싼 환경은 가혹했고, 카이사르는 로도스 섬으로 해외 유학을 떠나는데, 그 과정에서 해적의 포로가 되는 사건이 발생하게 된다.

당시 해적들은 몸값으로 20달란트를 요구했으나, 카이사르는 "네 놈들은 내가 누군지도 모르는 것이냐!" 하면서 스스로 자신의 몸값을 50 달란트로 올렸다. 그리고 돈을 마련하기 위해 옆을 지키고 있던 종을 보냈고 자신은 해적들 속에 남아 당당하게 행동했다. 그러면서 해적들을 향해 언젠가는 교수형을 내리겠다고 으름장을 놓았다. 그렇게 그는 50 달란트를 지불하고 풀려나자마자 해적 소탕에 나섰고, 당시의 해적들을 붙잡아 결국 교수형에 처했다고 전해진다. 이는 후일 카이사르의 대담무쌍한 이미지를 떠올리게 하는 에피소드로 유명하다.

출세와 빚

술라의 목적은 원로원을 강화하고 로마의 정치 체제를 그라쿠스 형제 이전의 상태로 되돌리는 것이었다. 호민관의 권한을 줄이고 원로원 의원을 600명으로 늘린 것도 그 일환이었다. 원로원 중심 체제는 일종의 집단지도체제였으며, 정무관에 취임하거나 군사적 지휘권을 획득하는 데는 엄격한 연령 조건이 있었다.

술라의 진영에 후일 카이사르와 함께 삼두정치를 결성하는 폼페이우스와 크라수스 두 사람이 등장하는데, 견원지간犬猿之間이었던 두 사람은 함께 집정관 선거에 입후보하기를 바라고 있었다. 원로원은 기존의 규율이 있었기 때문에 그들의 입후보에 소극적이었으나, 두 사람은 사실상 동맹의 힘을 이용해 그 계획을 실현했다. 이는 술라파가 술라 체제를 무너뜨리는 과정의 시작이었다.

　같은 무렵, 카이사르는 30세가 지나 이윽고 20명의 회계 검사관 중 1명으로 선발되었고, 이를 재임한 후에는 원로원의 의석을 얻게 되었다. 당시 카이사르는 정치적 명성과는 조금 거리가 있었지만, 지고 있던 빚의 금액만큼은 유명했다고 전해진다. 이는 기본적으로 영향력을 축적-확대하는 데 적극적이었던 그의 행보에 따른 대가라고 생각된다. 그런 다음 카이사르는 안찰관에 취임하여 공공물의 수리나 개수, 건설에 종사했다. 그리고 37세가 되어서는 종신직인 최고 제사장에 당선되었고, 이듬해에는 법무관으로 선출된다. 이 무렵, 카이사르의 빚과 여자들에 관한 소문은 한층 더 무성해졌다고 한다.

　술라가 재건한 원로원 체제는 로마 군단의 사령관이 북쪽에서 귀국하는 경우에는 루비콘강, 남쪽에서 귀국하는 경우에는 브린디시에서 군단을 해산시키도록 했다. 그리고 사령관은 개선식의 준비를 위해서 소수의 시종들과 함께 로마로 향하는데, 개선식까지는 성벽 내에 들어갈 수 없도록 규정했다. 이는 정치와 군사력을 분리하기 위한 규율이었다.

　집정관에 입후보하는 것은 본인이 직접 카피톨리노 언덕에서 행해야 했으나, 앞서 말한 개선식과 관련된 규정과 대조해 봤을 때 불후의 공적을 쌓은 군사령관이 직접 집정관에 입후보한다는 것은 개선식 시기에 따라서 사실상 불가능했다.

　군사력을 배경으로 한 독재 정권이야말로 원로원 체제를 가장 위협하는 것이었기 때문에, 원로원은 무엇보다도 루비콘강과 브린디시에서 군단을 해산하는지를 늘 주시했다.

원로원의 약화

기원전 62년, 폼페이우스는 해적 퇴치와 동방 제패라는 성과를 올리고 브린디시로 돌아왔다. 그는 곧바로 군단을 해산시켜 집정관에 입후보하려는 요청을 전달했으나 원로원의 반응은 시큰둥했다.

전 법무관으로서 속주 총독까지 지낸 카이사르에게도 개선식과 집정관 입후보 신청이라는 두 선택지가 주어졌지만, 그는 주저하지 않고 개선식보다 집정관에 입후보하는 신청서를 선택했다. 원로원도 입후보는 인정할 수밖에 없었다. 카이사르가 40세 때의 일이었다.

이 기원전 60년 즈음 성립된 것이 삼두정치三頭政治(triumvirate)였다. 이를 제안한 사람은 카이사르였다는 설이 유력하다. 즉, 벌족파에게 불만을 품고 있던 두 명의 유력자, 폼페이우스와 (카이사르의 가장 큰 채권자라고 하는) 크라수스가 그 영향력을 행사하여 카이사르의 집정관 당선을 지지하고, 카이사르는 집정관의 권한을 최대한 활용하여 두 사람의 숙원을 실현하겠다는 약속이 맺어진 것이다.

이는 원로원이란 무대에서 내려지던 정치적인 결정이 세 명의 밀실 안 교섭이란 형태로 바뀌는 것이었으며, 사실상 원로원 체제의 약화를 의미했다. 그 배후에는 원로원의 정치 군사 인력의 부족이란 요소가 있었다. 흥미로운 것은 원로원파가 반년이 지나도록 삼두정치의 존재 자체를 알아차리지 못했다는 사실이다.

집정관이 된 카이사르는 원로원의 저항을 물리치며 폼페이우스와 크라수스의 요청이 반영된 입법을 잇달아 실현해나갔다. 카이사르는 자신의 딸과 폼페이우스를 결혼시켜 권력의 기반을 다졌고, 마지막으로 집정관의 임기 후에 취임하는 속주에 대한 원로원의 기존 결의를 재고하는 새로운 입법을 설정하여, 남프랑스 갈리아 등 세 속주에서 임기 5년, 4개 군단이 따르는 총독의 지위를 획득했다. 기원전 58년, 삼두정치의 친분으로 인사를 결정한 뒤 카이사르는 갈리아를 향해 길을 떠났다. 《갈리아 전기》에서 묘사되고 있듯이 카이사르는 갈리아에서 뛰어난 전투 성과를 올렸고, 그의 군사적 능력에 대한 평가는 눈에 띄게 높아졌다. 그러나 이때 신중하게 봐야 할 것은 로마의 정치 상황이다. 기원전 56년 루카에서 삼두회담이 열리는데, 여기서 폼페이우스와 크라수스가 이듬해의 집정관 선거에 입후보하기로 결정된다. 그리고 집정관 종료 후에 두 사람이 임기 5년의 총독으로 부임할 속주도 사전에 결정함과 동시에, 카이사르의 갈리아 총독 지위도 5년간 더 연장하여 각자의 군사력을 각 10개 군단으로 하는 결정을 내렸다.

루비콘강을 건너다!

이렇게 삼두정치는 새로운 입법을 통해서 원로원의 힘을 약하게 만들었고, 원로원 세력은 카이사르와 폼페이우스를 이간시킴으로써 이에 대항하려고 했다.

크라수스의 죽음으로 인해 삼두정치는 막을 내렸고, 로마에서는 원로원파와 평민파 사이의 폭력 충돌이 반복되었다. 이에 사태 수습을 위해 기원전 52년 집정관을 1명으로 집중시키는 것으로 결정되었고(사실상 독재관에 근접), 폼페이우스가 취임하면서 그와 원로원파의 결속은 더욱더 깊어졌다.

기원전 49년 1월, 비상사태가 선언되면서 호민관을 중심으로 한 카이사르파의 저항이 배제되자, 원로원은 카이사르의 총독 해임과 후임 인사의 결정을 발령했다. 그리고 폼페이우스와 원로원의 결정에 따르지 않는 자는 역적으로 간주했다.

이 원로원의 결정을 무시하고 내전을 벌일 것인가, 아니면 원로원에 굴복할 것인가? "지금이라도 돌아갈 수는 있다. 하지만 일단 이 작은 다리를 건너면 만사를 무력으로 결정해야 할 것이다!" 루비콘강에 도착한 카이사르가 그렇게 중얼거리며 머뭇거리고 있을 때 기적이 일어났다.

홀연 몸집이 커다란 남성이 나타나더니, 병사의 나팔을 들어 올려 불기 시작했고 그대로 강 건너편으로 넘어 가버린 것이다. 그러자 카이사르는 루비콘강을 건너면서 이렇게 말했던 것으로 유명하다. "자, 가자. 신들의 시현과 비열한 정적이 부르고 있는 저곳으로! 주사위는 던져졌다!" 기원전 49년 1월 10일의 일이었다.

루비콘을 건넌 카이사르의 군대가 맹렬한 속도로 로마를 향하고 있다는 정보를 접한 원로원파는 대혼란에 빠졌다. 이탈리아는 비군사화되어 있었으며 폼페이우스에게도 별다른 수단이 없었다.

1월 17일, 폼페이우스는 로마를 버렸고 두 명의 집정관과 상당수의 원로원 의원도 로마를 떠났다. 카이사르에 대한 군사적인 저항은 무모한 일이었다. 폼페이우스와 집정관, 원로원 의원들은 브린디시를 향하여 그리스로 떠났다.

카이사르도 곧 브린디시를 향했으나, 이탈리아에서 결판을 내지 못하고 로마제국 전체를 휩쓰는 폼페이우스와의 대결이 펼쳐진다.

카이사르는 우선 폼페이우스가 속주 총독이었던 스페인을 정벌하고 로마에서 열흘 남짓 독재관을 지내, 집정관으로 선출된 뒤 그리스를 향해 파르살루스 전투에서 폼페이우스 군대를 물리쳤다. 기원전 48년 8월 9일이었다. 패배한 폼페이우스는 이집트에서 살해되었고 내전의 양상은 크게 달라진다.

그 후 카이사르는 이집트와 근동 지역, 아프리카를 전전하며 남은 폼페이우스파를 제압했다. 첫 개선식은 기원전 46년 8월 4번에 걸쳐 진행되었다. 단, 파르살루스 승전을 기리는 개선식은 없었다. 이 내전 동안 카이사르는 로마인을 관용으로 대했고, 폼페이우스에 가담했던 사람들의 귀순도 허용했다. 이 점에서 철저히 탄압을 추구했던 이전 술라의 내전 처리와는 큰 차이를 보였다.

제정으로 가는 길

기원전 45년~44년에 걸쳐 원로원과 시민 집회는 카이사르에게 많은 권력과 권위를 수여했다. 대표적인 것으로는 종신 독재관이라는 사실상 새로운 관직과 동시에 집정관에 취임하는 권리, '임페라토르impera-tor' 칭호, '국가의 아버지' 칭호, 종신 풍기단속관, 원로원 및 그 외 공적인 의식·회장 내의 특별석, 관직 임명권, 신체 불가침권, '카이사르의 관용'이라고 명명된 신전의 건립 등이었다.

한편 원로원은 900명으로 증원되어 속주에 사는 시민권 소유자가 새로운 멤버로 참여했다. 원로원의 멤버는 통치에 참여할 수 있었으나 권력의 중심은 종신 독재관으로 집정관을 겸임하는 카이사르 개인에게 명확하게 이동하여, 제정으로 가는 길이 열리게 되었다. 집정관 인사도 카이사르의 독단으로 결정되었으며, 선거가 없는 해도 있었다.

종신 독재관이 된 카이사르는 오만불손하게 행동했으며,《로마 황제전》에 의하면 다른 사람들 앞에서 이렇게 말했던 것으로 전해지고 있다. "공화국은 백일몽이다. 실체도 외관도 없다. 있는 것은 단지 이름뿐. 세상 사람들이 나에게 말을 할 때 더욱더 신중을 기해야 한다. 나의 말은 곧 법률로 간주해야 한다." 이렇게 카이사르가 왕의 칭호를 열망하고 있다는 소문이 끊이지 않게 되었다.

"(루키우스) 브루투스는 왕을 추방하고 첫 집정관이 되었다. 이자는 집정관을 추방하고 왕이 되었다." 카이사르의 상 아래에는 그런 낙서가 있었다고 한다. 그리고 기원전 44년 3월 15일, 카이사르는 '폼페이우스 회랑'에서 열린 원로원 회합에서 암살을 당하고 만다.

암살은 결행되었으나

그의 암살에 대해서도 예로부터 많은 이야기가 전해져왔는데, 그 일면은 셰익스피어의《줄리어스 시저》등에도 미치고 있다. 이날의 회합은 코앞으로 다가온 파르티아 원정을 의논할 목적으로 열렸는데, "파르티아인은 오직 왕만이 정복할 수 있다. 그러므로 우리는 카이사르를 왕이라고 불러야 한다." 같은 발언이 나올 거란 조짐도 있었다. 실제 파르티아 원정이 성공하면 더는 카이사르가 왕위에 오르는 것을 막을 수 없을 것이라는 관측도 퍼져갔다. 암살은 회의가 정식으로 시작되기 전, 눈 깜짝할 새 결행되었다. 암살자의 무리는 마르크스 브루투스, 카시우스, 데시무스 브루투스, 술피키우스 갈바 등으로 구성되었다. 죽은 후에 밝혀진 카이사르의 인사人事 계획에 의하면, 그들 중 몇 명에게는 중요한 지위를 맡길 준비까지 하고 있었다.

암살은 결행되었으나, 그들에게 큰 전략은 없었고 민중의 열광적인 지지 또한 없었으며, 스스로 몸을 지키는 데 급급할 따름이었다. 실현한 것은 기껏 종신 독재관직의 폐지 정도였다.

게다가 카이사르의 유언장에 의해 먼 친척이었던 청년 옥타비아누스가 첫 번째 상속인으로 지명되었고(참고로 두 번째 상속인은 암살 그룹의 데시무스 브루투스였다), 자타 공인 카이사르의 측근을 자부하는 마르쿠스 안토니우스와의 관계에 초점이 맞춰졌다. 암살파는 안토니우스와 옥타비아누스의 대립을 이용하는 데 희망을 거는 상황에까지 이르렀다.

기원전 43년 11월에 옥타비아누스, 안토니우스, 레피두스에 의한 삼두정치가 시작되자 카이사르 암살에 대한 복수와 반대 세력의 궤멸을 대놓고 외쳤으며, 카이사르의 관용 정책도 포기했다.

드디어 술라의 시대를 떠올리게 하는 복수가 시작되었다. 로마 제일의 지식인으로 공화정을 향한 희망을 끝까지 포기하지 않고 암살자들에게도 적잖은 영향을 미친 키케로도 이 과정에서 목숨을 잃었다.

기원전 42년 1월 1일, 카이사르는 원로원 결의에서 신으로 추앙되었다('신군 카이사르'). 그해 마르쿠스 브루투스와 카시우스가 각각 옥타비아누스, 안토니우스와의 싸움에서 패배하고 죽음을 맞이함으로써 정치 체제를 둘러싼 항쟁에 종지부를 찍었다.

카이사르의 평화인가, 공화정의 자유인가?

카이사르는 술라가 재건한 원로원 체제의 한계를 지적했고, 반대로 키케로는 그 가능성에 희망을 걸었다. 그러나 이제 방대한 속주를 안고 있어서, 거대한 군사력을 일상적으로 동원하지 않는 한 로마를 유지할 수 없다는 현실에 대한 양자의 인식에는 큰 차이가 없었다.

카이사르는 금전욕과 권력욕에 의해 공화정의 기반이 무너졌다는 인식 위에서 (종신 독재관이라는 명칭 아래) 하나의 거대한 권력을 통해 '평화'로 가는 장래를 일구려고 했다. 그러나 공화정의 전통에서 봤을 때 이는 일찍이 말살되었을 왕정으로 되돌아가는 것과 마찬가지였으며, '자유의 상실'로 간주되었다.

키케로는 리더의 윤리적 각성과 권력욕으로부터의 해방으로써 공화정이 더욱 현실성을 가질 수 있으리라 생각했다. 이는 정치적으로는 원로원이 유력한 군인 정치가를 '만들어냄'을 의미했다. 이것이 폼페이우스가 원로원의 성공 사례였다면, 카이사르는 실패한 것이었다.

카이사르와 키케로의 관계가 단순하지는 않지만, 키케로의 나이가 들어갈수록 카이사르에 대한 평가는 냉철해졌다. 자신의 명예와 권력을 추구하고, 정의를 무시해 행동하는 사람들의 대표라고 간주한 것이다. 카이사르 암살은 그런 의미에서 노년의 키케로를 흥분시켰다.

"공화국은 백일몽이다!" 그렇게 말한 카이사르의 지적은 암살자들의 말로를 예언한 것이 되었지만, 카이사르의 뒤를 잇는 황제의 지배에서도 권력의 독점에 따른 심각한 병리가 상주하게 된다.

권력 문제에 절대적인 정답이 없다는 것을 로마사가 가르쳐주고 있다고 해야 할까!

사사키 다케시
1942년 아키타현 출생. 도쿄대학 법학부 졸업.
도쿄대학 총장, 가쿠슈인 대학 교수 등을 역임.
《플라톤의 주문》, 《되살아나는 고대 사상 '철학과 정치' 강의1)등 저서 다수.

04
기독교는
예수 사후에 만들어졌다

무관심한 신의 침묵

가토 다카시
치바대학 교수

　　기독교는 기원후 1세기 전반, 예수의 활동을 계기로 탄생했다. 기독교를 '유대교'와는 다른 것으로 간주하기도 하지만, 오히려 그것을 일종의 '유대교'로 보는 편이 오해를 줄일 수 있을 것이다. 기원후 1세기에는 그때까지의 유대교에 변혁의 시기가 무르익었고, 마침내 기원후 1세기 말경에 두 가지의 선택지가 나타나서 각각 전개되었다. 그중 하나가 '기독교'라고 불리게 된 신앙체제다.

　　유대교와 기독교에서 신은 모두 유대민족의 신이었던 야훼다. 이 점에 주목해 유대교와 기독교는 모두 '야훼를 숭배하는 종교'라고 전제하면서, 유대교는 '유대민족에 한정된 야훼 숭배의 종교', 기독교는 '유대민족의 틀에 얽매이지 않는 보편주의적인 야훼 숭배의 종교'라고 구분한다면 더 이해하기 쉬울 것이다.

신 야훼의 침묵

'야훼 숭배의 종교'는 예수 운동의 전개가 시작되기 전까지는 기본적으로 유대인들만의 종교였다. 이를 '종래의 유대교'라고 부르겠다.

이 종래의 유대교는 예수의 시절, 큰 문제에 직면해 있었다. 바로 '신의 침묵'이란 문제였다. 예수의 시절은 이 문제가 본격화되고서도 이미 800년 정도가 지난 때였다. 종래의 유대교는 이 문제에 어떻게 대처해야 하는가를 두고 시행착오를 거듭했다. 그것은 야훼가 기독교인이 될 집단을 선택해 그들에게 은총을 베푼 데에서 탄생했기 때문이다. 기원전 13세기의 '출애굽' 사건은 결정적 의미를 가진 것으로 전해진다. 출애굽 사건은 애굽(이집트의 한자음 표기)의 지배에서 벗어나 '약속의 땅', 즉, 지금의 팔레스타인인 가나안에서 독립된 생활을 영위할 수 있게 된 것으로, 이는 신의 은총을 의미한다. 하지만 동시에 선택받은 자들이 야훼를 자신들의 신으로서 숭배하기로 한다. 다시 말해서 인간이 신을 선택한 것이다. 이 상호 선택에 의해 이스라엘 민족(내지 유대민족)에게만 은총을 베푸는 야훼와 그런 야훼를 자신들의 신으로 삼는 이스라엘 민족은 하나의 고리로서 탄생하였던 것이다.

그런데 신은 침묵했다. 신이 은총을 베풀지도 않고, 백성을 돌보지도 않은 것이다.

이는 기원전 8세기, 당시 유대인들이 세웠던 남북 왕국 중 북왕국이 멸망하면서 명백해진다. 야훼는 자신의 백성을 돌보지 않았고, 의지할 수 없는 신의 취급을 받게 된 것이다. 자연스레 야훼를 저버리는 자들도 많이 생겨났다. 반대로 야훼를 포기하지 않는 자들도 꽤 있었다. 야훼의 침묵과 무관심에도 불구하고 야훼를 신으로 숭배한 자들에게 '신의 침묵'은 큰 문제가 되었다.

여기서 야훼의 침묵을 합리적으로 받아들이려는 하나의 사고가 탄생한다. 야훼가 침묵하는 것은 그가 '믿을 수 없는 신', '무관심한 신'이어서가 아니라, 백성의 태도가 잘못되었기 때문이란 생각이었다. 신 앞에서 도덕에 어그러진 태도를 취하는 사람들에게 야훼가 더는 은총을 베풀지 않기로 한 것이라고 말이다.

도덕을 저버리는 백성의 태도는 구약성서에서 다양하게 표현된다. 그중에서 가장 전형적인 용어가 '죄'이다. '죄의 상태에 있다'는 것은 신 앞에서 정당한 태도를 취하지 않는 상태를 의미한다. 이 같은 '죄'에 대한 인식은 신을 폄하하지 않으면서 합리적으로 '신의 침묵'을 납득할 수 있게 했다.

하지만 '백성은 죄의 상태에 있다'는 관념이 정착되었다고 해서 '신의 침묵'이라는 현실이 사라지지는 않는다. 그렇다면 어떻게 해야 하는가? 자신들의 태도가 잘못된 것이라면 올바른 태도를 취하면 된다. 즉 '죄'라는 단어에 상응하는 표현으로 말하자면, 백성이 신 앞에서 '의義'의 상태에 있으면 되는 것이다.

여기서 또다시 난처한 문제가 생긴다. '죄'라는 개념은 다분히 신을 폄하하지 않기 위한 추상적인 관념이라는 점이다. 백성이 잘못되었다니, 구체적으로 무엇이, 어느 부분이 어떻게 잘못되었다는 건가? 이게 명확하지가 않다. 또 신 앞에서 '의'의 상태에 있다는 건 무엇을 가리키는가? 이 또한 명확하지 않다.

그렇게 시행착오가 시작된 것이다.

현상을 비판하고 '의'의 상태에 있다는 기준에서 다양한 지적이 이루어졌다. 그 속에서 자신(혹은 자신이 속하는 집단)은 선악의 궁극적인 기준을 이해하고 있으며 선善을 완벽하게 실천하고 있다는 믿음에 빠져버리는 사태도 발생하고 만다.

그러나 그와 동시에 다양한 성찰을 통해 일단의 결론이 전반적으로 백성의 인식에 깔리게 된다. 간단히 말하면 이런 인식이었다. "인간은 무엇을 해도 구원받지 못한다." "인간은 무엇을 하든 자신이 원하는 대로 신을 움직일 수 없다."

무의미한 '죄'의 설명

인간이 '죄'의 상태에 있다가 자신의 태도를 고쳤다고 해보자. 스스로 판단하여 올바르다고 정의한 '의'의 상태를 완벽하게 실천했다고 치자. 그럼, 신은 그 사람을 구원해야만 하는가?

만약 그렇다면 신은 인간의 허수아비 같은 존재가 되어버리고 만다. 인간이 정한 자의적인 기준에 따라 선악이 판단되고, 신은 그 기준에 따라 백성을 돌보지 않거나 구원하게 된다. 인간은 신 앞에서 자못 신을 존중하는 듯 겸손한 태도를 취할 수도 있다. 하지만 실제로는 인간이 신을 조종하는 셈이 된다. 인간은 신을 원하는 대로 움직이게 할 요령만 터득하면 되는 것이다. 이는 신을 신으로 여기지 않는 입장이다.

신 앞에서 인간은 무력할 수밖에 없다.

그러나 이러한 인식은 얼핏 생각되는 것처럼 그리 절망적인 것은 아니다. 움직이지 않는 신이 다시 움직여 또 한 번 은총을 베풀어주면 되는 것이다. 그 가능성은 아직 남아있다.

인간은 아무것도 할 수 없다. 하지만 인간의 상태가 다양한 기준 아래에서 어떻게 정의되든, 그와 관계없이 신이 멋대로 움직이면 되는 것이다.

이는 '신이 일방적으로 움직일 수밖에 없다', '인간은 무엇을 하든 자신이 원하는 대로 신을 움직이게 할 순 없다'는 인식과 표리일체를 이루고 있다. 그리고 이 단계까지 인식이 진전되었다는 것은 '죄'를 통한 설명이 무의미함을 나타내고 있다.

그러니까 예수가 살았던 시절 '종래의 유대교'가 처한 상황은 이렇게 요약할 수 있다. "신은 침묵한다." "인간은 무엇을 하든 원하는 대로 신을 움직이게 할 수 없다." "신이 일방적으로 움직일 수밖에 없다."

이런 상황은 인간이 인식할 수 있는 범위 내의 일이다. 기원전 1세기경까지는 이러한 인식이 유대민족 전체에 상당히 침투되어왔다고 생각할 수 있다. 무엇이 악이고 무엇이 선인지를 안다고 하여 권위 있는 견해를 백성에게 주장할 수 있었던 '예언자'로 불린 활동가의 모습은 이 시기에는 보이지 않게 된다.

　반면에 이러한 신학 사상의 진전을 받아들일 수 없던 자 중에서는 자신들의 사소한 생활 주변에 멋대로 선악의 기준을 적용하고, '경건한 태도'로 자기만족을 추구하려 했던 자들이 눈에 띄게 된다.

평범한 인간으로서의 예수의 의의

　예수로부터 시작되는 시기에서는 신이 모든 일에 침묵으로 일관하는 것이 아니라 인간과 적극적이고 긍정적인 관계를 맺기 위해 움직이기 시작한 것으로 보인다. 그리고 예수가 그 최초의 예이다.

　예수에 대해서는 그가 평범한 사람이 아니라, 신과의 관계에서 특별한 존재였다는 다양한 주장이 내세워진다. 하지만 신과의 관계에서 이미 특별한 존재였던 그가 지상에서 몇몇 특별한 활동을 한 것뿐이라면, 우리 평범한 인간에게는 그다지 대수롭지 않은 일이 되고 만다. 그저 평범한 예수를 신이 선택했다고 해야만, 다른 평범한 인간들에게도 '어쩌면 신이 나를 선택할지도' 모른다는 믿음의 가능성이 생기는 것이다.

　신은 우선 1명의 인간을 선택했다. 엄밀히 말하자면 이 '1명'은 누구든 상관없었다. 하지만 그 누군가가 꼭 필요했다. 그렇게 소위 '우연히' -신의 일방적인 선택에 의해- 예수라는 자가 선택된 것이다.

　'예수의 의의'는 예수 자신이 갖추고 있던 '의의'와 '가치'에 있는 것이 아니다. "본래 예수에게는 특별한 가치가 없는데도 무슨 이유에서인지 신이 그를 선택했다!" 바로 여기에 예수의 의의가 있는 것이다.

예수만이 신에게 선택되었고, 신은 여전히 다른 백성들에게는 무관심한 상태였다. 어쩌면 예수는 사회적으로 이전처럼 눈에 띄지 않는 존재로서 여생을 보내는 편이 좋았을지 모른다. 다른 인간들에게 여전히 '신이 일방적으로 움직이는 것'처럼 말이다.

그러나 예수는 상당히 사회적으로 두드러진 활동을 한다. 특히 '율법'과 '신전'을 비판하고 부정했던 활동이 눈에 띈다. 율법을 지키지 않아도 된다고 주장하며, 자신의 행동으로 몸소 내보이기도 했다. 예루살렘 신전 경내에서는 직접 대담한 행동을 보였다.

유대교라는 틀 안에서 율법과 신전은 더할 나위 없이 신성한 것으로 여겨지고 있었다. 그 때문에 예수의 활동은 상식적으로 명백한 '모독' 행위였다. 예루살렘에서도 두드러진 비판을 멈추지 않은 예수는 체포되어 결국 처형되고 만다.

율법과 신전이 신과의 현실적인 관계를 나타내는 건 아니다. 그 점은 맞지만 반대로 이를 문제시하고 부정한다고 해서 인간들에게 신과의 현실적인 관계가 생겨나는 것도 아니다. 예수 이외의 인간들에게 있어서 '신은 일방적으로 움직이는 존재'였으니까.

기존의 사회 질서를 비판, 부정하고 설사 파괴한다고 한들 신은 움직이지 않는다. 예수는 '신이 움직일' 가능성이 현실적으로 보일 때 사람들에게 알리는 것을 자신의 핵심 활동으로 삼았다. 이것이 바로 복음, 즉, '반가운 소식'으로 알려진다. 하지만 이는 기대하는 현실 혹은 '신과의 관계 성립'을 예고하는 데 지나지 않았다. 예고만 했을 뿐, 그 현실은 이루어지지 않았다.

신의 선택이 있었다 하더라도 선택받은 자가 실현할 수 있는 것은 극히 한정적이었다. 예수는 신에 의해 선택받았을지 몰라도, 원하는 대로 신을 움직일 힘은 없었다. 눈앞에 놓인 상태, 즉, 기존의 사회나 신과의 관계가 없는 인간들의 상태를 극적으로 한순간에 변화시킬 수도 없었다.

로마의 정책적 개입 가능성

예수는 사형으로 죽음을 맞이했다. 십자가 사건은 기원후 30년에 일어났다고 보는 것이 마땅하다. 그리고 예수의 활동은 유대 사회로부터 전면 부정되는 형태가 되었다.

하지만 놀랍게도 예수의 후계자라고 해야 할 베드로를 포함한 '사도使徒'들이 예수의 처형 후 얼마 지나지 않았을 때, 더욱이 예수가 처형된 장소이자 유대 당국의 본거지인 예루살렘에서, 신과의 관계에서 예수를 높이 평가하는 활동을 당당하게 시작한다.

예수를 엄격하게 대해왔던 유대 당국이 이 새로운 움직임을 거의 방관하다시피 있었던 것은 참으로 이상하게 생각할 수밖에 없다.

어디까지나 억측이지만, 유대 당국이 섣불리 움직이지 못했던 것은 로마의 정책적 개입 때문이라고 생각할 수밖에 없지 않을까?

예수가 시작한 활동은 신과의 관계에 있어 기존 유대교의 최고 권위인 율법과 신전을 근본적으로 부정하는 것이었다. 그리고 유대교 사회의 내부에서 일어난 이 활동은 근본적인 분열의 계기로 작용했다. 유대 당국이 예수만 신속히 처형해버리고 그를 둘러싼 간부들과 지지자들을 처분하지 않은 것도 유대교 사회의 근원적인 분열 조짐을 숨기기 위한 태도로 볼 수 있다.

로마 측은 예수의 처형 후에 예수가 시작한 운동의 의미를 깨닫고 예루살렘에서 시작된 베드로와 사도들의 당당한 활동을 지지하는 것 같은 움직임을 보였다고 생각된다. 피지배 민족을 분열시키는 것은 제국 지배의 근본 원칙 아닌가? 이러한 찬스를 로마가 놓칠 리 없었다. 그게 아니고서야 베드로와 사도들의 당당한 활동, 그리고 유대 당국의 방관적 태도를 어떻게 설명하겠는가?

'교회'의 성립

베드로가 펼친 활동은 대담했다. 예루살렘에서 사람들을 설득하고 찬동하는 자들을 동료로 모집하여 밤낮없이 함께 행동하고 생활하는 공동체를 성립시켰다. 이는 학자들에 의해 '예루살렘 초기 공동체'로 불린다.

그런데 베드로의 방침은 예수의 활동 방침의 중요한 면을 간과하게 된다. 먼저 공통점은 '신의 개입'을 바란다는 점이었다. 그러나 이 출발점에서 예수와 베드로가 바라보는 방향은 일치하지 않았다.

예수는 마을을 돌아다니며 백성들에게 '기대되는 현실'에 대해 설교했다. "너희들이 지금까지의 일상생활을 바꿀 필요는 없다. 인간이 그 어떤 특별한 행동을 하더라도 신의 구원은 실현되지 않기 때문이다. 인간은 무엇을 하든 마음대로 신을 움직일 수는 없다, 신은 일방적으로 움직이는 존재다." 이와 같은 고대 유대교의 결론에 따른 태도였다.

　하지만 베드로는 사람들이 지금까지의 일상생활에 머무르지 않고 특별한 활동을 하는 데 의의가 있다는 방침으로 임했다. 인간이 무얼 하든 마음대로 신을 움직이게 할 수는 없음이 분명함에도, 인간의 활동이 신을 움직이는 데 의미가 있다는 사고였다. 베드로는 '신을 움직이려면 무엇을 해야 하는가'를 알고 있는 듯한 모습이었다.

　베드로는 지도자가 되고 사람들은 그를 따랐다. 어느 정도 많은 사람이 그의 지도에 따라 특별한 활동을 하게 되면서 특별한 조직과 제도도 생겨났다.

　지도자가 있고, 그에 종속하는 자들이 독자적인 단체를 만드는 것. 즉, '인간(지도자)에 의한 인간(추종자)의 지배'라고 할 만한 사태가 발생한 것이다.

　지도자는 이끄는 자요, '가르침'을 주는 자이다. 그리고 그 지도와 가르침의 내용은 '신을 움직이려면 무엇을 해야 하는가'를 구체적으로 지적하는 것이었다. 이 가르침에 정당성은 없다. 무슨 수를 써도 인간은 신을 움직일 수 없음에도 불구하고, 신을 움직이려면 무엇을 해야 하는지를 '가르침'을 통해 지적하고 있기 때문이다. 그 가르침에 가치가 있다는 것은 지도자의 주장일 뿐이다.

　예를 들어보자. 베드로가 시작한 '예루살렘 초기 공동체'는 얼마 지나지 않아 더는 유지할 수 없게 되었다. 멤버는 전 재산을 공동체에 기부하는 것이 원칙이었고, 공동체의 수입은 신입 회원의 기부가 전부였다. 가난한 가문 출신의 멤버가 늘어나면 공동체는 수입 없이 부담만 커지게 된다. 재정 파탄이 다가오는 것이다. 그러자 부유한 자 중에는 멤버가 되고 싶어도 경제적인 부담 때문에 주저하는 사람이 생겨났다.

이때 '전 재산 기부'라는 가르침이 '원한다면 재산의 일부는 사유해도 좋다'로 바뀌게 된다. 신의 구원을 위해 '해야만 했던 일'이 '해도 그만 안 해도 그만인 일'이 되고 만 것이다.

'가르침'의 다양성

사람을 모으는 데 효과만 있다면 가르침의 내용이 무엇이든 상관없었다. '이 활동을 하면 신의 구원을 받을 수 있다'는 정당성이 결여된 주장을 정당하다고 인정하기 위해서는 '믿음'을 갖는 수밖에 없었다. 가르침을 따르고 종속하는 자들은 '믿는 자', '신자'라 불렸고, 신앙은 굉장히 중요한 것으로 여겨졌다. 이런저런 특별한 활동이 신의 구원을 부르는 데 필요하다는 주장은 사회 현실 속에서 상당히 효과적으로 작용했다.

사회적으로 효과만 있으면 됐으므로 다양한 지도자와 지도자 그룹이 등장했고, 다양한 가르침이 시도되었다. 신약성서에 수록된 문서들은 이러한 다양한 시도가 이른 시기부터 행해졌음을 나타낸다. 예를 들어, 예수의 이미지를 만들어내는 것은 중요하면서도 효과적인 수단이었다. 4개의 복음서가 있다는 것은 적어도 4종류의 다른 예수의 이미지가 그려졌다는 것을 말해주고 있다.

그리고 바울은 이와는 또 다른 관점으로 예수를 바라봤다. 복음서는 예수의 활동을 기록한 것으로, 지상에서 있었던 예수의 여러 에피소드가 수록되어 있다. 그런데 바울은 십자가 처형 이전의 예수 활동에는 의의를 두지 않는다. 예수에게 의미가 있는 것은 '십자가'뿐이라고 보는 것이다.

이와 같이 다양한 '가르침' 속에서 때로 극심한 대립도 보이고 서로 부정하기도 했다. 이들 가르침에는 종속적인 멤버가 존재한다. 교회가 다양한 분파로 갈라져 가끔 첨예하게 대립한 것은 그 때문이다. 대규모 전쟁도 발발했다. 한참 후의 일이긴 하지만 16~17세기 유럽에서 있었던 가톨릭과 프로테스탄트의 대립을 축으로 벌어진 종교전쟁이 그 극명한 예이다.

그러나 이 대립은 해석에 따라 달라질 수 있는 가르침의 차이 때문이었다. 개개의 가르침의 내용은 그다지 중요한 것이 아니고 바뀔 수도 있다. 그렇기 때문에 가르침에 대립이 생겨나고 특정 가르침에 의미가 있다고 믿게 되면, 분파가 생겨나는 것이다.

넓은 의미의 '교회'에서 정말 중요하다고 간주하는 것은 뭘까? 지도자가 있고 그에 종속하는 자들이 있는 구조, 즉 '인간에 의한 인간의 지배' 구조이다. 그 밖에 야훼를 신으로 여기는 것, 이미지가 많으면 많은 대로 예수를 중시하는 것, 그리고 시간이 더 흐른 후에는 구약과 신약으로 이루어진 성서에 좌우간 가치를 부여할 것 등. 대략 이런 것들이 넓은 의미에서 교회 전체를 아우르는 공통점이다.

따라서 분파가 생겨나고 대립에 의한 살생이 일어난다고 하더라도 이는 '믿는 자들'을 계속해서 종속적인 위치에 두기 위해 발생한 골치 아픈 문제에 지나지 않는다. 이는 대개 무의식 속에서도 꽤 명확하게 많은 사람에게 인식되어 있다. 그렇기 때문에 내부에서 다양한 대립이 일어나더라도 '기독교'라는 큰 틀의 존재는 당연한 것으로 여겨지고 있다.

개개의 파벌 안에서 심각한 문제가 일어나는 경우도 있다. 신자나 추종자의 위치에 있어야 할 자들이 지도자에 종속되지 않으려는 움직임이 일어나는 경우다. 자신들이 이해한 '신앙'의 내용에 가치가 있다고 여겨, 독립할 수 있으리라고 생각했기 때문이다. 이러한 움직임은 기본적으로 엄격히 배제된다. 이것도 '인간에 의한 인간의 지배'의 구조가 얼마나 중요한지를 말해주고 있다.

지도자에 대한 종속은 중요하다. 그렇다고 지도자가 주는 가르침의 내용을 완벽하게 실행해야 한다는 의미는 아니다. 지도자와 그의 가르침의 권위를 인정하고 종속적인 위치에 계속해서 서 있기만 한다면, 계속 멤버로 남아있기만 한다면, 실제로 얼마나 가르침을 준수하는지는 크게 중요하지 않다.

다양한 가르침이 균일하게 존재하고 있는 것을 '수평적인 다양성'이라고 한다면, 각각의 가르침을 얼마나 준수하고 있는지는 '수직적인 다양성'이라고 할 수 있다. 만약 기독교가 '가르침'을 완벽하게 안 지키면 멤버가 될 수 없다는 엄격한 분파의 모임이었더라면, 그 많은 사람을 멤버로 만들고 로마제국 같은 대제국을 지탱하는 기둥의 역할을 하며, 말 그대로 전 세계적으로 전개되어 큰 세력을 누리는 운동으로 이어지지는 못했을 것이다.

움직이지 않는 신

서두에서도 말했듯이 유대교와 기독교는 '야훼를 숭배하는 종교' 속의 두 형태다. 1세기 말에 이 두 존재는 확립되었다. 유대교의 큰 줄기는 예수 이후의 흐름을 거부했다. 이 시기, '율법주의'를 채용한 것이 결정적이었다.

예수의 일례를 보면, 신은 약간의 긍정적인 개입을 했던 것일지도 모른다. 하지만 전체적으로 '신의 침묵'은 여전했다. 유대 전쟁(66~70년)은 신이 본격적으로 다시 은총을 베풀기 시작했는지 확인하는 기회였을지도 모른다. 하지만 신은 여전히 움직이지 않았다.

율법주의의 전면 채용은 '인간에 의한 인간의 지배'라는 선택지를 버리겠다는 뜻이다. 율법주의에는 '규범(율법) 앞에서 평등'하다는 원칙이 있어서, 인간에게 상하관계는 없으며 모든 멤버는 평등해진다. 바랐던 '신의 지배'는 실현되지 않고 '인간에 의한 인간의 지배'는 거부한 상황에서, '신이 내린 율법의 지배'가 신의 부재 속에서 소위 차선책이 된 것이다.

그리고 율법은 모세 이후 신이 유대인에게 주었다는 것이 공식적인 해석이다. 율법의 권위를 인정하는 자는 유대인이다. 그러니까 율법주의의 채용은 민족주의적 입장을 지속하기로 했음을 의미한다.

이러한 차선책을 채용할 수밖에 없었던 것은 신이 본격적으로 개입하지 않고 계속해서 침묵했기 때문이다. 신의 지배가 실제로 실현되었다면 율법의 지배는 의미를 잃었을 것이다.

신 야훼만을 인정하다

한편 예수 이후에도 신 야훼의 개입은 극히 적었을 뿐 대체로 '신은 무관심한' 상태였다는 것이 전제에 깔려있다. 그러나 적지만 직접적인 개입에 있어 신은 종래의 유대 민족의 틀에 얽매이지 않고 유대인과 비유대인 모두를 대상자로 선택했다는 점이 주목된다.

이를 근거로 비유대인 출신도 교회의 멤버로서 받아들여지게 된다. 이는 '보편주의' 입장이었다. 여기서 말하는 보편주의는 인간이라면 누구나 받아들일 수 있다는 의미지만, 특히 '유대 민족의 틀에 얽매이지 않는다는' 것이 중요하다.

그러나 이것이 유대적인 것을 전면 부정한다는 뜻은 아니었다. 보편주의적인 '야훼 숭배의 종교'인 기독교가 유대적인 것을 축으로 하는 세계 지배의 한 시도가 되었다는 것은 눈여겨볼 만하다.

유대 세력이 중간 규모 민족의 존재라는 점을 넘어서 널리 세력을 뻗치려고 한 적은 몇 번인가 있었다. 솔로몬 왕 시대(기원전 10세기), 하스몬 왕조 시대(기원전 2세기 후반부터 기원전 1세기 중반), 그리고 헤롯 대왕(기원전 1세기 후반) 시대에도 야심찬 의욕이 있었다.

유대 민족은 기원후 1세기 후반에 거의 전 민족이 합심하여 로마와 전쟁을 벌인다. 앞서 언급했던 유대전쟁이다. 거대한 로마제국에 중간 규모의 유대 민족이 맞선다는 것이 굉장히 무모한 싸움이라고 보일 수 있지만, 실제로는 반드시 그런 것만도 아니었다. 기원전 1세기에 급속하게 세력을 키운 로마도 원래는 중간 규모의 세력이었다. 로마가 해냈다면, 유대 민족에게도 가능했을 것이라고 볼 여지는 충분히 있었다.

하지만 유대전쟁에서 패배하면서 유대 민족의 정치-군사적 세력을 확대하려던 계획은 완전히 수포로 돌아갔다. 그러나 유대적인 것의 세력 확대는 정치-군사 분야에만 국한되지 않는다. 예수 이후에는 유대적 요소를 신 야훼뿐이라 보고, 그 외에는 고려하지 않는다는 선택 하에서 여러 시도들이 이루어졌다. 이를 최초로 명확하게 의식한 것이 바울이라고 할 수 있을 것이다. 바울은 예루살렘 교회의 2대 지도자인 야곱을 관찰하면서 '인간에 의한 인간의 지배'가 지닌 의의를 인식한 것으로 생각된다.

야곱은 종래의 유대교가 전해온 율법의 가치를 유지하면서 보편주의를 진전시키려 했다. 하지만 율법을 존중하면서 유대적인 것을 보편화한다는 것은 사실상 어려웠다. 이에 바울은 '율법 없는 야곱주의'를 채용하게 된다.

율법은 배제하고 '인간에 의한 인간의 지배'를 통해 현실적으로 사회를 통치하며, 신은 유대 신인 야훼로 삼는 것. 바울의 시도는 초창기에 이루어졌으나 향후 '(넓은 의미에서의) 교회'의 모습은 바울의 계획이 세계 규모로 전개되어 2천 년 가까이 존속된 모습으로 남아있다.

가토 다카시

1957년 가나가와현 출생. 도쿄대학 문학부 졸업 후
스트라스부르 대학 프로테스탄트 신학부 박사 과정 수료.
신학 박사. 《역사 속의 '신약 성서'》,
《일신교의 탄생 유대교에서 기독교로》 등 저서 다수.

05
로마제국을
멸망시킨 난민과의 격차

민중에게 지지받지 못한 문명

이노우에 후미노리
와세다대학 문학학술원 교수

2015년 시리아, 아프가니스탄, 이라크 등에서 100만 명을 넘는 이슬람계 난민이 EU(유럽 연합)에 밀려들었다.

엄청난 규모의 난민 수용을 둘러싸고 EU 각국은 동요했고, 수용을 적극적으로 추진한 독일의 메르켈 총리는 안팎에서 비난에 시달렸다. 난민 사태로 유럽이 시끄러운 가운데 프랑스 파리에서는 11월 13일 동시다발 테러가 발생했고, 12월 31일 쾰른 등 독일의 도시에서는 주로 여성을 노린 대규모 약탈과 폭행 사건이 일어났다. 이들 사건에는 모두 이슬람계 난민을 가장한 자들이 관여하고 있었다. 또 2016년 6월에는 영국이 국민투표의 결과로 EU를 탈퇴하게 되는데, 여기엔 전년부터 EU를 동요시킨 난민 위기도 큰 영향을 미쳤다. 의심할 여지가 없다. 난민 위기를 앞두고 각국에서는 배타주의가 확산하였고 여론은 보수화되어갔다. 도미노 이탈이 발생하면서 EU 자체의 붕괴마저도 현실성을 띠기 시작했다.

난민 위기에 직면한 EU의 모습은 마치 로마제국 말기의 모습을 방불케 했다. 유럽뿐만 아니라 중동, 북아프리카로까지 확장한 거대한 영토를 500년 이상 지배한 로마제국도 4세기 이후 '게르만 민족의 대이동'이라고 불리는 게르만계의 대량 난민이란 파도에 휩쓸려 배타주의가 고조되는 가운데 5세기에 멸망했기 때문이다.

문제는 EU라는 조직의 붕괴에서 그치지 않는다. 프랑스 국민전선의 마린 르 펜 당수는 2015년 9월 이렇게 말하면서 프랑스 문명의 장래에 위기감을 드러냈다. "프랑스 국민의 행동이 없다면 우리들이 직면하고 있는 인구 이동의 침략은 4세기의 대이동 못지않은 결과를 초래할 것이다." 이런 르 펜의 발언은 선동적이라는 비판도 많았다. 하지만 난민 문제에 더해 다수의 기존 이슬람계 이민까지 떠안고 있는 EU 각국의 입장에서, 문명의 위상 그 자체가 4세기 이래 큰 변화를 맞이할 수도 있음은 부정할 수 없으리라.

영국과 프랑스 등 서유럽 각국은 이슬람교도의 증가로 인해 2050년에는 기독교 인구가 절반이 될 거라는 예측도 하는 상황이다. 향후 EU 혹은 EU 각국의 문명의 앞날을 내다볼 때 로마제국 말기의 사정을 아는 것은 무의미한 일이 아닐 것이다.

멸망은 난민 문제로부터 시작됐다

로마제국의 멸망은 난민 문제에서 시작됐다. 로마제국의 국경 중 하나였던 도나우 강의 북방에는 게르만계의 고트족이 널리 거주하고 있었으나, 고트족은 370년경 이후 유목-기마민족인 훈족의 공격을 받아 일부는 정복되었고, 일부는 정복을 면할 수 있었으나 훈족의 공세를 버티지 못하고 고향을 떠나 로마제국 안으로 이주하고자 했다. 376년경, 당시 황제 발렌스는 고트족의 요청에 따라 그들을 영내로 수용해주었다. 발렌스 황제는 마침 제국의 부족한 병력을 새로 이주하는 고트족으로 보충하려는 속셈이 있었다. 오늘날 독일이 난민을 받아들인 의도에는 노동력의 확보도 있었다는 지적이 상기되는 대목이다. 정확한 숫자는 알 수 없으나 그렇게 약 20만의 방대한 고트족이 도나우 강을 건넜다. 이것이 로마제국을 멸망시키게 될 '게르만 민족의 대이동'의 시초가 된 사건이었다. 지금 우리가 쓰는 표현으로 난민, 그것도 부족 단위를 유지한 대량 난민의 도래와 다름없었다. 당시 로마제국 인구는 5천만에서 6천만 명 정도. 2015년 EU의 인구가 5억 820만 명이니 당시의 고트족은 현재 이슬람계 난민과 비교되지 않는 규모였다.

대규모 난민의 수용은 현대 국가의 입장에서도 상당히 곤혹스러운 문제다. 아니나 다를까, 로마제국의 홀대를 받은 고트족은 다음 해 봉기를 일으켜 발칸 반도를 습격하기 시작했다. 진압에 나선 발렌스 황제는 378년 8월에 아드리아노플(현 터키의 에디르네)에서 고트족과 전투를 벌였으나 전사하고 만다.

로마제국에는 고트족이 대규모로 밀려들기 전부터 이민을 위해 많은 게르만계의 사람들이 들어와 있었으며 특히 군내 고위직에 오른 자들도 적지 않았다. 그러나 아드리아노플 전투 이후, 제국 안에서는 평화롭게 이민을 위해 들어와 있던 게르만인들도 배격해야 한다는 목소리가 힘을 얻어갔다. 교토 대학의 미나미가와 다카시는 이 현상을 '배타적 로마주의'라고 불렀고 이것이 로마제국을 멸망시켰다고 주장하고 있다.

발렌스 황제의 후계자인 테오도시우스 황제는 고트족과 오랫동안 일진일퇴를 거듭했으나 결국 고트족을 제국 영토 밖으로 몰아내지도 섬멸하지도 못했으며, 382년에는 그들에게 발칸 반도의 토지를 내주며 제국 내의 거주를 인정할 수밖에 없었다. 로마의 고심 끝에 내린 선택으로 고트족의 난민 문제는 일단락된 것으로 보였고, 실제 고트족은 테오도시우스 황제의 재위 기간에는 분란을 일으키지 않았다.

그러나 395년 테오도시우스 황제가 죽고 제국은 동서로 분열된다. 동서의 대립이 더욱더 심해지자 고트족은 이 기회를 틈타 다시 움직이기 시작했다. 그리고 공격의 화살을 취약한 서로마제국으로 돌렸다. 여기서 로마제국의 멸망이란 이 서로마제국의 멸망을 의미한다.

하나씩 차례차례 빼앗긴 영토

테오도시우스 황제의 뒤를 이어 서로마제국의 황제가 된 호노리우스는 아직 어렸기 때문에 후견인 역의 장군이었던 스틸리코가 고트족에 대처했다. 스틸리코의 모친은 로마인이었으나 부친은 게르만계의 반달족으로, 이민 출신의 로마제국 군인이었다. 게르만 민족의 이민 후손이 게르만 민족의 난민과 맞서게 된 셈이다.

때로 이탈리아를 위협했던 고트족으로 인해 스틸리코는 이탈리아의 방위를 강화하고자 로마제국의 또 다른 국경인 라인강에 배치되어 있던 군대를 이탈리아로 이동시켰다. 이 조치는 제국에 치명적인 결과를 불러왔다. 406년의 마지막 날, 반달, 알란, 수에비 등의 부족이 허술해진 라인강 방어선을 돌파한 것이다. 반달족도 배후에서는 훈족의 공격을 받고 있었기 때문에 그들 역시 난민이었다. 반달족은 갈리아(주로 현재의 프랑스)를 2년 이상 습격하며 409년에는 이베리아반도에 들어섰다. 그리고 뒤이어 부르군트족, 프랑크족, 그리고 알라마니족 등도 로마 국경의 붕괴를 보고 서서히 제국 영내로 진출하기 시작한다. 이즈음 스틸리코는 궁정 안의 음모로 인해 408년에 살해되었다. 스틸리코라는 중핵이 사라지자 고트족은 한층 더 활발히 움직였고 410년에는 마침내 로마시를 점령, 약탈했다.

결국 로마제국은 대량의 난민을 '동맹 부족'으로 제국 영내에 수용함으로써 사태를 해결하려 하였다. '동맹 부족'이란 군역을 조건으로 토지와 부족의 자치권을 부여받아 제국 영내에 거주할 수 있게 인정받은 부족을 말한다.

예를 들어, 고트족은 418년 갈리아 남서부의 아퀴타니아 지방의 토지를 부여받아 동맹 부족으로 정착했다. 한편 반달족처럼 히스파니아(이베리아 반도)에서 429년에 북아프리카로 건너가 그 땅을 무력 제압한 후, 동맹 부족으로 인정하도록 제국에 들이닥쳐 불법 점령을 정당화한 경우도 있다. 북아프리카로 건너간 반달족은 8만 명 정도로 추정된다.

'동맹 부족'이라는 말이 그럴싸해 보일지는 모르나, 그 부족의 입장에서는 사실상 제국으로부터 영토를 할양받은 것과 다름없었다. 그리고 그들이 제국에 순종한 것은 지극히 짧은 기간이었으며, 반달족은 물론 고트족도 머지않아 거주를 인정받은 영역을 넘어서 그 세력을 확장해나갔다. 이렇게 로마제국은 그 영토를 '동맹 부족'인 게르만계의 난민 부족에게 차례차례 빼앗긴 것이다. 테오도시우스 황제의 후손인 왕조는 455년에 멸망했으나, 이 단계에서 로마제국은 이미 영토의 대부분을 잃었으며 이탈리아의 지방 정권으로 변해갔다.

바람 앞의 등불과도 같았던 로마제국은 마지막 황제 로물루스가 게르만 용병 대장 오도아케르에 의해 폐위되면서 끝내 476년에 멸망했다. 공교롭게도 고트족인 난민이 도나우 강을 건넌지 정확히 100년이 되는 때였다.

흥미로운 것은 이 100년간 로마제국의 중앙 정부는 거의 무력했음에도, 갈리아나 브리타니아 같은 지방이 중앙에서 분리 독립되는 경향은 나타나지 않았다는 점이다. 가령 EU가 붕괴한다고 상상해보라. 가맹국들은 점차 이탈하여 이전 국민 국가의 분립 상태로 돌아가지 않겠는가? 이와는 대조적으로 로마제국의 지방에는 독립의 핵심이 되는, 돌아가야 할 제국 이전의 국가 같은 것이 애초에 존재하지 않았던 것이다.

또 한편으로는 배타주의의 확산에도 불구하고 로마제국에 대한 백성들의 애국심은 강하지 않았다. 반게르만을 내걸고 로마를 위해 적극적으로 저항하는 세력도 보이지 않았다.

빈부격차와 문명의 균열

로마제국의 멸망 과정이 위와 같다고 본다면 크게 이상한 점은 없다. 그런데도 다시 의문이 고개를 치켜든다. 도대체 로마는 어째서 멸망한 것인가? 로마제국의 멸망이 단순히 한 제국이 멸망한 것에 그치는 것이 아니라, 제국이라는 정치 조직과 함께 로마의 문명 자체가 동시에 무너져버렸기 때문에 더욱 궁금해진다. 여기서 말하는 로마의 문명이란 도시 생활이며, 도시 생활을 뒷받침하는 상하수도나 공공욕장 등의 인프라, 그리고 화폐 경제 및 낮은 문맹률 등이다. 그러나 로마제국 멸망 후 이 모든 것들이 서유럽에서는 급격히 모습을 감췄고, 브리튼 섬 같은 일부 지역에서는 사회가 거의 선사 시대와도 같은 상태까지 퇴보하고 말았다.

왜 제국뿐 아니라 로마 문명까지 멸망한 것일까? 게르만 민족의 파괴 행위만으로는 그 원인이 충분히 설명되지 않는다. 과거를 되돌아봤을 때 사실 로마가 만 단위의 외래 부족을 수용한 것은 4세기 후반이 처음이 아니었다. 수용은 제국 초기 이래 몇 번이고 반복되어왔다. 문제는 게르만 민족을 흡수, 동화시키지 못한 당시 로마 문명에도 있었다는 얘기다.

중국의 역사와 비교해보면 이 점은 더욱 분명해진다. 유라시아 대륙의 또 다른 한 편에 있었던 중국도 4세기 이후 로마제국처럼 북방으로부터 민족 이동의 파도가 찾아왔고, 5호 16국 시대라고 불리는 시대를 맞이했다. 그러나 로마제국과는 달리, 그 혼란 속에서도 중국의 문명은 멸망하지 않았다. 오히려 이주해온 이민족이 중국화하여 그 문명을 계승했다.

동양 역사가인 가와카츠 요시오는 중국 문명의 이 강인함이 이를 이끌었던 문인 귀족인 지배자층이 민중 대다수에게 지지받고 있었기 때문이라고 했다. 문명이 상하 불문하고 민중 전체에게 지지받는 상태였기 때문에, 이민족도 중국화하지 않으면 통치가 뜻대로 되지 않았던 것이다.

이와 같은 중국사의 예를 힌트로 삼아 생각해보면, 로마제국에서는 게르만 민족이 4세기 후반에 들어왔을 때 그 문명이 민중 전체에게 지지받지 못한 것은 아닐까, 추측해볼 수 있다.

로마 문명을 이끄는 주체자는 도시의 지배층이었다. 로마제국의 최고 지도층은 원로원 의원의 신분을 누린 자들이었으나, 그들 역시 본래 도시의 지배자에 지나지 않았다.

도시 지배자들은 실상 부유층이었으며 자신들의 재산으로 출신 도시에 공공 건축물을 기증한다든지 상하수도 등의 인프라를 정비하며, 금품 혹은 검투사 경기를 제공하는 독특한 관습을 가지고 있었다. 현대 학자들은 이런 관습을 시여 행위 施與行爲(euergetism; 유어제티즘 혹은 에베르제티즘)라고 부른다. 포퓰리즘과 비슷한 이 유어제티즘은 당시 도시 부유층의 의무라고도 여겨졌다. 그리고 민중은 이를 누릴 수 있는 한 부유층을 자신들의 지배자라고 인정하며 그 문명을 지지해왔다.

그런데 3세기 말경부터 도시 부유층들은 이 시여행위를 멈춘다. 노블레스 오블리주를 포기한 것이다. 그 원인은 분명치 않으나 그로 인해 지배자인 부유층과 민중 사이에서 균열이 발생했음은 틀림없다. 이 균열을 한층 격화시킨 것은 점점 심해지고 있던 빈부격차의 확대였다. 도시 부유층의 대표였던 원로원 의원은 4세기에 이전보다 더 거대한 부를 축적했으나 민중은 더욱 가난해진 것이다.

로마제국에서는 3세기 말 이후 군사비를 비롯한 국가 예산이 눈에 띄게 늘어나면서 조세 부담이 무거워졌으나, 이를 모면할 수 있었던 부유층은 점점 더 부가 쌓였고 그렇지 않은 자는 빈곤해졌다. 이런 양극화에 직면한 4세기의 로마제국의 문명은 중국과는 달리 민중 전체에게 그 가치가 공유되지 못해 지지를 잃는 상태로 전락했다고 할 수 있을 것이다. 약해진 로마 문명은 이동해오는 게르만 민족을 흡수-동화시킬 힘을 이미 잃은 상태였으며, 게르만 민족도 적극적으로 동화할 필요성을 느끼지 못했다.

역사를 되돌이켜 보면 문명이라는 것은 항상 소수 지배층의 향유물이었다. 이 경향은 시대를 거슬러 올라갈수록 두드러진다. 하지만 어느 시대건 오로지 지배층에 의해서만 문명이 유지되는 일은 없었다. 민중의 대다수가 그 가치를 인정하고 지지했을 때 비로소 문명은 존속되는 것이다.

반대로 말하면 지배층과 민중 사이에 균열이 발생하고 문명이 대다수 민중에게 지지받지 못하게 된다면 문명은 약해진다. 그리고 약해진 문명에는 새로운 이문화異文化 집단을 대량으로 동화시킬 힘이 없기에 끝내 쇠멸하는 것이다.

이노우에 후미노리
1973년 교토 출생. 교토 대학 대학원 문학 연구과 박사 후기 과정 수료.
저서로는 《군인 황제의 로마—변모하는 원로원과 제국의 쇠망》,
《군인 황제 시대의 연구 로마—제국의 변화》,
《하늘을 상대하다—평전 미야자키 이치사다》 등이 있다.

제2장

중세 및 근세

01
예언자
무함마드의 리더십

뛰어난 균형 감각

야마우치 마사유키
무사시노 대학 특임교수 / 도쿄대학 명예교수

　　무함마드는 유일신 알라에게서 계시를 받은 예언자 혹은 사도師徒
다. 이는 머지않아 종교의 창시자라고 불리게 된 기독교의 예수나 불교
의 석가와는 다른 존재다. 차이는 이뿐만이 아니다. 이 세 명은 모두 실
재했던 역사적 인물로서 걸출한 종교 리더였으나, 특히 무함마드는 신
앙과 사회와 정치가 하나 된 움마Ummah라는 공동체의 최고 지도자였다.

　　무함마드는 《코란》의 약 60%를 메카에서 계시받았다. 그러나 이슬
람이라고 불리게 되는 신앙이 오늘날과 같이 세계 종교로 성장한 것은
메카가 아닌 서기 622년 히즈라 혹은 성천聖遷, 즉 메디나로 이주한 후의

일이다.

　무함마드의 과제는 메디나에서 이슬람이 말하는 마지막이자 최대 예언자로 단순히 신도들의 정신을 지지하는 것이 전부가 아니었다. 그는 늘어난 신도들의 공동체 경영, 메카의 쿠라이시족 같이 신앙을 위협하는 외부의 적, 공동체 내부에서 일어나는 절도나 간통 및 유산 상속을 둘러싼 분쟁 등에도 적절한 대응을 요청받았다. 메디나에서 무함마드는 종교인 이상의 역할을 맡게 된 것이다.

　그리고 바로 이 점이 그를 예수와 석가 같은 다른 종교 리더와 다르게 만들기도 했다. 바야흐로 '무함마드의 내면에 있던 다양한 능력은 통치, 군사, 입법, 사법, 행정, 조정, 외교 등 각 분야에서 잇따라 열매를 맺게 되었다.'(고스기 야스시의 《무함마드》에서) 이렇듯 무함마드의 다면적인 재능과 다원적인 역할 중 어느 각도에서 바라볼 것인가에 따라 그의 개성, 더 나아가 이슬람 성격의 해석이 달라진다.

　사람들은 종교인 무함마드의 인간적인 유연성을 봤을 때는 이슬람이 역사적으로 평화로운 신앙이었다고 생각하곤 한다. 다른 한편, 경험도 없으면서 선천적 감성과 노력으로 군 지도자가 되기도 한 무함마드는 미국의 링컨 대통령처럼 군의 최고 지도자로서 탁월한 재능을 발휘했다. 이 정치적 군인이라는 측면에서 보면 무함마드의 언행은 이교도에 대한 전쟁과 살해, 처형 같은 면으로만 설명되기 십상이다. 이슬람국(IS) 등의 극단적인 논의는 이러한 전투적인 측면을 지나치게 강조한다.

　그러나 무함마드가 계시를 받았던 7세기 아라비아반도 중에서도 메카나 메디나에서는 상거래, 유산 상속, 여성의 권리 침해와 같은 면에서 부정이 만연해 있었고, 부족 간 불화나 무력 충돌로 인해 오갈 데 없는 과부와 아이들이 생겨났다.

무함마드는 이러한 사회적인 부정의와 불공정에 이의를 제기했을 뿐 아니라 적극적으로 해결자가 되어야 할 신으로부터 계시를 받은 것이다. 그런 의미에서 권위를 확립한 무함마드가 먼저 손댄 것은 법을 새로이 제정하여 개별 사건에 대해 중재를 내리는 일이었다. 그는 인간이 제정하는 인정법 및 실정법과는 달리, 신의 계시에 기반을 둔 법이라는 의미의 '신정법神定法' 및 '천계법天啓法'을 세상에 널리 시행하는 사명감을 갖고 있었다고도 할 수 있다. 이슬람의 신앙과 정치를 일체화한 움마를 성립하고 발전시킨 최대의 공로자는 무함마드인 것이다.

유산 상속과 절도 같은 민법, 형법의 일부 절차에 대해서는《코란》에도 자세한 규정이 있다. 하지만 메디나와 더불어 이슬람교의 발생지인 메카에서도 다수의 개종자가 나오자, 개별 문제를 법적으로 어떻게 처리할 것인가 하는 문제가 생긴다. 이를 해결할 수 있는 것은 오직 신의 예언자인 무함마드의 중재뿐이었다.

자비로운 종교인이자 진취적인 정치가

무함마드의 언행록이라고도 할 수 있는《하디스 이슬람 전승 집대성》중 하권 '형벌'의 장에 그가 내린 중재가 연달아 기록돼 있다. (이하, 숫자는 장과 절을 가리킨다.)

한 남자가 예언자를 찾아와 하필이면 간통을 고백했을 때의 사례는 무척 흥미롭다.

메디나의 무함마드는 가족을 사회, 즉 움마의 기반이라고 생각해 그 전제로 혼인을 중요시했다. 무함마드가 신의 계시를 받기 전에 아라비아반도의 성도덕은 문란했으며, 혼인 관습도 남성의 자의에 휘둘렸다. 행복한 가정의 유지가 신앙의 이상이라고 생각한 무함마드에게 간통만큼 불결한 죄는 없었다.

그러나 무함마드는 간통을 자백하려 한 남자에게 의외의 태도를 보였다. 예언자가 고개를 돌린 것이다. 아마 듣고 싶지 않은 이야기라는 걸 알아차리고 못들은 체한 것이리라. 하지만 그 남자는 어떻게 해서든 고백하려고 마음을 먹어서인지, 혹은 끈질긴 성격 탓인지, 무함마드 앞에서 간통했다는 말을 네 번이나 되풀이하며, 그것이 거짓이 아님을 굳이 증언했다. 그렇게 그의 발언에 신빙성이 생기자 무함마드는 더는 무시할 수 없게 되었다.

그때 예언자가 물었다. "자네는 실성한 것인가?" 남자는 부정했다. "그렇다면 자네는 결혼했는가?" 남자는 "네"라고 대답했다. 이를 들은 무함마드는 남자를 데리고 나가 투석형에 처하라는 명을 내린다. (형벌 22의 1, 25의 1, 29의 1) 정작 투석형이 내려지자 남자는 도망을 쳤다가 얼마 지나지 않아 붙잡혀 목숨을 잃었다. 예언자는 그를 위해 기도했다는 전승도 있다.

그리고 조금 뉘앙스가 다른 전승도 있다. 무함마드가 고개를 돌리자 남자는 다시 '그를 향해' 간통했음을 자백했고, 예언자는 또 한 번 얼굴을 돌렸다는 것이다. 이 남자는 예언자의 배려를 무시라도 하듯, 한 번

더 얼굴을 돌린 그에게 그 사실이 진실임을 네 번이나 반복해서 증언했다. 그러자 무함마드는 '자네는 실성했는가'라고 물었고, 이어서 결혼 여부를 물은 뒤 투석형에 처했다고 하는 것이다. (형벌 29의 1)

이 이야기에서 알 수 있는 것은 무함마드가 죄에 해당하는 행위를 본인에게 속속들이 캐물은 뒤 벌을 내렸으며, 법을 악용하는 자의 성격과는 거리가 멀었다는 점이다. 말하자면, 자연 상태의 무함마드에게는 종교인에게 없어서는 안 될 자비로움과 정치가에게 필수인 '진취력'으로 사물을 바라보는 습성이 균형을 맞춰 공존하고 있었다는 셈이다.

또 다른 예로 술을 마신 자에게 저주의 말을 퍼부으려 한 신도에게도 이렇게 명했다. "그런 말은 하지 말라. 그에게 사탄을 씌우려 해서는 안 된다." (형벌 4의 3, 5의 2) 사탄이란 신의 피조물인 악마를 의미한다. 그는 또 이렇게 말한 것으로도 전해진다. "그를 저주해서는 안 된다. 그는 알라와 사도를 사랑하고 있음이라." (형벌 5의 1)

어리지만 가장 무함마드의 총애를 받았던 아내이자 그의 임종을 지켜봤던 아이샤에 따르면, 무함마드는 두 개의 선택지가 있는 경우, '죄가 아닌 한 어렵지 않은 쪽을 선택했으나, 그것이 죄인 경우엔 손끝에서 가장 멀리 두었다'고 말했다. (형벌 10의 1) 이는 분쟁이나 언쟁을 해결할 때 최대한 상식적이며 까다롭지 않은 해석을 선택했다는 의미일 것이다. 죄와 맞닥뜨릴 때에도 그 고백과 발언을 되도록 못들은 체하고, 보지 않도록 조심스러워 했다고 생각된다. 상대가 자신의 죄를 끈질기게 고백해올 때에는, 예언자가 자백을 직접 들은 셈이니 엄격한 형벌을 내릴 수밖에 없다. 실제로 그 죄에 상응하는 경우에는 엄격한 벌을 내렸고, 그 이외에는 관대한 모습을 보였다.

형벌을 면제받기 위해서는

그의 종교인다운 면모가 엿보이는 일화는 적지 않다. 어느 날, 한 사내가 찾아와 자신의 과실을 고백하고 벌을 내려달라고 청했으나, 무함마드는 그에게 아무것도 묻지 않았다. 이윽고 예배의 시간이 다가오자 사내는 무함마드와 함께 예배를 올렸고 그것이 끝나고 나서야 과실에 대해 '신의 서'에 따라 벌을 내릴 것을 청했다. 신의 서는 《코란》을 가리킨다. 여기서 재미있는 것은, 사내가 어떤 죄를 저질렀는가를 언급하고 있지 않다는 점이다. 무함마드가 "자네는 우리와 함께 기도하지 않았는가?"라고 묻자 그 사내도 "네. 그렇습니다."라고 답했다. 그러자 예언자는 이렇게 말했다. "알라는 이미 자네의 죄를 용서했네." 이와는 달리 "자네의 죄는 지금 용서받았네."라고 표현하는 전승도 있다. (형벌 27의 1)

형벌을 받지 않는 가벼운 과실인 경우, 이를 이맘(종교 지도자)에게 고해 의견을 구하고 그 과오를 뉘우친다면 벌하지 않는다는 것도 무함마드의 생각이었다. 실제로 그는 뉘우치는 자는 벌하지 않았다. 라마단 기간에 아내와 성교하는 것은 위법으로 다뤄지나, 그러한 남성을 벌하지 않았다는 얘기도 전해지고 있다. 그 남성이 애써 성교 사실을 고하자, 무함마드는 노예 소유의 여부와 2개월 동안 단식할 수 있는지 그 결심을 물었다. 그리고 그가 부유하지도 않고 의지력도 없다는 것이 드러나자, 60명의 가난한 이들에게 음식을 나눠주도록 명했다고 한다. (형벌 26의 1) 누구나 부유하고 재산이 많은 것은 아니다. 그리고 의지가 굳건한 인물이 아닌 경우도 많다. 무함마드는 그러한 사람들이 어떻게 속죄할 수 있는지를 알기 쉽게 보여준 것이다.

한편, 아이샤가 전하는 일화는 조금 뉘앙스가 다르다. 무함마드가 남자에게 식량을 희사하라고 명하자 자신은 아무것도 가진 게 없다고 대답했다. 무함마드는 식량을 실은 당나귀가 보이자 이를 사용해 베풀라고 말했다. 또 남자가 자신의 가족에게는 아무것도 먹을 게 없다고 말하자 '그렇다면 이것을 먹으라'고 명했다. (형벌 26의 2)

이 일화는 무함마드가 오히려 남자에게 식량을 희사했음을 시사한다. 그는 자신의 재산을 조금도 잃지 않고 무함마드에게 의지함으로써 속죄한 것이다. 예언자의 관대함에 편승해 가족을 위해 식량까지 받은 것은 조금 교활하게 느껴지기도 한다. 하지만 그러한 소인의 심성을 일일이 심문하지 않는 아량에서 무함마드의 예언자다운 면모를 볼 수 있다. 이 모습을 가까이서 빠짐없이 지켜보고 있던 사람들은 이 남자의 소행을 있는 그대로 기록하여 무함마드의 넓은 기량을 알렸다.

간통(지나)의 무거움

의심만으로 처벌하지 아니한다는 무죄 추정의 원칙이 있다. 무함마드의 경우도 마찬가지였다. 그는 의심이 가더라도 굳이 일을 시끄럽게 만들어 행복한 가정과 원만한 부부 사이에 불화를 일으키는 것을 좋아하지 않았던 것으로 보인다. '남녀와 부부 사이에서 행복한 상태를 유지하고자 한다면 심문하지 않는 편이 좋다'는 관대함과 넓은 아량을 발휘하기도 했다.

한 베두인이 무함마드를 찾아와 문답을 주고받았던 모습은 실로 흥미롭다.

"제 아내가 피부가 까만 아이를 낳았습니다."

"자네, 낙타를 가지고 있겠지?"

"네. 있습니다."

"그 낙타는 무슨 색인가?"

"갈색입니다."

"회색빛의 낙타도 있는가?"

"네. 있습니다."

"왜 회색이라고 생각하는가?"

"선조가 회색이었기 때문이라고 생각합니다."

"그렇다면 필시 자네의 아들도 선조의 영향 때문이 아니겠는가?" (형벌 41의 1)

이 얼마나 기지 넘치고 너그러운 해결책인가.

무함마드가 했다는 유명한 말이 있다. "아이는 침상의 주인에게 속한다." 바로 태어난 아이는 아이를 낳은 아내의 법적으로 정당한 남편에게 속한다는 의미일 것이다. 다만, 여기서 무함마드는 또 유명한 말을 덧

붙인다. "간통을 저지른 자에게는 투석형의 벌을 내린다." 다시 말해서, "아이는 침상의 주인에게 속하며, 간통을 저지른 자는 투석형에" 처한다는 것이다. (형벌 23의 1, 2)

이렇게 대체로 민법과 형법에서 관대하면서 온화한 태도를 보이려한 예언자 무함마드에게도 용서할 수 없는 죄가 있었으니, 그 첫 번째가 간통이었다.

이슬람에서는 합법적 혼인 관계 이외에 성적 관계를 갖는 것은 모두 간통으로 취급된다. 그리고 기혼자가 간통한 경우는 남녀 불문하고 투석형의 벌에 처해진다. 미혼자의 경우엔 100회의 채찍질과 1년간 추방을 당한다. 채찍질에 대해서는 《코란》에 명시되어 있으며 그 외에는 《하디스》에 근거가 있다는 것을 아래에서 언급하고자 한다.

이슬람에서 금기시되는 간통은 우상 숭배나 생물을 죽이는 것에 버금가는 중죄다. 《코란》도 간통에 대해서는 냉엄하게 타이른다. "이는 참으로 불결한 일이다. 이 얼마나 부정한 길인가?"(17의 34) 무함마드는 더 구체적이어서, 가장 큰 중죄로 우상 숭배, 자식 살해, 이웃 아내와의 간통을 들었다고도 전해진다. (형벌 20의 4)

그는 또 종말이 오거나 그 조짐이 있을 때를 이렇게 표현했다. "지식이 쇠퇴하고 무지가 만연하며, 사람들은 술을 마시게 되고 간통을 저지르고, 남성이 줄고 여성이 늘어 한 남자가 50명의 처를 갖게 된다." (형벌 20의 1) 신앙인의 진실함이 사라지는 것은 간통할 때, 절도를 저지를 때, 술을 마실 때, 살인할 때라고 명시했던(형벌 20의 2) 것으로 보아, 현대의 유럽과 미국과 일본의 법률 정서로 보면 상당히 성행위에 엄격했다고 할 수 있다.

그만큼 간통죄에 대해서는 엄중한 절차와 판단을 내리려 힘썼다. 《하디스》는 A와 B라는 두 남자가 예언자와 상담하러 찾아왔을 때의 일화를 언급하고 있다. 일화는 이렇다.

A의 아들 C는 상담하러 온 다른 한 사람인 B에게 고용된 상태였다. 그런데 B의 아내인 D와 간통을 저지르고 만 것이다. A는 양 100마리와 노예 1명을 양도함으로써 아들 C의 잘못을 용서받았다. 그러나 어느 학자에게 상담했더니, 그가 말하길 C는 채찍질 100회와 1년간 추방, D는 투석형의 형벌을 받아야 정당하다고 한 것이다. 그 말을 듣고 A는 무함마드에게 상담하여 중재를 내리도록 간청한 것이다. 무함마드는 망설임 없이 용단을 내렸다.

양과 노예는 A에게 돌려주고 C는 채찍질 100회와 1년간의 추방이 정당하다는 판단이었다.

그리고 D가 자백을 한다면 그녀를 투석형에 처해야 한다는 중재를 내렸다. D는 스스로 간통을 인정했고 투석형을 받았다. (형벌 30의 1, 38의 1) 앞서 학자의 해석은 예언자의 중재와 정확히 일치한 것이다.

간통죄가 성립되려면 확실한 증거와 진정한 증언이 필수 불가결이다. 결혼한 남자 혹은 여자는 간통의 증거가 나오거나 임신 사실이 밝혀지거나 자백했을 때, 형벌을 받게 된다. (형벌 31의 1) 간통한 미혼자가 채찍질과 추방형을 받는 것은 위의 일화에서도 볼 수 있는데, 간통한 남자는 간통한 여자 또는 우상 숭배를 한 여자 외에는 아내로 맞이할 수 없었다. 간통한 여자도 마찬가지였다. 여기서 간통한 미혼자는 입적하여 서로 확실히 책임을 지면 된다고도 해석할 수 있을 것이다. 미혼자의 성교 행위는 목숨을 건 것이라는 설명도 일부 있을지 모르나, 오히려 무함마드가 두 사람의 결혼을 인정한 것은 휴매니티의 발로라고도 할 수 있을 것이다. 물론 이러한 상대와의 결혼은 신앙인에게는 금지되어 있었다. (형벌 32)

때로는 가혹한 엄벌이

우상 숭배에 대한 가혹한 벌은 비신앙인과 배교자에게 적용되었다. 이 점에 대해서 무함마드의 해석은 혹독하기 그지없었다.《코란》에는 이렇게 규정되어 있다. "알라와 그의 사도들에게 싸움을 걸어 지상에 퇴폐를 퍼뜨리는 자들은 사형에 처하거나, 책형에 처하거나, 손과 발을 반대쪽에서부터 잘라내거나 혹은 국외로 추방하는 벌을 내릴 것이다……"(5의 37)

우크르족이 예언자를 찾아와 이슬람으로 개종하고 메디나의 모스크 회랑에 살면서 병에 걸렸을 때의 일화는 시사하는 바가 크다. 무함마드는 희사할 낙타를 데리고 오게 하여 그들에게 소변과 젖을 마시게 하는 명을 내렸다. 그런데 그들은 병이 낫고 건강을 회복하자 이슬람을 저버리고, 낙타 주인을 살해해 낙타를 빼앗아 도주한 것이다. 당연히 추격대가 파견되었다. 하늘의 법망은 눈이 크고 성긴 것 같아도 새어나가는 법이 없다고 했던가, 낮이 되기도 전에 그들은 체포되어 돌아왔다. 그때 예언자는 못을 새빨갛게 달구어 그 못으로 그들의 눈을 멀게 하도록 명했다. 그리고 그들의 손과 발을 베어내 피를 멈추게 하는 소작燒灼도 하지 못하게 했다. 그 후 그들은 용암 대지에 추방되어 물을 구하려 했으나 결국 얻지 못하고 죽음에 이르렀다고 전해진다. (형벌 17의 1. 그 외 형벌 15의 1, 16의 1, 18의 1)

또 우라이나족의 사례도 전해져온다. 실명한 우라이나 사람들이 목이 말라 물을 간청했음에도 물을 못 마시게 했던 가혹함에 대해, 배교背教나 살인이나 절도를 망은忘恩과 동시에 저질렀을 때나 다름없다고 하여, 무함마드는 가차 없이 대처했다는 것이다. 여기서는 종교적 사명감이 혁신적인 정치가의 타협 없는 판단으로 바뀌며 분노가 배가되었다는 느낌도 있다.

그러나 그 행위가 가혹했다고 할지라도, 동시대 무슬림은 후세의 인간들과 마찬가지로 결코 무함마드가 자기 개인을 위해서 복수했다고는 생각지 않았다. 알라의 금기를 어겼을 때만 신을 위해 복수했다는 전형적인 예로서 이 이야기가 전해져 내려온 것이리라. (형벌 10의 1)

법 앞의 평등

법을 해석하고 집행할 때 무함마드는 법 앞의 평등이라는 중요한 원칙을 굽히지 않았다. 그가 신분의 차이나 위치를 불문하고 법 앞에서 인간을 차별하지 않고 똑같이 대했다는 것은 특필할 가치가 있다.

무함마드도 쿠라이시족이지만 이 쿠라이시의 명문가 출신 여성이 절도를 저질렀을 때, 그녀의 일족은 곤혹스러웠다. 그리고 일찍이 이슬람이 탄생하기 전의 메카나 메디나에서는 당연히 그랬듯이 예언자 무함마드에게 중재를 요청했다.

그러나 그는 부족의 이익 대변자도 아니거니와 지역 이해의 대표자도 아니었다. 무함마드는 단호히 말했다, 과거의 사회는 신분이 천한 자에게만 벌을 내리고 신분이 귀한 자는 묵인해왔기 때문에 쇠퇴한 것이라고. 그리고는 단호하게 판단을 내렸다. "설사 파티마가 절도를 저질렀다 하더라도 그녀의 손을 벨 것이니라!"(형벌 11의 1) 파티마는 4대 칼리프인 알리와 결혼한 그의 사랑스러운 딸이다.

이슬람에서 절도(살리카)는 그 죄가 무겁다. 초범일 때에는 오른쪽 손목, 재범일 때에는 왼쪽 발목, 3범일 때에는 왼쪽 손목, 4범일 때에는 오른쪽 발목을 절단하도록 단단히 규정되어 있었다. 그러나 형 집행까지 두 번의 자백을 받으면 철회할 수 있었으며, 재판관에게 기소되기 전에 피해자가 범인을 용서할 수도 있었다. 마지막에 화해의 여지를 남겨둔 것이다. 이는 이슬람과 무함마드의 유연성, 탄력성이 발휘되는 근거로도 볼 수 있다.

무함마드는 알라가 규정한 형벌로 중재하고 있는지를 유력자들에게 설교했고, 신분의 높이로 차별하는 것을 '잘못된 길에 섰다'고 적시했다. (형벌 12의 1) 과연 종교부터 조정, 사법부터 행정까지 아우르는 모든 영역에서 재량권을 발휘한 인물이라고 할 만한 가치가 있지 않겠는가.

무함마드는 현대적인 의미에서도 상당히 균형 감각이 뛰어난 인물이었다고 말할 수 있을 것이다.

야마우치 마사유키

1947년 홋카이도 출신, 도쿄대학 학술 박사.

《역사라는 무기》, 《민족과 국가》, 《중동 국제 관계사 연구;
터키 혁명과 소비에트 · 러시아 1918–1923》 등 저서 다수.

02

중세 글로벌 경제를 만든
유목민과 무슬림 상인

역사의 복권 시대

미야자키 마사카츠
역사가

　경제의 '글로벌화'가 진행되면서 세계사도 민족과 국가에 따라 지역을 세분하는 방향에서 전 세계적으로 인류사를 조감하는 방향으로 변하고 있다. 세계사의 내용과 세계에서 일어나는 현상 사이의 간극(갭)이 커지며 세계사의 유용성에 대해 의구심이 커지고 있기 때문이다.

　세계사를 조감鳥瞰할 때 주목되는 것이 낙타를 이용해 농경 공간을 연결하는 사막의 상인, 말을 다루는 초원의 유목민, 배를 타고 항로를 개척하는 해양 민족의 공간 형성 능력이다. 사막의 상인, 초원의 유목민, 바다의 상인이라는 광역 네트워크를 구축하는 사람들의 활동을 연결함으로써 세계사는 대공간의 역사로 변신한다.

광역 네트워크라고 하면 '대항해 시대'를 떠올리기 쉽겠지만, 세계사에서 선구적으로 그 네트워크를 건설한 것은 무슬림 상인과 유목민이었다. 그들이 유라시아 전체 네트워크의 핵심 부분을 만들었고, 그 성장을 통해서 유라시아의 역사가 전개돼나갔다.

여기서는 무슬림 상인이 키워낸 네트워크를 중심으로 세계사를 보고자 한다. 그러기 위해 먼저 이슬람교가 탄생하는 지역의 역사를 개관해보겠다.

세계사의 기점은 시리아와 동지중해

남북으로 7,000km에 이르는 동아프리카의 대지구대가 인류 진화의 공간이었다는 사실은 정설로 굳어져 있다. 기후 변화와 지각 변동 때문에 약 10만 년 전부터 대지구대에서는 현생 인류의 파상적인 이주가 시작되었고, 그 대부분이 북쪽 출구인 시리아(현재의 시리아, 요르단, 레바논, 팔레스타인) 주변의 건조 지대, 즉, 레반트 회랑回廊(Levantine Corridor)에 체류했다.

극심한 갈증에 내몰린 인류는 그곳에서 건조 기후에 강한 야생의 보리를 발견하게 된다. 그리고 머지않아 메소포타미아, 이집트, 인더스 강 유역에 관개 인프라를 정비해 인구 조밀한 농경 공간을 형성했다. 한편 농경 사회에서 파생된 목축 사회는 사막 주변과 초원에서 말이나 낙타를 사용하는 유목으로 성장하게 된다. 보리에 의존하는 '남'과 말에 의존하는 '북'의 분리, 즉 경제와 군사의 분열이 세계사의 다이너미즘을 탄생시키게 되는 것이다.

농경민과 목축민의 혼재, 건조로 인한 생활 물자의 결핍은 북아프리카, 서아시아에서 중앙아시아에 이르는 지역의 또 다른 단면이었으며 이는 광역 상업의 기반이 되었다. 낙타, 말, 배에 대한 의존도가 높아진 것이다.

그렇게 대건조 지대의 상업 센터가 된 곳은 낙타를 사용한 사막 교역의 중심지 시리아(다마스쿠스가 중심지)와 나일강의 네트워크와 이어지는 동지중해(레바논의 시돈, 티레 등이 중심지)였다. 오랫동안 비좁은 공간에서 생활해왔던 세계사 초기에 시리아와 동지중해는 상상 이상의 존재였다.

세계 인구의 대략 55%가 신봉하는 기독교와 이슬람교가 시리아 지방의 유대교에 기원을 두었다는 점, 서아시아와 중앙아시아의 문자 기원이 시리아이며 유럽 문자의 기원은 동지중해에 있다는 점도 그러한 사실을 설명해준다.

세계사를 대표하는 거대 제국인 로마제국, 이슬람 제국, 몽골제국 중 전자의 두 제국은 시리아 및 동지중해와 깊은 관계에 있다. 지중해의 동서 횡단 항로를 개척하여 대공간을 연 페니키아인은 동지중해의 '잡화상'이었는데, 레바논의 티레가 가장 큰 항구였다. 페르시아 제국을 무너뜨린 알렉산드로스 3세가 동방원정 길에서 티레를 무참히 파괴하면서 페니키아는 몰락한다. 새롭게 그리스인의 상업 거점이 이집트의 알렉산드리아에 만들어졌고, 패권이 이동되었다. 그 후 로마군이 포에니

전쟁에서 페니키아인의 서지중해 지배 거점이었던 티레의 식민 도시 카르타고를 철저하게 파괴한 것이 해양 제국 로마를 형성시키는 토대를 만들었다.

7세기에는 이슬람 교단이 아라비아반도의 유목민을 조직하여, 무함마드 사후의 혼란을 잠재우기 위해 시리아의 다마스쿠스를 공략한다. 사막 상업 네트워크의 말단에 있던 무슬림 상인이 비잔티움 제국으로부터 사막 상업의 센터를 빼앗은 것이다. 이것이 이슬람 제국 형성의 기점이 되었다.

두 제국의 성립 시점은 700년 이상 차이나고, 각각 해양 제국과 사막을 매체로 하는 상업 제국이라는 점도 달랐지만, 그 뿌리(근원)가 되는 공간은 같았던 것이다. 연동되는 사막의 네트워크와 동지중해의 네트워크를 주목해보면 전 지구적인 초기 세계사의 이미지가 떠오른다.

현재 세계사는 농경 지대를 중심으로 구성되어 있다. 그러나 세계사 공간을 확대하는 원동력이 된 것은 앞서 말한 대규모 네트워크를 만들기 쉬운 사막, 초원, 대양이었다. 가장 알기 쉬운 것은 대항해 시대다. 지반의 70%를 차지하는 바다 중 약 90%가 대양이다. 대항해 시대는 유라시아 대륙의 세계사('작은 세계사')에서 3개의 대양이 오대주를 잇는 세계사('거대한 세계사')로의 전환을 가져왔다. 유럽이 세력을 확대한 것도 '거대한 세계사'의 형성과 깊은 연관이 있다.

사막, 초원, 대양

그러나 '거대한 세계'가 형성되기 이전에도 '육지의 바다'인 사막과 초원을 중심으로 하는 공간 확대의 움직임이 있었다. '사막의 배'는 낙타이며 '초원의 배'는 말이다.

7세기부터 14세기에 걸쳐 '육지의 바다'를 무대로 유라시아 공간을 형성한 세력이 바로 서두에서도 말한 무슬림 상인과 유목민이었다. 이 공간 형성의 1단계는 사막 주변의 유목민과 낙타를 사용하는 무슬림 상인이 주도했다. 도시와 도시를 잇는 네트워크가 크게 통합-재편되었는데, 이는 스스로 농산물을 재배할 수 없는 유목민과 무슬림 상인이 정착 농경민을 군사력으로 제압하고 영속적으로 지배하기 위함이었다. 일단 시스템이 만들어지고 나면 그다음은 그 시스템의 근간이 되는 군사와 상업을 누가 지배하는가 하는 문제가 나오게 된다. 그 흥망이 7세기 우마이야 왕조부터 11세기 셀주크 왕조까지의 역사를 이루었다.

2단계는 중앙아시아의 기마 유목민 투르크인이 건립한 셀주크 왕조에서 시작된다. 서아시아에서 유라시아의 기둥이라고도 할 수 있는 중앙아시아의 초원으로 공간 형성의 중심이 이동했고, 이것이 유라시아 제국(네트워크 제국)의 출현을 가능케 했다.

두 단계로 이루어진 일련의 공간 확대 움직임의 각 기점이 되는 것이 격차의 확대를 배경으로 하는 이슬람교 수니파와 시아파의 종파 싸움이었다.

무함마드의 후계자들에 의한 대정복 운동으로 점령지가 확대되고 부유한 부족이 세력을 확장하자 신 앞에서 모든 신도가 평등하다고 믿는 교의가 흔들렸고, 유력 부족의 연합 세력과 교단을 순화시키려는 세력 사이에 대립이 벌어졌다. 오늘날에도 각지에서 되풀이되고 있는 이상과 현실의 괴리, 이익을 다투는 권력 투쟁과 다르지 않은 사정이다.

교단의 순화를 실현하려 했던 4대 칼리프 알리는 최대 호족인 우마이야가와의 싸움에서 암살되었고 알리의 지지자는 시아파를 결성했다. 반면 우마이야가는 교단을 호족의 연합체로 변질시켜, 점령지인 시리아의 다마스쿠스를 수도로 하여 우마이야 왕조를 건설, 사막과 지중해의 상업 네트워크를 지배했다.

그에 대해 불만이 거세진 시아파 이란인들의 봉기가 확산하면서 우마이야 왕조는 무너졌고, 750년 아바스 가문(무함마드 숙부의 일족)이 아바스 왕조를 세웠다.

아랍인 사이에서 충분한 권력 기반을 갖지 못했던 아바스 가문은 이란의 군사력에 의존할 수밖에 없었고, 지금의 이라크에 원형의 성채를 지어 새 수도로 삼았다. 이것이 바로 지금은 인구가 150만 명에 이르는 바그다드다. 간단히 말해, 이슬람 제국의 중심이 시리아에서 이란 고원 쪽으로 조금 이동하면서 일거에 상업권을 팽창시킨 것이다.

페르시아만을 기점으로 인도양과 남중국해를 잇는 '바다의 길', 이란 고원 북쪽의 소그디아나 지방을 중심으로 하는 '실크로드', 중앙아시아의 '초원의 길' 등이 만든 네트워크가 강화됨에 따라 기존의 '지중해와 서아시아의 상업권'이 유라시아 상업권으로 바뀐 것이다.

투르크인, 제국을 점령하다

격차의 확대는 언제 어디서든 볼 수 있는 현상이지만, 이는 계속 세계사에 변동을 초래해왔다. 아바스 왕조에서도 10세기가 되자 사회 격차를 배경으로 시아파의 움직임이 활발해졌다. 이집트에 파티마(무함마드 딸의 이름) 왕조가 세워지고, 시아파 이란인의 부와이흐 왕조는 바그다드를 점령하여 칼리프를 꼭두각시로 내세워 실권을 장악했다. 그렇게 아랍인의 지배는 유명무실해진다.

그 가운데 아바스 왕조의 칼리프는 실크로드 상인들로부터 중앙아시아의 수니파인 투르크 유목민 청년 7천 명을 맘루크(군사 노예, 용병)로 사들여 근위 병력을 강화해 세력을 유지하려 하였다.

그러나 역사는 결코 뜻대로만 흘러가지 않는다. 11세기 이슬람 제국은 자신들의 약해진 모습을 간파한 투르크의 셀주크족에게 지배권을 빼앗기며 투르크 제국으로 변신했다. 초원에서 남하하는 투르크인의 이동은 일상화되었다. 그 일부는 비잔티움 제국까지도 진출해 십자군 전쟁을 유발했다. 부족의 세력이 강한 서아시아에서는 상업 네트워크와 정착 농경민의 지배자가 군사력에 의해 교체된다. 즉, ①시리아를 중심으로 하는 아랍인의 우마이야 왕조, ②이라크를 중심으로 하는 아바스 왕조, ③투르크인이 지배권을 쥐는 셀주크 왕조의 순으로 이슬람 제국의 실권이 이동한 것이다. 투르크인이 이슬람 제국의 실권을 빼앗은 것은 대공간의 주도 세력이 사막의 유목민과 상인에서 초원의 기마 유목민으로 바뀌는 결과로 이어졌다.

서쪽의 투르크인과 동쪽의 몽골인이 공존하는 동서 8,000km의 대초원은 남쪽의 서아시아, 인도, 동아시아의 대농경 지대, 북쪽의 삼림지대(러시아)를 연결하는 전략적 대공간이다. 그곳으로 유라시아의 공간 형성의 중심이 이동하면서 유라시아 규모의 대제국이 출현할 조건이 갖추어졌다.

바다의 유럽과 아시아 대륙의 제국

투르크인은 이슬람 제국을 점령했으나 광역 통치의 경험이 적어서 권력 다툼과 분열이 잇따랐고, 안정된 제국을 형성시키는 데 이르지 못했다.

한편 동아시아에서는 송宋대에 강남 미작米作 지대로 중심이 이동하였고, 안사安史의 난 이후 각지에서 세력을 떨치고 있던 지방 군벌(절도사)을 무력화하기 위해 군이 수도로 집중하면서 허술해진 국경 방비로 인해 유목민의 남하 조건이 갖추어졌다.

1206년, 잇단 전투에서 패권을 쥐고 강력한 기마 군단을 만든 칭기즈 칸은 상업권을 확대한 무슬림 상인과의 결속을 강화한다. 그는 서아시아 투르크인의 신흥 호라즘 왕조와 중앙아시아의 상업을 분할 지배할 것을 꾀했으나 실패한다. 군사 정복으로 방향을 돌린 칭기즈 칸은 호라즘 왕조를 공략하고 '서역'의 상업 국가 서하西夏를 무너뜨려 중앙아시아의 상업 지대를 통합하는 데 성공했다. 칭기즈 칸의 생애는 여기서 끝이 나지만, 후계자들이 러시아, 아바스 왕조, 금, 남송을 정복함으로써 이슬람 세계와 중화 세계의 양대 농경 공간과 러시아를 몽골 부족이 연합하여 지배하기에 이른다. 이것이 몽골제국으로 탄생한다. 이렇게 조감鳥瞰해보면 이슬람 제국의 형성, 아바스 왕조 아래 유라시아 상권의 성장, 투르크인에 의한 이슬람 제국 지배권의 탈취, 몽골제국의 형성이 일련의 공간 확대 과정으로 연결되는 것이다.

쿠빌라이 정부 아래 중국 지배의 거점으로 건설된 대도大都(현재의 북경)와 '일한국汗國 또는 칸국II Khanate'의 새로운 수도 타브리즈를 중심으로 '초원의 길'과 '바다의 길'이 통합되고, 몽골제국령은 하나의 상업권으로서 서로 이어져 움직이게 된다. 유라시아의 환상 네트워크였다.

몽골제국이 붕괴하자 유라시아는 여러 제국으로 재편되었으나, 유목민이 지배하는 대공간이라는 것에는 변함이 없었다. 18세기 후반에는 대항해 시대의 유일한 유산 상속자인 해양국 영국의 대두가 눈에 띄었으나, 아시아에서는 투르크인이 지배하는 오스만 제국, 투르크인 중심의 외부 세력이 정복한 무굴 제국, 만주의 유목민(여진인)이 지배하는 청 제국, 북쪽의 러시아 제국이 대공간을 분할 지배하였다. 러시아 주력군이 투르크계 유목민의 혈통을 잇는 40여만 코사크 군이었다는 점을 보면, 러시아도 유목 세력과 연관이 없는 것은 아니었다.

19세기가 되자 영국을 선두로 하는 바다의 유럽과 유목민이 지배하는 아시아 대륙의 제국은 전투를 일으키게 된다. 그 결과로 대륙의 여러 제국은 신흥 세력인 해양 제국에 굴복하고, 유라시아 전체가 '바다의 세계'로 편입되어갔다.

교과서에 적혀 있듯이, 역사는 리셋을 반복하며 변화하는 것이 아니다. 오히려 위스키 광고의 문구처럼 쌓여나가는 것이다. 따라서 오랜 의식이나 시스템으로 인한 복고復古는 늘 일어날 수 있는 현상이다. 리먼 쇼크의 후유증이 아직도 극복되지 못하고 서양 세력의 상대적 후퇴가 계속되고 있는 현재는 '역사의 복권復權 시대'인 것이다.

중국의 시진핑 국가 주석은 2014년 11월 자국에서 개최된 아시아-태평양경제협력(APEC) 정상 회담에서 로테르담에 이르는 실크로드 경제 벨트(일대)에 고속철도를 건설하고, 해상 실크로드(일로)의 교역 인프라를 정비하여 무역을 촉진한다는 '일대일로一帶一路' 정책을 적극 어필했다. 사회주의 시장경제에서 정체 상태에 빠진 중국의 자원 및 시장의 확보, 잉여물자와 노동력의 활용, 중국 경제권의 형성 등이 목적이라는 것은 명백하나, 세계사적 관점으로는 중화사상을 통해 몽골제국의 환상 네트워크를 이용하여 경제 패권을 재편성하려는 것이다.

서아시아에서는 아사드 정권이 지배를 포기한 시리아 북부의 공백 지대, 이라크의 소수파인 수니파가 거주하는 이라크 중앙부, 쿠르드인이 거주하는 북부로 세력을 확장한 IS가 옛 이슬람제국의 대영역의 재현을 주장했다. 이들은 대서양에서 발흥된 세계 자본주의와 국민 국가 체제가 쇠약해지는 가운데 유라시아의 전통 세계를 되찾으려는 움직임으로 생각할 수 있다.

우리의 인생이 그러하듯이 세계와 세계사 또한 끊임없이 변화하는 '생물'이다.

세계는 항상 과도기에 놓여있으며 힘에 따라 그 모습이 변화한다. 현재는 지구를 뒤덮은 인터넷을 통해 모든 시스템이 연동되는 글로벌 시대다. IT 기술 등으로 보강되어 일부 지역에서 옛 시스템이 다시 소생될 가능성은 충분히 있는 것이다.

전 세계적으로 각 지역이 연동되는 시대에, 19세기에 체계화된 유럽 중심의 '서양사'와 2천 년 이상의 역사를 갖는 '동양사'의 세계 인식은 모두 세계의 현실과 맞지 않는다. 글로벌 시대에는 세계의 현상을 읽어낼 수 있도록 조감하는 세계사 관점으로 전환해야 할 필요성이 있을 것이다.

미야자키 마사카츠

1942년 도쿄 출생. 도쿄 교육대학 문학부 졸업.
2007년에 홋카이도 교육대학 교수로 퇴임.
저서로는 《세계사의 탄생과 이슬람》,
《'공간'으로 해석하는 세계사 말·항해·자본·전자》 등이 있다.

3
이민족을
활용한 칭기즈 칸

세계사 최고의 테마, 몽골제국

스기야마 마사아키
교토대학 명예교수

몽골에 대해서는 허다한 오해와 환상들이 존재한다. 소위 사상 최강의 군단이라든지, 전례 없는 거대 제국이라든지, 잔인하고 극악무도한 야만 집단, 살인자 등등, 이런저런 착각과 오해, 단정과 과대평가로 묘사되곤 한다. 그러나 이러한 이미지들은 대부분 후세 사람들이 일방적으로 갖다 붙인 것이어서, 실제와는 거리가 먼 경우가 많다. 이는 몽골이 정복을 위해 의도적으로 공포심을 유발하는 전략을 취한 탓이기도 하다. 반항하는 자들에게는 태연히 살육과 파괴를 저지르는 비인간적인 집단이라는 소문을 퍼뜨리기도 했다. 솔직히 말해, 그들의 힘에 관련된 이야기와는 상당히 차이가 있다. 현실에서는 기마를 기본으로 하는 군단에 불과했다고밖에 말할 수 없다. 단순히 말해서 결코 강력했다고 단정할 수 없음은 물론이거니와, 특별한 무기나 총포를 갖춘 것도 아니었다. 다른 한편, 특별한 경우를 제외하고 몽골군에게 무리한 일을 시키는 경우는 좀처럼 없었다. 몽골은 몽골을 소중히 여겼다는 얘기다. 어차피 활의 민족일 뿐이었으니 말이다. 또 한 가지 있다. 몽골은 카자흐와 다양한 유목민들을 자신들의 기마 군단으로 차례차례 조직화했다. 그때 출신과 인종으로 차별하는 경우는 드물었다. 바로 여기에 핵심이 있다.

몽골은 소재지의 지배에는 거의 관심을 두지 않았다. 흔히 몽골은 모든 종교를 관용했다는 이야기를 하지만, 이것은 무관심했던 것이라고 바꿔 말할 수도 있다. 몽골은 군사와 정치, 지배와 통치에만 관심이 있었다. 종교, 기술, 사상, 정보는 그들에게 통치의 수단에 지나지 않았다. 1260년 쿠데타로 대칸이 된 쿠빌라이 이후에는 경제 지배가 관심의 초점이 되면서 중상주의가 채택되었다. 쿠빌라이는 대륙과 해양의 교통을 장악하여, 전매와 통상에서 얻는 이윤으로 국가 재정을 운영했다.

탁월한 인재가 있으면 거침없이 발탁했다. 요컨대 '재능 우선'이었다고 할 수 있을 것이다. 한 예가 저 유명한 야율초재(한어 발음으로는 예뤼 추차이)다. 칭기즈 칸은 포로로 잡힌 그가 실로 당당한 대장부임을 알아차렸다. 또 그가 몽골인에게는 없는 다양한 재능, 참모다운 식견과 도량, 그리고 동서를 아우르는 풍부한 지식의 소유자였기에, 즉석에서 자신의 수뇌부 중 한 명으로 등용했다. 이러한 예는 부지기수였다. 급속하게 확장된 몽골령을 기마전사騎馬戰士들만으로 통치하고 적절히 운영하기는 어려웠기 때문이다. 가령 칭기즈 칸은 거란인과 여진인과 무슬림도 막료로 들였다. 몽골에는 없는 지혜와 경험, 정보와 조직을 갖고 있었기 때문이다. 그리고 후일 몽골제국이 형성한 상업과 유통을 통해서 이윤을 올리고, 그 이윤으로 국가 재정을 뒷받침하는 구조를 탄생시킨 것도 이란계의 무슬림 상인과 그들 중에서 선발된 경제 관료들이었다.

이는 인류의 역사에서 흔히 만날 수 있는 패턴이기도 하다. 어쩌면 칭기즈 칸은 소위 '당연한 것을 당연히 행했을 뿐'이라고도 할 수 있을 것이다. 그리고 또 한 가지, 자신을 정상으로 하는 각 집단을 면밀히 관찰하고 반역이나 쿠데타의 싹이 보이면 즉시 베어냈다. 이 점에서 그는 결코 방심하는 법이 없었다.

반면 몽골 군단이 뻗어 나갔던 광대한 유라시아의 중앙 지역에는 중국 북부에서 러시아 대초원까지, 목축에 적합한 녹색이 우거진 헝가리 평원, 더 나아가 아제르바이잔에 이르기까지 끝없는 초원 지대가 펼쳐져 있었다. 그 세계에는 고대 유목민인 스키타이 민족이 아주 오래전부터 널리 퍼져 있었고, 몽골은 그처럼 오랜 역사를 일거에 총괄할 숙명을 가지고 있었다고 해도 과언이 아닐 것이다. 즉, 유라시아 안쪽의 동서는 넓은 의미에서 유목민들의 세상이었고, 유라시아는 바로 그들의 활동으로 영위될 수 있었다. 지극히 단순한 이야기라고 할지 모르지만 말이다.

다시 말해 전 지구적 규모는 아니지만 예부터 유라시아 세계의 역사는 존재했다. 한편 상당히 오래전의 일이긴 하지만, 일본의 서양사학을 대표하는 두 사람이 '대항해大航海 시대'라는 신조어를 탄생시켜 세상을 떠들썩하게 했다. 이는 마치 세계를 잇는 역군이 대륙에서 바다로 교체되는 시대의 개막을 말하는 것처럼 보였다. 하지만 과연 그럴까? 무엇보다 '대항해 시대'라고 할 수 있을 만한 양상을 보이는 것은 훨씬 더 훗날의 일이다. 솔직히 말하면 그것은 18세기 제임스 쿡 이후에 불과하다. 이러한 비판들을 받아온 결과, "The Great Maritime Age"라는 일본식 영어는 간판을 내리게 되었다. 유럽인이 진출하지 않았다면 구세계는 성립하지 않았을 것이라고 말하는 듯한 이 용어는 정말 정당한 시각일까? 장대한 거짓말이자, 편협한 시각이라고 밖에는 볼 수 없다.

쇠퇴를 불러온 동료 의식

몽골제국은 4개의 '울루스', 즉 한국(칸국)으로 이루어진다. 칭기즈칸의 적통嫡統이라고 할 수 있는 '대원大元 울루스'를 종가宗家(중심)로 하면서, 러시아 대초원 일대를 장악한 킵차크한국(정식으로는 칭기즈 칸의 장남인 주치의 이름을 따 '주치 울루스'라고 한다), 중앙 아시아 중앙 지역을 영역으로 하는 '차가타이 울루스', 그리고 이란·중동 방면으로 확장한 '훌라구 울루스'(일한국이라고도 한다)가 그것이다. 각 울루스는 제국이라 불러도 좋을 규모였으며, 결과적으로 세계사상 최대의 밀접한 연합체였다.

이 4대 울루스는 종종 상호 대립하며 때로 울루스 전체가 항쟁·실전에 이르는 경우도 적지 않았다. 그리고 이 거대한 연합 제국의 서방으로 유럽이 각자 또 다른 중소의 왕권으로 나뉘어 이합집산을 거듭했다.

이러한 몽골 연합은 각자의 입지 조건이 있었는데, 가령 이란 방면에 거점을 둔 훌라구 울루스는 중동 각국과 다양한 관계를 수립할 수밖에 없었다.

가마쿠라 시대의 일본이 두 차례에 걸친 몽골의 내습을 겪기 얼마 전인 1258년의 일이다. 칭기즈 칸의 손자인 훌라구가 이끄는 몽골군은 이란의 이스마일파 교단 왕국의 산성군을 손쉽게 해치우고, 거센 파도처럼 바그다드로 밀려들었다. 훌라구의 밑에서 중동 각지의 무슬림 부대, 아르메니아군, 나아가 기독교인 세력까지 합세하여 바그다드를 공략했고, 아바스 왕조의 37대 칼리프인 무스타심은 투항하다 왕의 예우를 받고 살해되었다. 몽골의 훌라구 울루스가 중동의 요체인 바그다드를 거뜬히 항복시킨 것이다.

한편 거대 제국 몽골의 4개 울루스는 각자 나름의 내정이 있었으나, 전체적으로 바라봤을 땐 비교적 관계가 나쁘지는 않았다. 그리고 가장 큰 특징 중 하나가 몽골은 몽골에 상당히 관대했다는 점이다. 몽골에서는 기본적으로 동료를 죽이지 않았다. 살해하는 경우는 정말 중대한 사정이 있을 때뿐이었다. 굳이 말하자면 이상하리만큼의 동료 의식이자, 일종의 엘리트 의식도 있었을 것이다. 어쨌든 이 집단에 속해 있기만 하면 거의 무사하다고 해도 좋았다. 그 결과, 세대가 지나면서 몽골의 약화는 피하기 힘들었다.

그러나 다행히 주치가의 바투에게는 용맹한 기질이 있었다. 그는 러시아 대초원을 서진하여 헝가리 평원에 들어섰고, 나아가 합스부르크 령에 접근했다. 그렇게 빈에 거의 다다랐으나, 그때 몽골제국의 통일 후계자를 선택하는 의식儀式에 참여해야 했기 때문에 어쩔 수 없이 동으로 귀환할 수밖에 없었다. 바투의 심경은 과연 어땠을까. 어쨌든 이후 루시 땅은 점차 빛을 잃어갔다. 하지만 루시는 후에 근대 러시아라는 다른 모습으로 변했고, 지금도 역시 거대한 북쪽 나라로서 푸틴 대통령 아래 큰 존재감을 발산하고 있다.

몽골과 크림

몽골제국은 스키타이와 흉노를 비롯한 유목 국가의 역사의 정점에 있다고 해도 과언이 아니다. 몽골 시대를 통해서 그 이전의 역사를 어렴풋이 엿볼 수도 있다. 특히 유라시아의 안쪽에 있던 오아시스민과 유목민의 모습은 몽골을 이야기할 때 함께 떠올리는 경우가 종종 있다. 몽골의 지배는 장소에 따라 다양했는데, 예컨대 몽골계 국가인 크림한국(칸국)이 러시아에 접수된 것은 1783년의 일이었다. 참고로 2014년 러시아의 푸틴 대통령이 크림반도를 병합하자 세계 각국이 소리를 높여 비난했으나, 크림과 세바스토폴 등의 귀속은 이전부터의 현안 사항이라고 할 수 있다. 실제로 크림 땅은 크림 타타르라는 몽골계 사람들의 거주지였고, 바다를 향한 끝에는 몽골이 세운 '바흐치사라이'라는 아름다운 궁전이 있다. 내가 NHK와 함께 제작한《대몽골》이 세계적으로 큰 화제가 된 적도 있지만, 과연 바흐치사라이와 크림은 모두 각각의 이유와 배경, 그리고 긴 역사 속에 있는 것이다. 적어도 우크라이나가 이 일대를 영유하는 것 자체가 애당초 난센스였다.

이처럼 적어도 내 생각에는 몽골, 크림, 세바스토폴, 그리고 바흐치사라이는 일체로 생각하는 것이 옳다. 그리고 실상 이러한 것들은 지상에 몇 가지나 더 존재한다.

세계사를 부분과 부분의 총합으로만 보지 않고 전체로서 이해한다는 것에는 실로 큰 의미가 담겨 있다. 몽골과 그 시대는 세계사를 생각하는 데 있어 절호의 테마라고 해도 좋을 것이다.

스기야마 마사아키
1952년 시즈오카현 출생. 교토 대학 대학원 박사 과정 수료.
전공은 중앙 유라시아사. 몽골 시대사.
《몽골제국의 흥망(상하)》, 《유목민으로 본 세계사 증보판》,
《흥망의 세계사 몽골제국과 오랜 후》 등의 저서 다수.

04
르네상스는 정말로
유럽의 성공 신화인가?

커뮤니케이션의 혁명

가바야마 코이치
도쿄대학 명예교수

르네상스라고 하면 보통 15세기 초반부터 16세기 중반을 한 획으로 하여 피렌체, 로마, 베네치아 등 이탈리아의 도시 국가를 중심으로 시작된 문화 및 사회의 변혁-쇄신을 가리킨다. 구체적으로 레오나르도 다 빈치나 미켈란젤로 등으로 대표되는 회화 및 조각을 떠올리는 사람도 많을 것이다.

르네상스가 지금까지 서양사 중에서도 그야말로 획기적인 운동으로 인식되어온 이유는 무엇일까? '유럽의 아이덴티티(정체성)'와 깊이 결부되어 있기 때문이다. 거기엔 크게 세 가지 측면이 있다.

하나는 '고대의 부활'이라는 측면이다. 이 시기에는 이탈리아의 각지에서 고대 건축물이나 조각 등이 잇따라 발굴되고 아리스토텔레스나 플라톤 등의 고대 저작이 '발견'된다. 그렇게 당시의 사람들은 자신들이 바로 고대 그리스와 로마의 문화적 후계자라고 여기며 흥분했다.

둘째로, 이는 동시에 '중세로부터의 해방'이기도 했다. 그전까지 유럽은 기독교회의 억압을 받아 인간의 정신과 자연스러운 모습을 잃고 있었다. 이러한 신神중심주의에 이의를 제기하고, 인간중심주의를 내걸며 고대 정신에 따라 자유를 되찾으려고 한 시대가 르네상스였다.

세 번째로는 '근대의 출발점'이라는 측면이다. 자연과학이나 '개인'의 확립 등, 근대적 과학주의와 합리주의의 시초가 바로 르네상스다. 그렇게 주장한 것은 미슐레나 부르크하르트 등의 19세기 역사가였다. 즉, 근대 유럽인들이 르네상스를 자신의 원점으로 평한 것이다.

이는 말하자면 유럽의 성공 신화다. 영광의 고대 그리스와 로마에 근본을 두고 종교에 의해 억압받았던 암흑의 중세를 거치면서 자유롭고 합리적인 근대의 문을 여는 데 성공한 것은 찬란한 르네상스를 경험한 유럽인들뿐이라는 것이다. 그렇기에 근대가 생겨나 뿌리를 내린 것은 오직 유럽이며, 그 외 세계는 단순히 이를 뒤따를 뿐이라는 논리로 이어진 면도 있었다.

그러나 20세기 후반, 특히 이 30~40년 사이에 많은 연구가 이루어졌고 그런 단순한 도식으로는 르네상스라는 역사 현상을 설명할 수 없음을 깨닫게 된다. 그리고 거기서 동서양에 걸친 르네상스, 시간적-지리적으로 좀 더 큰 규모의 다이내믹한 르네상스를 찾은 것이다.

동방세계의 '르네상스'

그렇다면 고대 그리스와 로마를 발견한 것은 누구인가? 이는 일찍부터 지적되어왔는데, 이 시기에 이탈리아를 비롯한 유럽 세계에 고대 그리스와 로마의 사상과 과학 등을 새로이 불러온 것은 비잔틴 제국과 이슬람 세계였다.

고대 로마제국이 동서로 분열된 것은 395년. 이후 터키에서 발칸 반도와 이탈리아에 걸쳐 1453년까지 존속한 것이 동로마제국, 또 다른 이름으로는 비잔틴제국이다. 실제 이 제국의 중심이 된 것은 그리스인이었다. 완전한 고대 그리스어는 아니지만, 그리스어를 사용했고 유럽에서 파묻혀버린 그리스, 로마의 문화가 그대로 살아 있었다. 특히 9세기 중반부터 10세기 전반에는 전란기에 유실된 고전들을 부활시키자는 운동이 활발하게 이루어졌다. 또 같은 9세기에는 '로마대법전'을 그리스어로 번역하여 정리한 '바실리카 법전'도 완성되었다. 다시 말해, 이탈리아 등에 앞서 9세기의 비잔틴에서 르네상스는 이미 일어나고 있었던 셈이다.

그리고 7세기에 성립한 이슬람 세계에서도 그리스, 로마 같은 고대 지중해 문화의 흡수가 시작되고 있었다. 철학뿐만 아니라 천문학, 화학, 물리학 등은 그리스어 등에서 아랍어로 번역되어 방대한 지식의 데이터베이스가 구축되고 있었던 것이다.

1453년 비잔틴제국을 멸망시킨 것은 오스만 제국의 메흐메트 2세다. 그는 프톨레마이오스의 《지리학》과 호메로스의 사본 외에도 히브리어, 아랍어로 된 문헌을 다수 수집했고 토프카피 궁전에 소장했다. 솔직히 말해, 당시 서방의 라틴어 세계와 동방의 아랍어 세계를 비교했을 때, 지식의 양이나 원전의 규모 등 어느 하나를 보아도 아랍어권의 수준이 월등히 높았다. 거기에는 고대 오리엔트나 인도 등의 문화적 축적도 포함되어 있었다. 예를 들어 '1, 2, 3, 4'로 시작되는 아라비아 숫자는 인도에서 탄생했고, 아바스 왕조의 과학자 알 콰리즈미의 저서를 통해 서방에도 전해졌다. 그리고 중세 유럽에서는 천문학이 굉장히 뒤처지고 있었으나, 아랍인은 고대 그리스 등의 서적을 바탕으로 독자적인 천체 관측을 반복하며 그 데이터까지 자신들의 지식으로서 흡수하고 있었다.

물론 서방 유럽에서도 중세에 라틴어로 번역한 그리스, 로마의 고전들을 읽었으나 이 시기에 이슬람과 비잔틴에서 새로운 고전의 지식이 들어오기 시작했다. 그렇게 동방세계가 축적한 문화를 서방의 라틴어 세계가 학습한 것이다. 르네상스를 논할 때 이러한 측면을 간과해서는 안 된다.

'미신'이 꽃피다

'르네상스 신화'에 대해 또 다른 새로운 검토가 이루어지고 있다. 다시 말해, 르네상스는 정말로 '근대의 시작'이라고 할 수 있는가를 둘러싼 검토다. 실제로 과학적 사고와 합리주의가 조금씩 확립되어간 것은 르네상스보다 후대인 17~18세기부터다. 르네상스 시기는 근대의 눈으로 봤을 때 실은 미신이라고 할 수 있는 마술의 전성기였다.

그 전형이 점성술이다. 그들은 태양과 달과 별 등 천체의 배치는 손과 발 같은 인체의 배치, 더 나아가 인간 사회의 구조와도 깊게 연결되어 있다고 생각했다. 그랬기 때문에 천체의 배치와 이동을 알면 인간 사회의 삼라만상도 풀어낼 수 있다고 여기는 것이 점성술의 기본적인 발상이었다.

여기서 중요한 것은 실제로 별이 어떻게 이동하는지를 아는 것이었다. 따라서 르네상스의 사람들은 정확한 천체 관측을 추구했다. 실제로 지동설을 주장한 코페르니쿠스(1473~1543)와 천체 물리학의 시조라 여기는 케플러(1571~1630) 같은 인물들까지도 점성술사였다.

연금술도 당시에는 최첨단의 이론이었다. 지금은 연금술이라고 하면 '가치 없는 재료로 황금을 만드는 터무니없는 기술' 쯤으로 취급받고 있으나, 본래 연금술의 '금'은 '금속'을 가리켰다. 연금술도 기본적으로는 점성술과 같은 생각이었다. 간단히 설명하면, 이 세계에는 만물의 근원인 '하나 to hen'가 존재하고, 거기서 나온 '영혼'이 물질이라는 형태를 하고 있다. 그러므로 물질이 가지고 있는 다양한 성질은 세계 전체의 본 모습과 연결되어 있으며, 그 본질을 추출할 수 있다면 물질을 자유자재로 조작할 수 있다는 것이었다. 그러기 위해서는 물질의 특성을 연구하고 기술하고 분석할 필요가 있다고 하여 르네상스의 사람들은 다양한 실험과 관찰을 했다.

이러한 지식의 축적이 훗날 화학이나 물리학 같은 근대 과학으로 이어지는데, 이는 어디까지나 후세의 시각으로 바라본 이해에 지나지 않는다. 당시 사람들은 마술로서 점성술과 연금술이야말로 세계의 비밀을 풀어줄 최첨단 기술이라고 생각하고 있었다.

그리고 이러한 연금술과 점성술 같은 마술도 거슬러 올라가면 고대 오리엔트에서 시작되어 이슬람 세계에서 고도의 발달을 이뤄 완성된 것이었다. 이것 이 르네상스기의 유럽에 유입되면서 꽃핀 것이다.

커뮤니케이션의 혁명

그렇다면 왜 15세기부터 16세기에 걸친 유럽에서 르네상스라는 성과가 이루어진 걸까? 그 가장 큰 이유는 커뮤니케이션 혁명에 있다고 생각한다.

긴 중세의 역사 속에서 동방세계와 유럽은 교역이나 십자군으로 대표되는 격심한 군사적 충돌을 거듭해왔다. 이때 다채로운 문화의 교류도 이루어지긴 했지만, 그건 아주 느리게 진전되었다. 당시의 항해 기술은 운이 좋으면 지중해를 연 1회 왕복하는 정도의 수준이었다. 그런데 르네상스에 앞선 13세기 후반에서 14세기에 걸쳐 중세 상업 혁명이라고 불리는 대변화가 일어나게 된다. 이는 항해 기술의 혁명이기도 했다. 우선 용골선(keel line)이라는 견고한 선체를 갖는 배가 만들어지면서 대형화가 가능하게 되었다. 13세기에는 200톤급의 배가 한계였지만, 16세기에는 1천 톤에 가까운 배도 건조할 수 있게 된다.

13세기 중엽부터는 범선의 돛의 모양이 달라졌다. 메인 돛은 기존의 형태 그대로 커다란 사각형이었으나, 선미에 삼각형의 돛이 추가로 설치되었다. 사각형의 돛은 뒤에서 불어오는 바람을 받아 배를 전진시키는 역할을 하고, 삼각형 돛은 방향을 바꿔 측풍으로도 앞으로 나아갈 수 있게끔 하여, 더욱 다양한 조건에서도 항해가 가능해졌다. 그리고 이 시기에 나침반이 보급된다. 1300년경에는 포르톨라노라고 불리는 나침반을 사용한 항해를 위해 제작되는 신형의 실용 해도海圖까지 생겨난다. 이렇게 지중해의 항해 기술은 월등히 향상되었다.

르네상스는 피렌체, 로마 등 이탈리아의 도시국가에서 시작되었지만, 독일이나 프랑스 같은 서방 유럽 전체로 퍼진 것은 커뮤니케이션기술의 발달 덕분이었다. 그 대표적인 예가 활판 인쇄였다. 15세기 중엽 독일 마인츠에서 구텐베르크가 금속 활자를 사용한 인쇄술의 실용화에 성공한다. 그리고 거의 같은 시기에 판화 기술도 확립되었다.

뜻밖에도 그 직전까지 유럽에는 목판 인쇄의 기술도 없었다. 그리고 12세기 초반까지 유럽에는 종이조차 없었다. 르네상스 직전까지는 양피지가 주로 사용되었고 그전에는 파피루스를 사용했다. 12세기 들어 유럽에서 종이가 제조된 것도 아마 이슬람교도가 스페인에 전파했던 것일 것이다.

어찌 되었든 활판 인쇄와 판화 기술에 의해 정보의 확산 속도가 빨라졌고, 책을 접할 수 있는 공간과 사회적 신분은 비약적으로 확대되었다. 이전까지의 서적은 전부 양피지에 손으로 필사한 것들이었기 때문에 그 양도 적었으며 귀족과 교회와 관련된 지극히 한정된 사람만 볼 수 있었다. 그러다가 활자와 판화에 의해 수용할 수 있는 층이 단숨에 확대된 것이다. 활판 인쇄가 발명되고 난 후 50년 사이에 간행된 서적을 '요람기搖籃期의 책'이란 뜻으로 인큐내불라Incunabula라고 부르는데, 무려 4만

점에 이른다고 한다.

이러한 변화는 예술의 수용에도 영향을 미쳤다. 다빈치의 〈모나리자〉나 미켈란젤로, 라파엘로의 벽화 등을 당대에 볼 수 있는 사람은 몇 명이나 되었을까? '모나리자'는 다빈치 본인이 공개하지 않은 채 스스로 프랑스로 갖고 가 사후에 프랑수아 1세에게 넘겨졌다고 하니, 국왕 이외에 극히 소수의 사람만 볼 수 있었다. 당시 바티칸의 시스티나 예배당에 들어갈 수 있는 사람도 상당히 한정되어 있었다.

그런 가운데 라파엘로가 자신의 작품을 판화로 만들어도 된다고 허가하면서 수백 개의 판화가 세상에 나오게 되었다. 그렇게 라파엘로의 명성 또한 높아졌다.

르네상스는 만능 천재로 알려진 인물들의 특출난 개성이 만발하는 시대였지만, 그것이 널리 알려지고 전해질 수 있었던 것은 커뮤니케이션과 미디어 발달의 공로라 하겠다. 르네상스는 '수많은 천재가 태어난 시대'이자, 더 나아가 '천재들의 정보가 그 어느 때보다 널리 전해졌던 시대'라고 할 수 있을 것이다.

가바야마 코이치
1941년 도쿄 출생. 도쿄대학 대학원 인문 과학 연구과 석사 과정 수료.
도쿄대학 교수, 국립 서양 미술관 관장 등을 역임.
《르네상스 일주》, 《고딕 세계의 사상상》, 《역사의 역사 등》 저서 다수.

05

명나라를 뒤흔든
일본의 화승총

국운을 가른 신식 화기의 도입

구바 다카시
세이난가쿠대학 비상근강사

1592년 3월. 천하통일을 이룩한 도요토미 히데요시는 중국 명조의 정복을 도모하여 지금의 사가현 가라쓰시에 새로 건축한 나고야성에서 조선으로 대군을 파병했다. 1592~1598년의 이른바 임진왜란이다. 쓰시마 해협을 건넌 일본군은 파죽지세로 연달아 승리를 거두며 상륙한 지 20일 만에 한양을 점령했다. 이 서전緖戰에서 일본군이 쾌조를 보일 수 있었던 원동력은 대량으로 장비된 일본도와 소총(화승총)이었다.

조선이 위기에 직면하자 종주국인 명조는 지원군을 보내기로 결정한다. 그 1진으로 7월 조선에 도착한 것이 요동 부총병(무관 최고직인 총병관 바로 아래 직책) 조승훈이었다. 부하 3천 명을 이끈 그는 일본군이 아직 평양에 주둔하고 있다는 사실을 듣고, 하늘이 자신의 공로 세우기를 돕는 것이라 하며 축배를 들었다고 한다. 공명심에 차오른 그는 조선 중신 유성룡의 만류에도 불구하고 폭우와 진흙탕이라는 악조건 속에 화기 장비도 없이 평양성으로 돌격했다. 몽골족에게 기마군을 이끌고 강행 돌파하며 상대를 위압하여 무찔렀던 뛰어난 전술로, 평양성 칠성문에 다다랐지만, 기다리고 있던 일본군에게서 소총의 일제 사격이 쏟아졌다. 총탄이 비 내리듯 쏟아졌고, 《양조평양록兩朝平壤錄》에 기록된 것처럼 '승훈은 간신히 목숨만 유지하여 도망갔고, 3천 명 가운데 귀환병은 겨우 수십 명에 그치는' 참패를 맛보았다.

이후 명군은 일본군의 소총으로 인해 전쟁 기간 내내 고전하게 된다.

임진왜란에서 명조와 조선을 쩔쩔매게 만든 소총이 일본에 전해진 것은 임진왜란이 있기 약 50년 전인 1543년이었다. (1542년이라는 설도 있다.) 다네가 섬에 상륙한 소총은 눈 깜빡할 사이에 일본 전국으로 퍼져서 양산되기 시작했다. 어째서 소총은 일본에서 그처럼 급격한 속도로 보급된 것일까?

첫째 이유는 소총이 전해진 시기다. 1467년 오닌의 난이 전국戰國시대의 서막을 열었고, 전국에서 격전을 벌이던 다이묘가 압도적인 무기를 열심히 찾던 중이었으니 말이다.

두 번째는 종래의 일본 수공업 기술(단련) 수준이 높았기 때문이다. 더 나아가 일본에 없었던 개머리판 고정을 위한 나사 기술 등, 외래의 제조 기술을 적극적으로 받아들이려는 유연성 또한 단기간의 도입과 보급을 가능케 했다. 그리고 화산국인 일본에서는 화약 원료인 양질의 유황이 풍부했다는 점도 있었고, 마찬가지로 원료로 쓰이지만 일본에서는 나지 않는 초석을 해외에서 안정적으로 수입할 수 있었던 점도 소총이 보급된 요인이었다.

중국에서 활약한 일본군 포로

그렇다면 일본군의 소총에 애를 먹은 명조와 조선에는 소총이 없었을까?

아니다. 소총은 일본과 마찬가지로 16세기 중엽에 명조에도 전해졌다. 이에 대해서는 이미 명나라 시대에서부터 여러 가지 설이 있으나 정약증의 《주해도편籌海圖編》이라는 중국 사료 등을 보면, 포르투갈에서 제조법이 전해졌으나 정교하게 모조하지 못했다가 이후 1548년에 명군이 왜구 세력의 밀무역 거점이었던 절강 쌍서항을 공격했을 때 포로로 잡았던 인물을 통해서 제조법이 전파된 것으로 전해진다. 그 외에 중국 연안의 여러 지역에도 거의 같은 시기에 전파되었다. 1558년에는 명조에서 1만여 자루의 소총이 제조되었다. 그리고 왜구와 몽골 토벌에서 큰 공을 세운 장수 척계광에 의해 소총이 적극적으로 도입되면서 적잖은 효과를 올렸으나, 이 시기에 명조에서 소총이 주요 무기로 자리 잡지는 못했다.

그 이유로서 우선 명조 소총의 낮은 성능을 들 수 있다. 일본식의 철 단조鍛造 기술로 제조된 소총과는 달리 명조에서 제조된 것은 구리를 주조鑄造하여 만든 것으로 추정된다. 주조 방식의 소총은 단기간에 대량 제조하긴 쉽지만, 단조에 비해 품질이 떨어지고 총신이 견고하지 못해 몇 발 쏘게 되면 폭발할 위험성이 있었다. 그리고 일본의 소총은 명중도가 높았던 것에 반해 주조로 만들어진 것은 그보다 낮았다. 마스다 키이치·가와사키 모모타의 《일본사2》에 의하면 포르투갈 선교사인 루이스 프로이스가 임진왜란 당시 명조가 사용한 소총에 대해 이렇게 말했을 정도다. "그들의 소총이 어떻게 발사되는 것인지 이해할 수가 없다. 무수히 발포했으나 사상자가 1명도 나오지 않으니 말이다."

명조가 강력하고 파괴력 있는 대형 화기에 더 많은 관심을 쏟은 것도 소총이 주요 무기로 자리 잡지 못한 이유일 것이다. 명조는 마찬가지로 포르투갈에서 전해진 함재포인 불랑기포佛狼機砲를 소총보다 더 열심히 도입했다. 크고 작은 다양한 개량을 거듭해, 해전·육지전을 불문하고 여러 가지 상황에서 사용했다. 특히 화기 장비가 없는 몽골 등의 기마군에게 대형 화기를 발사할 때 울리는 굉음은 말을 놀라게 만드는 등 충분한 위협 효과가 있었다. 또 사정거리가 길고 거대한 포탄은 왜구들의 정크선을 격파하기에 충분한 파괴력이 있었다.

더욱이 일본의 소총 같은 화기를 비치하는 데 막대한 비용이 든다는 점, 실전에서 운용하는 데에도 상당히 고도의 훈련이 필요했다는 점도 큰 이유로 들 수 있다.

앞서 말한 척계광은 《기효신서》나 《연병실기》 같은 그의 저서에서 소총 등의 화기를 실전에서 사용할 때 병사를 충분히 통제해야 한다는 점과 화기의 관리가 매우 중요하다는 점을 몇 번이고 끈덕지게 기술했다. 예컨대 사수가 제대로 보지 않고 발포하거나 총탄의 장전을 잊거나, 장착 순서를 어기거나, 화승 관리를 소홀히 하는 등의 실수 없이 총을 제대로 발사하는 것은 10발 중 기껏 4~5발이고, 그나마 적에게 명중하는 것은 겨우 1발이라고 했다. 배치되는 화기의 총구와 탄환이 맞지 않아 명중도가 낮거나 적이 대거 습격해오기라도 한다면 어찌할 도리가 없다는 것이었다. 이는 사기도 기술도 낮은 농촌 및 부랑 출신의 병사가 실전에서 화기를 효과적으로 사용한다는 것이 얼마나 어려운지를 시사하고 있다.

게다가 명의 조정이 화기의 도입 자체를 위험하게 여긴 점도 간과할 수 없다. 중국의 왕조에서는 문관이 무관보다 우월하다는 전통이 있었고, 조정을 관리하는 문관은 지나친 군비 강화가 무관의 독선을 불러오지 않을까 두려워했다. 특히 '오랑캐'로 업신여기고 위험시했던 외국 세력으로부터 전해진 화기에는 경계심을 늦추지 않았다. 그 결과, 화기는 명조의 주요 무기로 자리 잡지 못했고, 적을 견제할 때 사용하는 보조 역할의 무기에 그쳤다.

그러나 명·조선의 양군은 임진왜란에서 어려움을 겪은 다음, 소총의 본격 도입에 대한 필요성에 직면하게 되었다. 명군은 일본군에게서 소총을 손에 넣고, 또 '항왜降倭'라고 불린 일본군 포로를 적극적으로 산하에 두는 등, 도입을 위해 힘썼다. 예를 들어, 《조선왕조실록 선조실록》에 "조선의 각 진영에서 얻은 조총(명대 소총의 호칭)을 모두 원수(이여송)의 휘하로 보냈다."고 기록된 것처럼, 왜란에서 명군을 통솔한 이여송은 일군의 소총을 확보했다.

이여송과 쌍벽을 이루는 명군의 대표적 장수인 총병관 유정은 티베트, 버마, 묘족 같은 이민족의 병사들을 부하로 두고 있었는데, 임진왜란에서 포로가 된 일본인도 그 일원으로 들어갔다. 조선의 중신이 '유정 제독의 부하인 항왜에게서 독약의 제조법을 습득하려고 하였다'(《조선왕조실록 선조실록》)고 말했듯이, 그들 중에는 특수한 기술을 가진 자도 적지 않았다. 임진왜란 후 유정의 부대에 관한 《도독유장군전》 같은 중국 사료를 보면 군내 무기 제조 상황을 엿볼 수 있다. "유정이 소유한 일본도와 갑주는 모두 정교했다. 그런 것은 부하 사병이 제조할 수 있었는데, 그 기술은 장인조차 미치지 못할 수준이었다." 소총의 제조를 직접 언급하고 있지는 않으나, 필시 소총에 대해서도 마찬가지였을 것이다. 항왜 중에는 소총의 취급에 능숙할 뿐만 아니라 소총의 제조-수리 기술을 가진 인재도 포함돼 있었을 것이다.

임진왜란이 끝난 후 유정은 중국 서남부 쓰촨의 보저우에서 양응룡의 난(1594~1600)을 진압하게 된다. 그때 그는 소총과 일본군을 활용했는데,《평파전서》의 "직접 관병과 사병, 일본군 포로와 몽골 병사를 거느리고 역적과 싸웠다."라든가 《평파일록》의 "유 총병은 단의를 입고 친병과 진왜 수 명을 거느렸다. 각자 조총을 무장해 행군했다." 같은 기록이 이를 말해준다. 유정의 산하에 어느 정도의 일본군이 있었는지는 분명하지 않으나,《주료석화》의 "쓰촨 전위안의 항왜 소총수 5백은 이미 유정의 휘하에 있었던 사람들."이란 기록을 보면 수백 명 규모의 소총 부대가 있었음을 짐작할 수 있다. 명조 전체를 봤을 때 방대한 규모의 일본군이 전력으로서 수용되었다고 생각할 수 있다.

명조의 소총 도입이 늦어진 이유

이처럼 명조는 임진왜란 이후, 소총을 비롯한 화기의 본격적 도입을 도모한다. 그렇지만 누르하치와 홍타이지가 이끄는 여진족 세력에 점차 압도되어 멸망했고, 여진족은 청나라를 창건했다. 화기의 도입과 운용에 있어 여진족과 격차가 벌어졌던 것이 원인 중 하나라고 생각할 수 있다. 왜 이러한 격차가 생겼을까?

그 원인은 소총을 포함한 화기가 명조의 중앙 정부가 아니라, 사병을 거느리는 장수가 도입에 적극적으로 나섰기 때문이라고 생각해볼 수 있다. 그 원인을 세세히 들여다보기 전에 왜 총병관인 유정처럼 사병을 거느리는 장수가 기술을 적극적으로 수용했는지, 그 이유를 설명하겠다.

그들의 주된 경제적 지주가 왕조에서 지급되는 군량이었다는 점에서 그 이유를 찾을 수 있다. 이 군량은 총병, 부총병 같은 무관직이 보증하는 것으로, 장수는 이를 사용해 사병을 길러 전투에서 공을 세우고 직위와 급여를 유지하고 있었다. 거꾸로 말하면 공을 세우지 못하는 경우, 직위와 급여를 잃게 된다는 것이었다. 따라서 장수는 자기 자금으로라도 화기를 비롯한 뛰어난 군사 기술과 강력한 군대를 길러야 할 필요가 있었다. 이것이 유정의 화기 기술 도입을 재촉한 배경이었던 것 같다. 이는 자신의 직위와 급여로 강력한 군대를 만들고 공을 세워 승진-승급을 할 수 있다는 선순환 안에서야 좋을지 모르지만, 패전이나 불상사 등 한 번이라도 실수하면 순식간에 해임되어 군량 지급이 끊기고 군단을 유지할 수 없게 되어 장수가 거리를 떠돌게 되는 구조였다. 그렇게 되면 군단에 축적되어 있던 기술과 힘이 명조의 군대로 이어지지 않고, 그 가치를 썩히는 꼴이 되어버린다. 특히 소총 같은 화기를 제조하고 전장에서 사용하는 특수한 기술과 능력이 장수의 해임으로 손상되기 쉽다는 사실은 금방 짐작할 수 있다. 즉, 이런 구조가 명조에서 소총을 포함한 화기 기술의 축적과 발전을 저지하고 있었다고 생각할 수 있다.

실제로 1613년, 지방 관료 구타 사건을 일으킨 유정은 총병관에서 면직당하고, 유지가 어려워진 군단이 해산되면서 몰락한 유정은 귀향했다. 이때 유정이 거느리고 있던 소총 부대도 해산을 피할 수 없었다.

그러나 유정은 1618년 여진족이 요동으로 본격 진출해옴에 따라 다시 한번 총병관에 기용된다. 그는 예전에 자신이 땀 흘려 키웠던 소총 부대를 포함한 정예 부대와 합류할 때까지 출정을 미루어달라고 요청했으나, 이는 받아들여지지 않았다. 결국 그는 충분한 전쟁 준비를 하지 못한 채 사르후 전투로 향했고, 그곳에서 전사했다. 명조는 이 전투에서 여진족에게 패배하고 멸망의 길을 걷는다.

그렇다면 중앙 정부가 주도한 화기 도입은 어떻게 되었을까?

17세기 들어서 막강한 기마군을 거느린 여진족의 압박이 맹렬해지자, 명조는 그 진격을 막아낼 고성능 유럽식 화기의 도입 필요성을 느꼈다.

하지만 결론부터 말하자면 이는 성공하지 못했다. 왜? 앞서 말했듯이 문관이 무관을 경시했고, 보수적인 관료들이 화기 기술의 도입을 위해 필수였던 외국인들을 경계하고 통제했기 때문이다. 이러한 배경 때문에 화기 도입을 적극적으로 도모한 문관은 실각했고, 신식 화기의 도입은 지체되었다.

서광계와 왕존덕 같은 중앙 및 지방의 유력 관료는 마카오의 포르투갈 당국으로부터 최신예 유럽식 화기의 대규모 구매를 시도했다. 이는 중앙 정부 중심의 신식 화기의 도입이 지체되는 상황을 극복하려는 보다 직접적인 시도였다. 그러나 왕조 내 거세지는 반대 압력으로 인해 좀처럼 성과를 올릴 수 없었다. 마카오에서 불랑기포보다 성능 좋은 신식 대포(홍이포)를 도입하고, 그 조작을 위해 숙련된 다수의 포르투갈인 포수들을 초빙하자 관료들의 거센 저항이 있었다. 그런 가운데 천계연간天啓年間(1621~1627)에 홍이포 폭발 사건이 발생하자, 홍이포를 사용하려는 기세는 한풀 꺾였다.

화기 기술을 흡수한 여진족

여진족 세력은 명과 달리 화기를 적극적으로 도입하고 17세기 전반에 두각을 드러냈다. 애초 여진족은 막강한 기마 군단에 의지하며 세력을 확대했고, 사르후 전투에서는 명나라의 유정 부대와 항왜 소총 부대를 포함한 조선군의 혼성 부대를 격파했다.

그러나 1626년 영원성 전투에서 여진족은 화기 도입의 중요성을 통감하게 된다. 명의 관료인 원숭환袁崇煥이 지키는 이 성에는 마카오에서 사들여온 홍이포 11문이 설치되어 있어서, 기마군으로 돌진하는 누르하치 휘하의 여진족을 사정없이 격파했기 때문이다.

누르하치 사망 후 여진족을 거느리던 홍타이지는 화기 기술을 적극적으로 수용했고, 그 제조와 사용에 정통한 인재를 앞장서서 채용했다.

그러나 공교롭게도 누르하치를 압도적인 화력으로 물리친 원숭환은 그 후 황제의 노여움을 사 실각한다. 상황이 이렇게 되자 취약한 입장의 명나라 인재가 여진족에 투항하는 일이 증가했다. 많은 투항 장수들이 후대의 보답으로 여진족에게 건넨 것이 방대한 수의 화기와 화기 기술이었다. 그들은 팔기의 화기 전문 부대로 편성되어 훗날 청나라에 의한 중국 지배에 중요한 역할을 하게 된다.

여진족 세력은 투항 장수였던 퉁양성佟養性의 감독 아래 1631년, 처음으로 홍이포의 제조에 성공했다. 제조를 담당한 장수 정계명과 장인 왕천상은 원래 명의 인재였다. 화기에 정통한 명조 인재를 적극 휘하로 편입시켜 화기 기술의 조직적 도입을 추진한 여진족 세력에 의해 명조는 점차 열세에 서게 된다.

마카오 등 중국 주변부를 발신지로 하는 대부분의 선진 화기 기술은 최종적으로 중국 가장자리에서 대두한 여진족 세력에 의해 흡수-수용되었다. 이런 화기 기술이 퍼지고 늘어나면서 명조의 군사력은 약해지고, 향후 명·청 교체의 흐름을 결정짓는 요인이 되었다.

17세기 동아시아의 질서는 이렇게 확산된 화기 기술을 적극 수용할 수 있었던 세력, 즉 여진족 세력(청나라)과 도쿠가와 정권이 좌우하게 된 것이다.

구바 다카시

1970년 후쿠오카현 출생. 문학박사.

규슈대학 대학원 인문과학부 박사 과정 수료.

저서로 《동아시아의 무기 혁명―16세기 중국으로 건너간 일본의 소총》이 있다.

06
전쟁과 역병,
미적분을 낳다

$$\int x_\Delta$$

근대 과학

야나기야 아키라
수학자

    고등학교 수학에 나오는 미적분은 지금 세상에서 절대 없어서는 안될 존재다. 아니, 그 정도가 아니라, 그 위력을 알면 근대 유럽의 세계 제패도 미적분 없이는 불가능한 일이었다고 생각할 수도 있을 것이다.

    이 책은 어떻게 역사가 삶의 무기인지를 다루고 있으니, 미적분이란 무엇인가에 대한 설명은 피하도록 하자. 그렇더라도 미적분의 힘은 어디에서 발휘되는가? 가령 시간과 함께 시시각각으로 변화하는 운동을 분석하는 데 미적분은 굉장히 도움이 된다. 인공위성도 미적분이 없다면 쏘아 올릴 수 없다.

이 미적분을 만든 것은 17세기에 태어난 뉴턴과 라이프니츠라고 알려져 있다. 하지만 1명 또는 2명의 천재만으로 미적분처럼 세상을 바꿔버릴 만한 이론을 구축하기란 불가능한 일이다. 곧장 떠오르는 것만 해도 미적분의 완성에는 아래의 천재들이 힘을 보탰다.

아르키메데스(기원전 287~기원전 212)

케플러(1571~1630)

메르센(1588~1648)

데카르트(1596~1650)

카발리에리(1598~1647)

로베르발(1602~1675)

페르마(1607경~1665)

토리첼리(1608~1647)

파스칼(1623~1662)

배로(1630~1677)

뉴턴(1643~1727)

라이프니츠(1646~1716)

어떤가, 이 인재들은 17세기에 집중되어 있음을 알 수 있다. 왜 이 시기에 천재들이 연이어 나타난 것일까? 이 질문에 답하기 위해서는 우선 시간을 거슬러 올라가야 한다.

1095년 11월. 우르바누스 2세는 클레르몽 공의회에서 중세 최고라

일컬어지는 명연설을 한다. 이는 기독교의 성지 예루살렘을 셀주크(터키)에게 빼앗기고 영토를 위협받은 비잔틴 황제가 보낸 구원의 요청에 응답하는 연설이었다. 성지 탈환을 위한 원정을 촉구한 이 연설로 인해 십자군 원정이 시작된다.

당시 로마 교회는 지식의 중심지였다. 이슬람의 심오한 지식에 대해서 다양한 경로로 정보를 수집하고 있었다. 예컨대 이슬람 대학에 아라비아인으로 변장한 승려를 잠입시켜 그 강의록을 가지고 오게 하였다. 그러나 그 정보가 로마 교황청에서 바깥으로 알려지는 일은 없었다. 기독교 신자들이 이를 알게 되면 로마 교회의 권위가 흔들릴 수 있기 때문이었다.

이슬람 문화에 세계 충격받다

유럽의 기독교 세계에 사는 사람들은 로마 가톨릭이 최고의 종교이며, 이 세상에 구제와 행복을 가져다줄 것이라고 믿었다. 그러나 약 200년간 수차례에 걸친 십자군 원정으로 인해 그 신앙은 흔들리기 시작했다. 십자군에 참가한 왕과 제후와 무명의 전사들이 이슬람 세계를 접했기 때문이다.

적으로 만난 이슬람의 군대는 훌륭하게 통솔되고 훈련돼 있었다. 무기도 자신들의 무기보다 더 뛰어났으며 유럽 못지않은 건축과 예술도 있었다. 그것은 땅이 흔들릴 정도의 충격적인 경험이었다. 풍부한 감수성과 지성을 갖춘 사람들은 지금까지의 로마 교회의 가르침이 이상하다는 걸 알아차렸다. 그중에는 기독교를 버리는 사람까지 나타났다. 유럽 사람들의 마음에 로마 교회와 기독교에 대한 의심이 생겨난 것이다.

신이 창조한 자연의 섭리를 성직자에게서만 배워야 하는가? 직접 신과 자연과 대화하면 안 되는가? 이를 금기로 보는 것이야말로 신을 거스르는 것 아닌가?

이 의심의 씨앗이 훗날 근대 과학이라는 꽃을 피우게 된다. 이미 있는 교의를 통해 자연을 해석하는 것이 아니라 자연을 주의 깊게 관찰하고 그 내면에 숨겨져 있는 법칙을 발견하는 것이 바로 자연 과학의 본질이기 때문이다.

십자군 원정을 통해 유럽은 이슬람 세계로부터 배워야 할 것이 많다는 사실을 깨달았다. 아리스토텔레스와 유클리드 등 고대 그리스의 철학과 수학, 이슬람의 과학과 기예에 대한 아랍어 문헌들이 대량으로 번역되어 유럽의 지적 수준을 높여갔다. 이러한 움직임을 '12세기 르네상스'라 부르기도 한다.

과학사를 생각할 때 주목해야 할 지역은 프랑스 남서부, 와인으로 유명한 보르도가 있는 가스코뉴^{Gascogne} 지방이다. 이 지방에서도 많은 사람들이 십자군에 참가했다. 근대 철학의 아버지라고 불리는 데카르트나 '마지막 정리'로 유명한 수학자 페르마 등, 가스코뉴의 영향을 받기 쉬운 지방에서 수많은 천재가 배출된 것은 그곳에 근원이 있기 때문이 아닐까.

이슬람을 접한 후 근대 과학의 성과 중 하나인 미적분이 생겨나기까지는 약 500년이라는 시간이 걸렸다. 하지만 이런 미적분을 탄생시킨

밑받침에는 틀림없이 이슬람 문화에서 받은 충격도 포함되었을 것이다.

기근, 전쟁, 역병

미적분이 완성을 향해가던 17세기의 유럽은 혼란과 황폐가 극도에 달했고, 전례 없는 불안감에 휩싸여 있었다. 이를 불러온 것은 전쟁과 기근과 역병이었다.

이 시대(14세기 중반부터 19세기 중반까지)의 유럽은 소빙기小氷期라고 불리는 한랭기에 들어 있어서 평균 기온이 낮았다. 1645년부터 1715년은 마운더 극소기Maunder minimum라고 해서 태양 활동이 비정상적으로 저조한 시기였다. 이것이 17세기 한랭기의 원인이라고도 생각되고 있다. 원래부터 유럽의 토지는 비옥하지 않았다. 당시의 농업 기술을 생각했을 때 평균 기온이 조금이라도 떨어지면 수확량이 감소한다는 것은 당연한 일이었고, 이는 물론 흉작과 기근으로 직결됐다.

그리고 16세기부터 시작된 로마 가톨릭과 프로테스탄트의 종교 전쟁은 17세기에 들어서도 끝나지 않았고, 프랑스에서는 위그노 전쟁(1562~1598), 독일에서는 30년 전쟁(1618~1648)이라는 두 큰 전쟁이 발발하여 유럽에 깊은 아픔을 남겼다.

역병도 많은 목숨을 앗아갔다. 주지하다시피 14세기에 유행한 흑사병으로 유럽 인구의 1/3~2/3가 희생되었을 정도다. 이 흑사병은 17세기에도 각지에서 빈발했다.

지역에 따라 감소율은 다르지만, 유럽 각지에서는 기근, 전쟁, 역병으로 인해 심각한 인구 감소가 일어났다. 30년 전쟁의 포화가 잦아들 무렵, 독일의 인구는 약 1,600만 명에서 1,000만 명으로 대충 40% 감소했던 것으로 알려져 있다. 전체적으로 봤을 때도 17세기의 유럽 인구는 정체되어 있었다.

이러한 가혹한 상황에 맞닥뜨리면서 유럽에서는 사회 불안이 고조되었고, 전쟁과 기근과 역병을 해결하는 새로운 지혜를 찾게 되었다. 30년 전쟁을 종결시킨 근대 국제법의 선구자라고 일컬어지는 베스트팔렌 조약이 그 가운데 하나다.

인간의 생사에 관한 사회 현상을 인간 스스로 어떻게든 해결해야 한다는 자각이 생겨날 때 천재는 깨어난다. 사회가 그들을 필요로 하는 것이다. 16~17세기 유럽의 현실은 신에게 기도하는 것만으로는 해결할 수 없었다. 그리고 '12세기 르네상스'에 의해 유럽 각지에서 움트고 자라온 합리적이고 과학적인 정신이 급격히 심화하는 시기가 찾아왔다. 구체적으로는 신과의 대화를 로마 교회의 성직자들만 독점하게 놔두지 않고, 신이 창조한 자연과 직접 대화하기 시작하면서 자연스럽게 드러나는 질서나 법칙을 이해하려는 궁극적인 탐구가 이루어진 것이다.

16~17세기의 수학자와 물리학자는 경건한 기독교도였다. 그 대표적인 예가 케플러다. 그는 튀코 브라헤의 정밀한 화성 관측 결과를 조사했다. 그러나 케플러는 자신이 얻은 결과를 도저히 납득할 수 없었다. 지구나 화성의 공전 궤도가 원이 아니라 타원이었기 때문이다. "신이여, 왜 원이 아닌 겁니까?" 케플러는 분명 신에게 그렇게 묻고 싶었을 것이다. 그는 눈앞의 현실을 설명하지 못하는 기존 기독교의 논리를 따르지 않

았다. 행성의 타원 궤도를 받아들이고, 왜 그런지를 생각했다. 그리고 행성의 공전 속도와 공전 주기에 대한 법칙을 발견했다.

지동설을 주장한 것으로 유명한 코페르니쿠스는 천재 수도사였으나 행성의 공전 궤도가 타원이라는 것은 깨닫지 못한 채 원이라고 생각했다. 그는 케플러만큼 정밀하게 행성의 궤도를 관측하지 못했기 때문이다. 이는 눈앞의 현실을 정교하게 관찰하는 일이 과학에 있어 얼마나 중요한 것인지를 보여준다.

로마 교회는 지동설을 주장한 갈릴레오를 종교재판에 넘겼다고 하여 거의 과학 정신의 적으로 간주하기도 하지만, 실제로는 과학 연구를 상당히 진전시켰다. 신이 창조한 자연을 자의적으로 해석-이해하는 것이 아니라, 현실을 바로 보아 누구나 납득할 만한 형태로 현실을 설명하려고 했기 때문이다.

그 최대의 원인은 개력改曆, 즉, 역법曆法을 고친 것이다.

로마 교회는 325년 제1차 니케아 공회의에서 춘분을 율리우스력 달력으로 3월 21일이라고 결정했다. 낮과 밤의 길이가 같아지는 춘분은 천체 현상이기 때문에 율리우스력이 아무리 뛰어나다고 하더라도 천 년이 넘으면 맞지 않게 된다. 기독교에서 가장 중요한 축일인 부활절은 춘분을 기준으로 정해진다. 그러나 16세기 후반에는 율리우스력의 3월 21일과 실제 춘분의 오차가 하루로 벌어졌다. 이 사실이 알려진다면 로마 교회는 위신을 잃고 만다. 정확한 역曆을 만드는 것이 교회의 권위를 뒷받침하고 있었기 때문이었다. 역은 기독교 의식을 거행하는 날을 정하는 데서 그치지 않았다. 정확한 역에 씨를 뿌리지 않으면 농작물의 수확량이 떨어지고 만다. 이 역의 오차는 당시 유럽 못지않은 과학력을 가지고 있던 이슬람 세계에서도 웃음거리가 되었다. 이때 프로테스탄트에 대한 대항책과 로마 교회의 개혁을 주요 의제로 삼은 트리엔트 공의회(1545~1563)는 로마 교황청에 역법 개정을 위탁했고, 그레고리우스 13세 아래 개력위원회가 발족되었다. 16세기의 유클리드라고 불릴 정도로 뛰어난 예수회의 수학자 클라비우스도 당시 위원이었다. 이처럼 개력은 뛰어난 인재들에 의해 이루어져, 1582년 그레고리우스 13세가 새로운 역법을 제정했다. 이것이 그레고리력으로, 지금 전 세계에서 쓰이고 있는 태양력이다. 지금까지 사용되는 역법을 만들었다는 것은 로마 교회의 우수한 과학력을 보여준다.

로마 교회가 만든 천재들

원이라고 믿었던 공전 궤도가 타원이었다.
정확해야 할 역에 오차가 있었다.
이론과 현실을 대조해보니 이론이 틀렸다.

이런 문제들이 연달아 떠오르자, 당연히 사람들은 술렁였다. 로마 교회 내부만으로는 과학적인 문제를 더 이상 해결할 수 없는 게 아닐까? 교회 바깥의 인재도 불러 모아 교육을 시행하고 뛰어난 과학자를 양성해야 하지 않는가?

1534년에 창립된 예수회는 아마도 이 같은 위기감으로 프랑스, 이탈리아 등에 학교를 설립했던 것이리라. 이 학교에서는 빈곤한 가정의 아이들이라도 소질만 있다면 공부할 수 있었다. 메르센, 데카르트, 토리첼리 등이 바로 이곳에서 교육받은 과학자들이다.

메르센은 당시 천재들의 편지에 흥미를 느낄 사람들을 찾아 자신의 살롱을 형성했다. 당시의 편지는 지금으로 말하면 과학 잡지 같은 것으로 연구 성과를 발표하는 매체였다. 메르센의 살롱은 프랑스 과학 아카데미의 모체가 된다.

로마 교회도 과학 교육에 힘을 쏟았는데, 이는 교회가 이탈리아 각지에 세운 대학에서 이루어졌다. 로마 교회 내부에서 탄생한 우수한 연구자-교육자로는 카스텔리 신부(1578~1643)가 있다. 그는 갈릴레오의 제자로, 로마 교회가 운영하는 대학에 파견돼 강의했다. 실제로 갈릴레오와 교황 바오로 5세는 상당히 친밀했다.

카스텔리 신부는 카발리에리와 토리첼리 같은 우수한 제자를 양성했다. 카발리에리는 미적분학의 발전에 공헌했으며 현대 고등학교 수학 교과서에도 나오는 '카발리에리의 원리Cavalieri's Principle'로 이름을 남기고 있다. 토리첼리는 카스텔리 신부의 추천으로 갈릴레오의 조수가 되었다. 토리첼리는 갈릴레오의 《신과학 대화》의 제3장을 도와 낙하하는 물체의 포물선 운동에 대한 기술을 정리했다. 그 과정에서 토리첼리는 미분과 적분이 반대의 계산이라는 점을 발견한다. 이 발견의 중요성은 아무리 강조해도 지나치지 않는다. 이 발견 덕분에 그전까지는 굉장히 어려웠던 적분을 천재가 아니어도 계산할 수 있게 되었기 때문이다. 토리첼리에게서 배턴을 넘겨받은 뉴턴과 라이프니츠는 그 방법을 확립시켰다. 미분-적분의 발전에 크게 기여한 두 학자를 로마 교회가 양성한 것이다.

신의 창조물은 성직자만이 연구할 수 있다고 여기는 로마 교회에 천재를 양성하는 체제가 있었다는 사실은 17세기에 유럽이 위기감을 가지고 있었다는 점을 여실히 드러내고 있다.

인간은 직면한 문제를 스스로 해결하려고 노력하는 한 멸망하지 않는다. 마야 문명처럼 제물을 바쳐야 문제가 해결된다는 사고가 시작되면 멸망의 길을 걷게 된다. 미분-적분은 운동을 해석하는 데에만 도움이 된 것이 아니다. 흑사병 같은 역병의 감염이 어떻게 퍼지는가를 예측하고, 유행을 예방하는 데도 응용되었다. 천재를 필요로 하는 사회의 바람과 그 성과를 바로 활용해야만 앞으로 나아갈 수 있다는 절박함이 이후 유럽의 번영을 구축했다.

10명 가운데 1명이 미적분을 사용할 수 있는 나라와 100명 중 1명만이 미적분을 사용할 수 있는 나라 사이에 문제 해결 능력, 무기의 성능, 과학력에 현격한 차이가 생긴다는 것은 불을 보듯 뻔하지 않은가.

자신의 힘으로 해결하려는 의지가 천재를 낳는다. 누군가가 해줄 것이라고 바라는 마음으로는 천재가 있다 한들 세상에 나올 수 없다. 천재는 어느 시대나 존재한다. 그 힘을 키우는 것은 그 시대 사람들의 의지에 달려 있다. 과연 지금 우리들에겐 그런 의지가 있는 것일까?

야나기야 아키라

1953년 도쿄 출생. 와세다 대학 고등학원 수학과 교사.

와세다 대학 대학원 이공학 연구과 박사 과정 수료.

《수학은 왜 생겨난 것인가?》 등 저서 다수.

제3장

근·현대

영국 요리의
형편없는 맛은 산업혁명 때문?

식문화의 창달과 쇠퇴

오노즈카 도모지
도쿄대학 교수

흔히 영국 요리는 맛이 없다고들 한다. 왜 그럴까? 미식을 즐기지 않는 국민성 때문이다, 청교도의 영향으로 식慾을 즐기는 것이 죄악시되었기 때문이다, 혹은 기후가 서늘해서 식생활이 단조로워졌기 때문이다… 여러 가지 해설이 있었지만, 이들 모두 반증이 쉬운 논리로, 학문적으로 뒷받침하기 어려운 어설픈 설들이다.

'맛있다/맛없다'는 개인의 취향이지, 음식의 속성은 아니다. '맛있다/맛없다' 같은 주관적인 평가에서 벗어나 음식을 객관적으로 분석하기 위해서 나는 1) 식재료의 다양성, 2) 식재료의 지역성-계절성, 3) 조리 방법의 다양성이라는 세 가지 지표를 설정했다.[1] 물론 이 세 가지 지표로만 음식을 완벽히 논할 수는 없다. 실제로 무슨 요리를 먹었는가와 먹은 장소와 상황도 중요해서 본래 식문화사에서도 관심을 두지만, 요리와 연회석은 사료로 남길 수 없어서 고찰의 대상으로 삼기가 어렵다. 그에 비해 식재료와 조리 방법은 남겨진 레시피를 사용해 꽤 정확하게 재현할 수 있으므로 객관적인 검증이 될 수 있다.

그럼, 중세 말부터 현대(대략 20세기)까지 영국 요리에 어떤 식재료들이 쓰여왔는지 알아보자. 이 기간에 영국의 식문화는 변하고 있으나 식재료라는 면에서는 근세(대략 16~18세기)에 급증한 열대산 향신료와 감자를 제외하면 19세기 초까지 식재료의 종류는 안정돼 있었다. [표1]과 [표2]가 그 식재료를 나타낸 것이다.

그 중 [표1]은 19세기 중엽에는 쓰이지 않게 된 식재료, [표2]는 중세 말부터 현대까지 계속해서 쓰이는 식재료를 나타낸다. 19세기 중엽 이후에는 [표3]의 식재료가 새롭게 등장한다. 이를 통해 알 수 있듯이 19세기 전반 수십 년 사이에 식재료의 다양성은 현저히 줄어들었고, 현지 식재료(계절성도 포함)는 거의 소멸하였다. 19세기 중엽 이후 영국의 음식은 대량 생산이 가능한 농·목축 산품, 트롤어업 산품과 공업 제품이 차지하게 된다. 이 시기에 식량 수입은 증가했으나, 향신료의 역할은

---

1) 오노즈카 도모지 〈Poor Taste and Rich Economy: historical explanations on the lost tradition of British food〉 아사히 맥주 학술 진흥 재단 《식생활 과학·문화 및 지구 환경 과학에 관한 연구 조성 연구기요》 제17권. 2001년. 오노즈카 도모지 〈영국 요리는 왜 맛이 없는가?〉 이노세 구미에 편 《영국 문화사》 쇼와도, 2010년

오히려 눈에 띄게 떨어졌다. 이렇게 향과 맛의 다채로움이 결여된 근현대의 영국 음식이 등장하게 된다.

[표1] 19세기 초까지 사용되었으나 이후 레시피에서 사라진 식재

야생 동물	사슴, 백조, 비둘기, 토끼, 꿩, 뇌조, 거세 닭(capon)
산야의 다육과	블랙커런트, 바베리, 레드커런트, 프룬, 블루베리, 구스베리, 건포도
채소밭의 향초나 콩 및 그 파생품	세이지, 마늘, 펜넬, 크레송, 보리지, 로즈메리, 세이버리, 소럴, 괭이밥, 갓, 민들레, 완두, 말린 완두콩, 로즈 워터
양조주, 그 가공품	사과주(Cider), 사이다 비니거, 와인, 와인 비네거
주로 남방에서 수입된 향신료 등	생강, 사프란, 시나몬, 넛맥, 메이스(넛맥의 가종피), 정향, 아몬드, 아니스, 캐러웨이, 감초, 블랙 페퍼, 화이트 페퍼, 오렌지, 레몬, 만다린, 앤초비

[표2] 근세·근대·현대에 주로 사용되고 있는 식재

대량 생산 야채	인삼, 셀러리, 양파, 리크, 양배추, 감자(17세기경부터)
목축, 가금 생산물	송아지 고기, 소고기, 어린 양고기, 양고기, 닭고기, 수지(tallow)
유제품 등	버터, 크림, 소금, 빵가루

[표3] 19세기 중엽 이후 새롭게(혹은 대량으로) 사용된 식재

공업 제품	레몬 에센스, 젤라틴, 그레이비 병소스, 버섯 케첩, 하비 소스, 레이즌비의 앤초비 소스, 리빅사의 육수즙, 고형 수프, 병조림 살구 잼, 소시지, 베이컨, 햄, 마가린
트롤어업 산품	대구, 가자미, 넙치(halibut)

동인도 산품	장립종 쌀, 카레 가루
표기가 바뀐 식재	후추('pepper' / 블랙, 화이트의 구별 저하), 모든 종류의 생선

    그러나 트롤 어업으로 잡힌 대구, 광어와 대량 생산된 감자로 만든 피쉬 앤 칩스, 마찬가지로 대량 생산된 재료를 사용한 베이컨 앤 에그는 19세기 후반 이후 하층 계급의 영양 상태를 개선하는 데 기여했다. 산업화한 영국이 열량이라는 면에서는 풍부해진 것이다.

    한편 조리 방법도 단조로워졌다. 예컨대 조리의 기본인 가열이 19세기 후반까지 소금물에 데치기, 오븐 가열, 기름으로 굽기/튀기기(근대 영어에서는 '기름으로 굽다, 볶다, 튀기다'는 fry라는 한 단어로 표현함)라는 세 단계로 줄어들었고, 이전에 있었던 찜, 직화구이, 훈제 등 다양한 방법이 사라졌다. 그리고 야채를 생식으로 먹는 샐러드도 19세기 전반에는 사라졌고 그 후에 양배추, 콜리플라워, 당근, 감자, 순무 등의 뿌리 채소류를 소금물에 데쳐 크림 계열의 드레싱으로 버무린 '데친 샐러드'가 등장했다. 조리 방법 다양성의 저하는 요리의 맛을 내는 데에도 영향을 미쳤고, 조리 단계에서는 최소한의 소금과 후추만 쓰이게 되었다. 물론 그 상태에서는 맛이 없으니 식탁에서 음식을 먹는 사람이 소금, 후추, 그레이비 소스(육즙을 사용한 소스로, 19세기 후반 이후에는 병 소스의 보존 조미료로 판매되고 있음), 식초, 케첩으로 직접 맛을 조절하는 등, 요리사가 책임을 포기했다고도 할 수 있는 현상이 만연했다.

    위와 같이 19세기 전반에 영국 음식은 세 지표의 측면에서 다양성을 잃었다. 이를 여기서는 '식문화의 쇠퇴'라고 표현하겠다. 이는 경제적 빈곤화와는 별개의 현상이다. 식문화가 쇠퇴하기 이전, 잉글랜드에는 중세 이래 실로 풍부한 식 전통이 있었다. 특히 18세기의 영국 요리는 다채로웠고, 중세 이래 전통을 이어받으며 재래와 외래의 다양한 재료와 갖가지 조리 방법을 구사하는 수준에 이르렀다.

[표4]가 그런 예이다. 강꼬치고기^{pike}의 갤런틴 소스를 곁들인 요리는 15세기 중엽의 레시피로, 육지에서도 여름철에 쉽게 잡을 수 있는 대형 담수어인 강꼬치고기를 주식재료로 사용한다. 담수어는 당시 사람들에게 중요한 동물 단백질을 함유하고 있고, 동시에 축제의 식탁에 변화를 주는 중요한 재료였다. 현재 영국에서는 송어 이외에는 잘 사용하지 않으나, 강꼬치고기는 유럽 대륙에서 많이 쓰이고 있다. 그 아래의 샐러드도 15세기의 레시피로 드레싱은 단순하게 식물성 기름, 식초, 소금만 사용하였으나 우선 기름으로 버무린 다음 먹기 직전에 식초와 소금을 뿌리는 등 생야채의 식감과 풍미를 돋보이게 하는 방법으로 만들고 있다.

[표4] 19세기 초까지 사라진 영국 요리

요리명 식재	갤런틴 소스를 곁들인 강꼬치고기 강꼬치고기, 맥아초, 피클용 향신료, 말린 월계수 잎, 호밀빵 가루, 화이트와인, 화이트와인 비니거, 계피, 블랙 페퍼, 양파, 해바라기유
요리명 식재	샐러드 파, 파슬리, 리크, 세이지, 작은 양파, 보리지, 양파, 민트, 펜넬, 크레송, 마늘, 퍼슬린, 로즈메리

요리명 식재	스카치 콜러프 얇게 썬 양고기, 버터, 레드 와인, 식초, 양파, 넛맥, 레몬, 앤초비, 호스래디시, 굴(있는 경우), 마늘
요리명 식재	항아리 사슴 구이 사슴의 어깨살(지방이 있는 것), 버터, 밀가루, 소금, 블랙 페퍼, 메이스 분말, 정향 가루, 으깬 넛맥, 앤초비 조각

스카치 콜러프(17세기 말)는 얇게 썬 양고기를 삶아 볶은 요리다. 얇게 썬 고기를 버터로 살짝 볶은 후 마늘과 그 외 재료를 넣어 몇 분간 가열한다. 마늘을 잘게 부숴 따뜻하게 데운 그릇에 얹는다. 얇게 썬 양고기만 준비해두면 몇 분 안에 만들 수 있는 요리지만, 정성과 섬세한 불 조절이 필요하다. 중화요리처럼 순간적으로 가열하는 기예 같은 조리법도 나중에는 영국에서 볼 수 없는 기법이다. 레드 와인과 식초 소스는 알프스 이북에서 육류(특히 내장) 요리에 주로 사용하는 기본 재료다.

사슴 고기의 항아리 구이는 18세기 중엽의 레시피로, 야생 동물 요리 중 가장 호화로운 식재인 사슴 고기의 저장 요리다. 야생 동물game을 사용한 요리는 이제 영국에서는 거의 찾아볼 수 없게 되었다. 버터와 파이 껍질로 덮어씌운 항아리에 넣고 저온 오븐에서 3~4시간 가열하여, 사슴의 풍미를 유지하면서 부드럽게 조리한다. 가열 후에는 사슴의 비린내가 남지 않도록 항아리에서 고기를 꺼내 따로 저장한다. 그리고 식초에 절인 야채를 함께 곁들여 제공한다. 주인은 사슴 고기를 손에 넣을 수 있는 사냥터 또는 재력을 가지고 있다는 사실에 자부심을 느낀다. 18세기의 사슴 고기 요리로는 레드 와인과 식초와 함께 끓인 스튜도 있다.

이들은 알프스 이북 지역(지중해 연안의 식물성 기름 식문화권과 대조적으로 동물성 기름 식문화권에 속함)의 요리와 닮았으며, 쇠퇴하기 이전의 영국 요리가 유럽과 연속된 식문화 안에 있었음을 나타낸다. 그렇다면 유럽에는 현재까지도 다양하고 개성적인 식문화가 존재하는데, 유독 영국이 식문화를 잃게 된 까닭은 무엇일까?

왜 '맛'이 없어졌지?

음식을 수요 쪽과 공급 쪽으로 나누어 고찰해보자. 누구든 무언가를 먹는 것은 당연하니까 수요 쪽에는 모든 사람이 포함되겠지만, 여기서는 일상의 간소한 식사와 구분해 그 지역과 시대의 개성을 대표하는 음식, 즉 축제 및 모임, 레스토랑 등에서 제공되는 정찬正餐(dinner)에 국한해서 생각해보겠다. 이러한 호화로운 음식의 주된 수요자였던 영국의 부유층은 17세기 중엽의 혁명과 내란 시기를 제외하면 거의 쇠퇴를 겪지 않았다. 귀족과 대지주 같은 지역의 전통적 부유층도 존속했지만, 나아가 18세기 이후 경제 성장의 결과로 도시에도 상업적인 부유층, 19세기 이후에는 산업적인 부유층이 존재하게 되었다. 몰락하지 않은 부유층은 음식에 대한 지출을 아끼지 않았다. 엄청 많은 요리책의 출판, 화려한 주방과 조리 기구의 설치, 외국인 쉐프의 초빙, 유명한 레스토랑의 번창, 그리고 음식에 관한 미디어의 기사나 프로그램 등, 음식에 관한 관심은 근세부터 현재까지 변함없이 높다.

그렇다면 정찬을 제공(공급)한 것은 누구일까? 귀족과 거상의 식사는 당연히 그들이 직접 만들지 않았다. 궁전, 저택, 레스토랑, 사교 모임에서 부유층을 위해 요리한 사람은 어김없이 하층 또는 중간 계급의 사람들이었다. 그런데 부유한 집안 출신도 아닌 그들이 어떻게 풍부하고 호화스러운 식문화를 만들어낼 수 있었을까? 쇠퇴 이전과 쇠퇴 이후, 그리고 유럽 대륙과 비교했을 때 나타나는 차이는 역서 속에 축제가 있느냐의 여부, 그 축제를 유지해온 '마을'과 '연회'가 존속했느냐의 여부다.

영국도 다른 선진 사회와 마찬가지로 농업 혁명을 겪었다. 농업 혁명은 산업혁명보다 먼저(혹은 동시에) 농업 생산성을 높인 변혁이다. 영국에서는 어떤 변화가 있었을까? 1) 클로버 재배와 유축 윤작 등 농사 방법의 변화, 2) 둘째로 차지借地 대규모 농장 경영 및 대토지 소유자-자본가적 농장 경영자-농업 노동자의 세 계급으로 구성되는 삼분할제三分割制 등 농업 경영 형태의 변화, 3) 마지막으로 '토지 둘러싸기 운동'인 의회 인클로저 및 공유지commons의 사유화 등 토지 제도의 변화다. 농업 혁명이 일어나지 않으면 증가하는 상공업 인구를 부양할 수 없었기에 산업혁명에는 반드시 농업 혁명이 수반되어야 한다. 그러나 그 양상은 국가에 따라 다르게 나타난다. 여기서는 18세기 후반~19세기 전반의 농업 혁명이 영국 농촌에 미친 완만하지만 불가역적인 변화가 문제다.

의회 인클로저 이전의 영국 농촌에서는 농민이 공유지에 들어가 과일, 야생 동물, 생선, 버섯 등을 채집할 수 있는 입회권을 가지고 있었다. 공유지는 [표1]에 보이는 다채로운 현지 식재료의 보고寶庫였지만, 인클로저에 의해 공유지가 사유화되면서 입회권이 사라졌고(무단으로 출입하게 되면 불법 침입, 그곳에서 무언가를 채집하면 절도에 해당), 하층 농민들에겐 현지 식재료를 사용하기가 대폭 어려워지게 되었다. 게다가 인클로저에 의해 중소 규모 자영농이 쇠퇴했고 그들의 토지는 대지주에게 집약되었다. 그 토지를 빌려 대규모 농장으로 경영하는 농업 자본가가 나타났고 농번기에 농업 노동자를 고용했다가 농한기에는 해고했다. 이렇게 한 해 동안 생활의 터전이었던 농촌은 사라지고 소농의 채소밭이나 정원의 밭(이 역시 현지 식재료의 보고)은 황폐해졌다. 자신의 채소밭에서 정성스레 재배한 것이라면 모를까. 어디서 누가 재배했는지도 모르고 가축이나 가금의 분뇨가 묻어있을지도 모르는 생야채를 어떻게 생식하겠는가? 샐러드가 사라진 것은 '농촌'의 소멸로 인한 단적인 결과였다.

변화는 식재료에서 그치지 않았다. 일찍이 마을에서는 농사력과 교회력의 절기에 다양한 제례와 결혼식 같은 축연을 열어왔다. 이러한 축제는 가난한 사람들이 평소 접하기 힘든 진귀하고 비싼 식재를 사용해 그 땅의 개성과 계절성을 살린 요리를 만들어 먹고 마시며 노래하고 춤추는 중요한 자리였다. 영주, 지주, 유력자들의 행동 또한 그 축제 자리를 호화롭게 만들었다. 호화로운 음식의 수요자가 부유층에게만 한정되지 않았다는 얘기다.

그러나 농업 혁명으로 자본주의적 농장 경영이 도입되자, 농촌과 축제가 사라졌다. 하층 계급이 풍부한 음식과 음악, 무도를 경험하여 그 능력을 함양할 기회도 잃고 만 것이다. 식문화는 학교나 교과서를 통해서는 전수되기 어렵다. 어릴 때부터 제례가 있을 때마다 어른들과 함께 풍부한 음식을 만들어 먹는 현장을 몇 번이고 경험하면서 비로소 식문화가 함양된다.

그로 인해 산업화 과정에서 농촌과 축제를 파괴한 영국은 지금까지 쌓아온 식문화를 유지할 수 없게 되었고, 맛 내기와 조리의 기준도 후퇴하며 요리사가 책임을 포기하는 일이 만연해진 것이다.

타국의 농업 혁명에서는 영국만큼 철저하게 농촌과 축제를 파괴하지 않았기 때문에 민중의 음식과 음악 능력이 유지될 수 있었다.

쇠퇴 후의 영국 요리

토지의 개성과 계절성을 살린 풍부한 식문화가 쇠퇴한 후에도 정치가나 사업가들은 호화로운 음식을 원했기 때문에 남성들만의 회식에서 '프랑스풍'의 정찬이 성행하게 되었다. 도시에서는 중간 계급의 여성들을 중심으로 차^{tea}가 고도로 발전했다. 일본에서도 각종 찻잎과 찻그릇, 샌드위치, 스콘, 타르트 등의 간식을 놓고 고상한 대화를 나누는 다회茶會가 유행이다. 샌드위치 사이에 들어가는 얇게 썬 오이는 과거 생야채 샐러드(식문화가 풍부했던 시대)의 기억을 희미하게 떠올리게 한다.

1950년대 이후 바캉스를 누릴 수 있게 된 영국의 노동자들은 스페인, 포르투갈, 그리스 등의 저렴한 휴양지로 떠나 현지 요리를 접하게 되었다. 그 후 1세대를 거쳐 자녀들 세대에서는 새로운 음식을 지향하는 움직임이 나타난다. 그것이 소위 'Modern British'다. 자신들의 식문화를 추구하는 시도라고 볼 수는 있으나, 이 '새로운 영국 요리'는 지중해 연안의 어딘가에 있을 것만 같은 요리를 모방하는 단계에서 벗어나지는 못했다. 음식의 능력은 기르기 어려운 만큼, 진정으로 개성 있는 식문화의 탄생도 쉽지 않아 보인다.

오노즈카 도모지

1957년 가나가와현 출생. 경제학 박사.

도쿄대학 대학원 경제학 연구과 제2종 박사 과정 수료.

전공은 영국 경제사 등. 저서로는 《경제사 현재를 알고, 미래를 살아가기 위해》,

《서양 경제사학》(바바 사토시와 공편저),

《크래프트적 규제의 기원 19세기 영국 기계 산업》 등이 있다.

02
산업혁명,
그리고 산업자본주의

보호무역 덕분에 가능했던 산업혁명

나카노 타케시
평론가

18세기 후반의 영국, 왜 산업혁명이 일어난 것일까?
고등학교 교과서에서 우리가 들은 설명은 이렇다.

근대 초기의 영국에서는 예전부터 내려온 길드 제도에 얽매이지
않는 도매상제와 공장제 수공업이 발달해 대량의 자본이 축적되
어 있었다. 한편 대지주의 효율적인 대규모 농장 운영을 위해 인
클로저가 시행되면서 많은 농민이 토지를 잃었고 잠재 노동력은
풍부했다. 17세기 이후로 자연과학과 기술도 상당히 진보했다. 석

탄과 철 같은 자원도 풍부했다. 이 모든 조건이 합쳐져 18세기 후반의 영국에 산업혁명을 불러왔다.

이 교과서적인 설명은 사실 '생산에 필요한 요소는 자본, 노동, 기술'이라는 주류파(신고전파) 경제학의 성장 이론에 입각한 것이다.

물론 역사가 이론과 전혀 관계없는 것은 아니다. 예를 들어 역사가가 산업혁명을 설명하기 위해서는 경제 발전의 인과 관계를 설명하는 이론을 바탕으로 무수한 과거의 사실 속에서 산업혁명의 원인으로서 중요하다고 생각되는 현상만을 추려내야 한다.

위의 교과서적인 설명은 주류파 경제학의 이론을 근거로 당시 영국의 자본, 노동, 기술을 산업혁명의 원인으로 선택한 것이다.

그러나 반대로 주류파 경제학이 설명할 수 없는 현상은 산업혁명과 관계가 없는 현상으로 치부돼버리고 만다.

'소유권'이 요인?

최근 주류파 경제학에서는 소유권 같은 제도와 규범의 안정성을 확보하는 것이 경제 성장에 긴요하다는 이론이 유행하고 있다. 이러한 유행은 역사 해석에도 반영되기 마련이다.

예를 들어, 시장 경제에서 제도의 역할을 규명한 공로로 노벨 경제학상을 받은 더글러스 노스Douglass C. North는 이렇게 주장한다. "산업혁명에서 결정적으로 중요한 요인은 1688년 명예혁명으로 인해 소유권의 안전성이 확보되었다는 점이다."

　17세기 전반의 영국에서는 스튜어트 왕가가 재정 적자를 메우기 위해 마음대로 독점 판매 권리와 재산을 몰수해, 소유권의 안전이 확보되지 않았다. 국왕의 자의적인 재정 특권 행사에 대해 의회 세력은 저항했고, 국왕과의 사이에서 정치 항쟁이 발발했다. 이 항쟁은 결국 명예혁명에 의해 의회 세력의 승리로 끝났다. 그 결과 의회의 주권, 재정 문제에 대한 의회의 조정, 사법의 독립 등 제도가 확립되었고 소유권의 안전성도 증대되었다. 소유권의 안전은 자본 비용의 저하를 불러왔고, 산업혁명이 가능한 경제 성장의 환경이 갖추어졌다. 그 중 특히 중요한 것은 자본 시장의 급속한 발전, 이른바 '금융 혁명'이었다. 여기까지가 노스의 저서《제도 · 제도 변화 · 경제 성과》에 나와 있는 해석이다.

　이 해석의 배경에는 "시장 제도를 정비하고 국가의 자의적인 개입을 배제하면 경제적 번영이 실현된다."는 경제적 자유주의 이데올로기가 깔려 있다. 영국의 산업혁명은 경제적 자유주의의 이점을 역사적으로 증명하는 것이라는 얘기다.

　그러나 최근, 많은 경제사 연구가 노스의 설을 부정하고 있다.

　예컨대 그레거리 클락Gregory Clark은 이렇게 주장한다. "영국의 자본 비용은 명예혁명 이후 저하되지 않았다. 물론 소유권의 안전성은 산업혁명의 필요조건이다. 하지만 잉글랜드나 웨일스에서 그런 안정적인 소유권 제도는 기실 명예혁명보다 빨랐고, 산업혁명보다 2백 년 이상 전부터 존재하고 있었다. 따라서 좀 더 직접적인 산업혁명의 원인은 소유권 외의 요소에서 찾아야 한다."

'재정-군사 국가' 영국

패트릭 오브라이언Patrick O'Brien은 근대 초기의 영국을 둘러싼 지정학적, 군사적인 상황을 중시했다. 17세기~19세기 초반의 유럽은 대국끼리 패권 전쟁이 벌어지면서 지정학적으로 불안정한 상황이었다. 제1차 영국-네덜란드 전쟁(1652~54), 스페인 계승 전쟁(1701~14), 오스트리아 계승 전쟁(1740~48), 7년 전쟁(1756~63), 미국 독립 전쟁(1775~83), 프랑스 혁명 전쟁(1792~1802), 나폴레옹 전쟁(1805~15) 등의 다툼이 이어진 것이다.

거듭되는 전쟁을 수행하기 위해 유럽 각국은 세금이나 부채 혹은 신용을 이용해 군사비를 조달해야 했다. 당시 유럽 각국을 지배했던 왕후 귀족 혹은 부유층은 지방의 유력자에게 징수를 위탁하는 징세 청부라는 분권적인 방식으로 재원을 확보했다. 하지만 이런 징세 시스템으로는 효율적인 군사비 조달이 쉽지 않았다.

예를 들어, 프랑스에서는 귀족 등 여러 세력의 저항으로 군사비를 조달하기 위한 증세가 어려웠으므로, 관직의 매각이나 징세 청부 같은 취약한 재원에 기댄 차입에 의존할 수밖에 없었고, 디폴트가 자주 발생했다. 이 때문에 프랑스 정부의 신용도는 낮았고, 자금 조달 비용은 눈에 띄게 증가했다. 당시 프랑스는 절대 왕정이었으므로 튼튼한 권력을 쥐고 있었다고 생각하기 쉽지만, 실제로 재정 권력은 상당히 제한되어 있었다.

이런 가운데 영국은 17세기 후반부터 타국에 앞서 효율적으로 군사비를 조달할 수 있는 근대적인 재정 기구를 만들었다. 오브라이언은 1662년부터 1688년까지 일어난 영국 국의 내란과 혁명 때문에 이것이 가능했다고 말한다.

즉, 청교도 혁명에 의한 왕정의 단절과 그에 따른 내란의 트라우마로 인해, 영국의 지배 계급에서는 더욱 강력하고 중앙집권적인 국가를 통해 정치적인 안정을 유지하고 해외의 상업 권익을 확보해야 한다는 정치적 합의가 형성되었다.

그리고 혁명 후에 부활한 왕정(스튜어트 왕가)은 기존의 분권적인 징세 청부를 폐지하고, 보다 전문적-효율적으로 징세할 수 있는 근대 관료 제도의 원형이 되는 행정 기구를 만들었다. 구체제의 봉건 귀족, 교회, 길드의 특권이 청교도 혁명으로 인한 공화정과의 내란으로 약해진 것도 근대적인 국가 기구의 형성에 기여했다.

그렇게 영국은 근대적인 징세 제도를 보다 빨리 확립하여 세수 기반을 확보함으로써 다른 유럽 각국보다 공채도 수월하게 발행할 수 있게 되었다. 그 결과, 영국은 더 큰 군사비를 부담할 수 있게 되었고, 프랑스 등과의 전쟁에서 우위에 서 패권국으로서의 지반을 쌓은 것이다.

일찍이 산업혁명을 실현한 영국은 존 브루어[John Brewer]가 '재정-군사 국가[fiscal-military state]'라고 부른 것처럼 효과적인 재정 기구를 갖춘 막강한 군사 국가였다. 최근의 역사 연구는 1688년부터 1815년에 걸쳐 영국 정부의 지출이 군사비를 중심으로 비약적으로 확대되었다고 추계하고 있다.

또 당시 영국의 세 부담은 절대 왕정인 프랑스나 스페인보다도 무거웠다는 의견을 제시하는 역사가도 많다. 경제 자유주의자들의 믿음과는 달리, 당시 영국의 경제적 성공은 작은 정부와 낮은 세 부담 덕택이 아니었다는 것이다.

대프랑스 전쟁과 중앙은행

보다 구체적으로 재정-군사 국가가 산업혁명을 연출한 경로는 아래와 같았다.

1) 먼저 영국에서는 금융 혁명이 먼저 일어나 산업혁명을 준비했는데, 요지 시로가 저서 《신용 화폐와 국가》에서 지적한 것처럼, 군사비 조달을 위한 국채의 대량 발행-유통이 이런 금융 혁명을 도왔다. 특히 금융 혁명의 결정적으로 중요한 요인은 1694년 잉글랜드 은행의 창설이지만, 그 직접적인 계기가 된 것이 1689~97년의 대프랑스 전쟁이다.

즉, 잉글랜드 은행은 거액의 군사비를 조달해야 하는 정부에 120만 파운드를 8%의 금리로 대출하는 대신, 자본금 범위 내에서 은행권을 발행하는 조직으로 설립된 것이다. 잉글랜드 은행은 그 압도적인 규모로 인해 특별한 존재가 되었고, 1697년 법률에 따라 은행권 발권 업무의 독점을 강화했다. 나아가 잉글랜드 은행권과 동행의 예금은 세금 납부에 사용할 수 있게 되면서 국가의 화폐와 동등한 지위를 인정받게 되었다.

일반 은행도 점차 잉글랜드 은행권을 사용하면서 동행에 예금 계좌를 개설하게 되었고, 잉글랜드 은행은 '은행의 은행', 즉 중앙은행의 지위를 얻게 된다. 이렇게 잉글랜드 은행을 정점으로 신용 화폐(은행권 및 은행 예금)에 의한 전국적인 지급-결제 시스템이 구축되었다.

18세기 유럽에서 이렇게 발달한 신용 제도를 가진 나라는 영국뿐이었다. 이 전국적인 지급-결제 시스템에 의해 공업 지역은 자본이 풍부한 농업 지역으로부터 풍족한 자금을 조달할 수 있게 되었다. 특히 산업혁명의 초기 단계에서는 고정자본보다 유동자본이 중요했기 때문에 은행 신용의 역할은 더욱 컸다.

2) 둘째, 잇따른 전쟁으로 인해 팽창되는 군사 수요가 공업화의 촉매제였다. 예컨대 군에 따라 획일화된 군복의 조달은 섬유 산업에 수요를 창출했다. 제철과 석탄은 그보다 더 중요했다. 영국은 군사 전략적으로 중요한 제철업에 대해 특별한 인-허가를 내주어 이를 진흥시켰다. 그결과, 군비 및 건조建造에 소비되는 선철은 1700년에 1·3~1·4만 톤이었던 것이 1806년까지 25만 톤으로 늘어났다. 그리고 이 제철 수요의 증대는 에너지원이 기존의 나무나 목탄에서 석탄으로 전환하는 것을 촉진했다. 석탄의 이용은 산업혁명에서 핵심적인 역할을 하고 있다. 만약 군수로 인한 제철 수요의 극적인 확대가 없었다면 석탄의 이용은 더욱 늦어졌을 것이다.

3) 마지막으로 영국은 그 재정 기구 아래 가능했던 강대한 해군력을 통해 해외 시장과 식민지를 획득하였고, 그곳에서도 자금을 조달할 수 있게 되었다.

보호무역 하의 '혁명'

단, 영국이 무역을 통해 경제적인 성공을 거두었다고 해서 그들이 자유무역 정책을 채용했다는 의미는 아니다. 아니, 오히려 그 반대다.

영국의 산업혁명이라고 하면, 수력 방적기(1769년), 역직기(1785년), 증기기관(1769년) 등 방적-직조-동력 분야의 기계 발명을 통해 목면 공업 등이 발전되면서 세계 시장을 석권한 것으로 알려져 있다.

그 자체가 틀린 말은 아니다. 하지만 영국은 이들 신기술이 발명되기 전인 1750년까지만 해도 섬유 제품 생산에서 인도를 제외한 다른 국가들을 이미 압도하고 있었다. 게다가 이런 성과는 산업 정책과 보호무역에 의한 것이었다.

1721년 로버트 월폴 수상은 획기적인 관세법의 개혁을 시행했고, 그 이후 제조업을 진흥시키는 정책을 잇달아 내놓는다.

- 제조업의 원료에 대한 수입 관세 인하 또는 철폐
- 수출 산업용 수입 원료에 대한 관세의 환급금 증대
- 대부분의 제조업에 대한 수출 과세 폐지
- 공업 제품에 대한 수입 관세 대폭 인상
- 견직물과 화약에 대한 수출 보조금 새로이 도입
- 범포帆布 및 정제 설탕에 대한 수출 보조금 증액
- 공업 제품, 특히 섬유 제품에 대한 품질 관리 규제 도입

이와 같은 산업 보호-진흥 정책의 뒤에 나타나는 18세기 후반 산업 혁명에 의해 영국의 제조업은 다른 나라들과 격차를 크게 벌렸다. 하지만 이런 다양한 조치에도 불구하고 영국은 보호무역과 산업 정책을 지속했다. 가령 공업 제품에 대한 수입 관세는 1820년대까지 45~55%로, 어느 국가보다도 높은 수준이었다. 또 아일랜드의 양모 제품이나 인도의 친츠chintz 같이 국내 산업을 위협할 만한 제품은 식민지로부터의 수입을 아예 금지했다.

　　영국 제조업의 우위는 1815년까지 확립되었고, 이후 국내에서 무역 자유화에 대한 요구가 높아져 갔다. 1846년의 곡물법 폐지는 자유무역 정책으로의 전환을 상징하는 사건이다. 그러나 영국이 자유무역 정책으로 본격 선회한 것은 1850년대에 들어서부터였다.

　　장하준이 《사다리 걷어차기》에서 기술한 것처럼, 영국은 그렇게 기술적인 주도권을 확립하고 난 후에야 자유무역 정책으로 전환했고, 그전까지는 국내 산업을 보호했다. 그러니까 산업혁명은 보호주의의 아래에서 실현되었다는 얘기다. 영국과는 대조적으로 같은 무렵 자유무역 정책을 취했던 네덜란드의 목면 산업은 세계 시장에서 점유율을 잃었다.

　　이처럼 영국의 산업혁명은 소유권 제도 아래 시장 경제에 의해 자생적으로 일어난 것이 아니었다. 이는 지정학적인 분쟁과 내란 속에서 탄생한 재정-군사 국가가 금융 혁명을 유발하여 자본 시장을 발달시켰고, 강력한 군사력으로 해외 시장을 확보함과 동시에 보호무역과 산업정책을 통해 국내 산업을 육성한 결과였다.

경제 자유주의의 통설과는 반대로 중앙집권 국가에 의한 강력한 경제 개입이 산업자본주의를 낳은 것이다.

산업혁명의 폐해

이 산업혁명에 의해 성립된 산업자본주의는 오늘날까지도 이어지는 다양한 폐해를 불러왔다. 노동자는 열악한 환경에서 가혹한 노동을 견뎌야만 했다. 생산의 기계화는 공급 과잉을 만성화시켰고 디플레이션에 의한 실업과 빈곤 같은 경제적 병리 현상을 초래했다. 공급 과잉을 해소하기 위해, 혹은 공업에 필수적인 천연자원을 확보하기 위해, 각국은 군사력을 증강하여 해외 시장 및 식민지 획득 경쟁에 나서면서 제국주의적인 분쟁을 심화시켰고 이는 제1차 세계대전의 경제적인 요인이 되었다.

산업혁명을 준비한 금융 혁명은 자본주의를 불안하게 만들었고, 1720년의 남해포말사건South Sea Bubble을 발단으로 주기적인 금융 위기가 야기되면서 결국에는 세계 공황이 발발하여 제2차 세계대전이 터지고 말았다. 이러한 산업자본주의의 모순에서 사회주의와 공산주의 같은 이데올로기가 태어났고, 이는 훗날 동서 냉전을 초래했다. 이는 핵전쟁으로 인한 인류 멸망까지도 일으킬 수 있는 위험한 사태였다. 더욱이 산업자본주의는 자연환경을 꾸준히 파괴해왔고, 지금은 지구 환경 전체를 위협하고 있다.

19세기 이후 수면 위로 떠 올라 심각해진 이러한 문제들을 극복하려고 한 것은 국가였다. 각국이 노동 규제나 사회 정책을 통해서 노동자를 보호하게 된 것이다.

20세기에는 국가가 재정 금융 정책을 통해 실업과 빈곤의 문제를 해소하려는 케인즈주의 방식의 경제 운영이 도입되었고, 복지 국가도 등장했다. 중앙은행은 금융 위기 때 유동성을 공급하는 '최종 대출자'로서 기능을 수행하게 되면서, 공황을 저지할 수 있게 되었다. 환경 규제는 점차 강화되고 있으며 환경 문제를 해소하기 위한 기술 개발 또한 국가의 주도 아래 진행되고 있다. 이들의 정책들은 아직 불완전하다고는 하나, 각종 문제를 해결할 수 있는 가장 유력한 주체가 여전히 국가라는 점은 부정할 수 없다.

산업혁명을 낳고, 산업자본주의를 불러온 것은 강력한 국가였으나, 그 폐해에 대처할 수 있는 것 또한 국가의 힘이다.

나카노 타케시
1971년 출생. 도쿄 대학 교양학부 졸업.
전 교토 대학 대학원 준교수.
《부국강병 지정 경제학 서설》,
《국력은 무엇인가: 경제 내셔널리즘의 이론과 정책》 등 저서 다수.

03
대청제국 vs 대영제국

두 차례 아편전쟁

히라노 사토시
도쿄대학 대학원 교수

아편전쟁에 이르는 영국 측의 상황을 바라볼 때, 뭐니 뭐니 해도 무시할 수 없는 것은 산업혁명과 자유무역의 진전이다.

영국 동인도 회사는 17세기 이후 인도에서 대량의 면직물을 조달하여 서아프리카로 수출했고, 다시 그곳에서 조달한 노예를 북미와 서인도 제도에 팔아 설탕과 커피 등의 기호품을 구매하는 '대서양 삼각 무역'을 전개하고 있었다. 또 인도의 지배권을 둘러싸고 프랑스와 벵골 토후 연합군에 맞서게 되었던 1757년 '플라시Plassey 전투'에서 승리함으로써 영국은 인도의 지배를 확고히 하는 데 성공했다. 한편 18세기 후반에 들어와 부의 원천인 면직물을 효율적으로 국산화하려는 시도는 산업혁명을 통해 그 결실을 얻는다.

그렇게 영국의 생활 수준이 높아지자 기호품인 차에 대한 수요가 증가했다. 18세기 후반, 북아메리카 식민지의 독립운동에 직면한 영국은 차에 중세를 부과하여 군사비를 조달하려고 했다. 그러나 여론은 그저 강력히 반발하는 데 그치지 않고, 차에 대한 동인도 회사의 독점 무역 자체를 거세게 비판했다. (그 최선봉에 섰던 것이 애덤 스미스와 자유주의자들이었다.) 그 결과 동인도 회사는 차츰 상업 활동에서 손을 뗐고 인도 정청으로 조직을 개편해갔다.

그리고 청나라와의 차 무역은 점차 영세한 지방 무역업자Country Trader가 이끌게 되었다. 그들의 활동은 영국이 페낭과 싱가포르를 영유하는 등, 동남아시아에서 거점을 확보함과 동시에 거침없이 확대되면서 남양 화교의 상업 활동과도 밀접한 관계를 갖게 되었다.

그러나 영국이 청나라에서 차를 조달할 때 그들이 팔고 싶어 했던 면직물은 결제 수단이 되지 못했다. 예나 지금이나 중국이 섬유 산업의 본고장임을 생각하면 당연한 노릇이었다. 어쩔 수 없이 영국은 청나라에 계속해서 은을 넘겼으나, 이는 가속화되고 있는 산업혁명의 기반이될 자금의 유출을 의미했으며, 동인도 회사를 비판하는 중요한 논점이되기도 했다. 이때 은을 대체할 결제 수단으로서 인도산 아편이 선정되었고 1820년경 약 100만 파운드였던 아편 수출액이 1835년경에는 400만 파운드 수준으로 급증하면서 이제 거꾸로 청나라에서 은이 유출되는 상황이 벌어졌다.

흔들리는 청과 연해 주민의 관계

상황이 이러할 때, 청나라는 어떠한 사회 및 경제 질서로써 어떻게 대처를 하였을까?

청은 기마민족인 만주족이 건국한 국가다. 정치적으로는 내륙 아시아에 중점을 두는 한편, 바다로 연결되는 대외 관계에서는 명나라를 답습하여 조공 관계를 전개하고 있었다. 그들 생각으로는 황제가 '천하(전세계)'를 거느리고 만물을 다스려야 했지만, 현실의 세계는 다양한 국가로 나뉘어 있었다. 여기서 그들은 이렇게 생각했다. "황제의 부름에 응해 조공한 나라의 리더를 국왕으로 봉하여 막대한 경제적 이익을 가져올 수 있다면, 황제의 위신을 유지하면서 은혜가 널리 미쳐 천하가 안정되지 않겠는가?"

조공 관계를 안정시키려면 상대국의 왕에게 이익을 확실히 보장하고 황제의 은덕을 통감시키는 것이 필수였다. 따라서 대외 무역에서는 민간인의 자유로운 활동을 최대한 배제하고 엄격하게 관리해야 했다. 하지만 명나라가 지나치게 엄격했기에 갈 곳 없는 연해沿海 상인들은 일본인 중심의 무장 상업 집단(왜구)에 들어갔고, 이는 명이 피폐해지는 한 요인이 된다.

한편 청은 표면상으로는 조공 관계를 중시하는 한편, 몇몇 항구를 지정해 민간의 대외 활동을 관리하면서 다이너미즘을 인정했다. 그리고 동남아시아 쪽에서 내항하는 외국 선박은 조공 무역으로 취급-관리했고, 아행牙行이라 불렸던 중매업자 중 유력한 자를 지정해 대외 무역액의 보장 및 관세 징수 등을 책임지게 하는 대신 공행公行이란 이름으로 무역상의 특권을 인정했다. 그리고 1757년 이후, 서양 선박은 모두 광저우(월해관)에 입항하게 했다. 이 관리 무역의 체제를 광둥 시스템이라 부른다.

그러나 이는 결코 치밀한 제도가 아니었다. 특권 업자인 공행은 번번이 청의 관료로부터 황제에게 봉납할 진귀한 물품 등의 무리한 요구를 받을 뿐 아니라, 관세를 피하려는 영세 무역상과 일반 백성들의 밀무역이 횡행하면서 충분한 이익과 관세 수입을 얻지 못하고, 점차 경영이 어려워지며 영세업자로 쪼개졌다. 그 결과, 서양과 청나라의 무역은 영세업자가 주도하는 자유무역에 가까워졌고, 청은 관세 수입의 감소와 관리의 완화라는 문제를 만나게 되었다. 그럼에도 파견 관료는 뇌물에 휘둘려 관세 포탈을 묵인하는 등, 19세기 중반 무역 질서의 혼란과 관료들의 부패는 극에 달했다.

이런 상황에서 아편 유입의 폭증, 중독 환자의 급증, 은 유출에 의한 심각한 무역 적자가 거듭되었고, 청은 단호하게 질서를 회복시켜야 할 상황에 놓인다. 이윽고 청나라는 아편을 금지하여 사회 전체의 긴장감을 극적으로 높이고 말단 관리를 회복시키자는 개혁파 관료 린쩌쉬林則徐의 주장을 결국 수용했다.

요컨대 청나라가 바라본 아편 문제는 물론 아편 그 자체의 문제이기도 했으나, 더 나아가 '관료의 관리'라는 명분과 무질서한 현실과의 괴리를 어떻게 해결할 것인가 하는 문제이기도 했다. 이는 '위에 정책이 있으면 아래에는 대책이 있다'는 말로 표현되는 '자유로운' 현대 중국 사회

와 이를 어떻게 해서든 관리-통제하려고 하는 중국 공산당과의 관계와
도 닮았다. 이와 같은 19세기 영·청 관계와 해역의 동향에 대해서는 우
에다 마코토의 《바다와 제국》이나 무라카미 에이의 《바다의 근대 중국》
같은 저서에 자세히 나와 있다.

애로호 전쟁과 근대 국제 관계

그러나 영국 측은 이미 청이 다시 강화하려 한 관리 무역을 받아들
일 생각이 없었다. 그렇지 않아도 영국이 대등한 자유무역을 위해 파견
한 매카트니 사절단(1793)과 애머스트 사절단(1816)을 청이 거절한 데
다 또 아편 무역을 금지한다면, 아편, 차, 면직물 등 삼각 무역의 붕괴와
영국 경제에 대한 큰 타격을 의미했기 때문이었다.

이 같은 양보 없는 대립 끝에 린쩌쉬는 광둥에서 아편을 소각했고,
이에 영국은 1840년 전쟁을 선포했다. 그 결과로 근대 무기가 고전적 화
기에 압승을 거두었고, 1842년 난징 조약에 의해 연안부 5개 항을 서양
선박에 정식 개방하고(조약항), 특권 상인인 공행을 폐지하며, 홍콩섬이
할양되었다. 또 청은 영국을 비롯한 서양 각국에 영사 재판권을 인정하
고 조약항의 외국인 거류지를 외국이 자주 관리-운영하는 조계租界를 설
치하도록 허락하는 한편, 1854년에는 관세율을 영국인이 결정하는 '외
국인 총세무사總稅務司' 제도를 만들었다.

위의 내용에 대해 근대 국가 주권의 입장에서 '제국주의 열강의 압
박'이라고 부르기 쉽지만, 그렇다고 청이 이때 근대적 가치관을 받아들

인 건 아니다. 난징 조약 후에도 청은 영국을 포함한 서양과의 관계가 여전히 대등하지 않다고 보아, 계속해서 '이무夷務(서양 오랑캐 관련 업무)'라고 불렀다. 그럼, 영사 재판권과 외국인 거류지인 조계의 운영권은 어땠을까? 청은 모든 인간의 '교화'는 황제의 은덕이 얼마나 깃들어 있는가에 따라 차이가 있다고 생각했다. 따라서 그 수준이 떨어지는 '오랑캐'들은 청의 법 규범이 아니라 오랑캐 고유의 법 규범으로 관리하는 게 당연했다.

관세 수입의 관리를 외국인에게 맡긴 것도 어디까지나 자유무역의 영속을 바라는 영국과 무역-관세 질서를 회복하려는 청의 이해가 맞아떨어졌기 때문이었다. 덕분에 쌍방이 납득할 만한 관세율이 결정되었기 때문에, 과거 무질서한 환경에서 뇌물로 지방관을 매수해왔던 영국 상인들은 오히려 불만을 품을 정도였다.

이렇게 영국과 청나라는 정복하고 지배하는 관계가 아닌, 요구하고 관여하는 수법으로 관계를 수립했다. 확실히 아편전쟁 그 자체는 부도덕한 상품의 매매를 쟁점으로 하고 있으며, 나 역시 그런 의미에서는 분명 영국 측에 도의적 문제가 있다고 생각한다. 그러나 영국이 이 시기에 서서히 드러낸 '자유무역 제국주의'는 관여한 토지 전체를 식민지화하려던 게 아니라, 청과 일본과 시암(태국의 옛 이름) 등 강대한 국력과 높은 교섭력을 갖는 국가들은 (다소 전쟁과 협박이 뒤따르더라도) 영국과 서양의 방식이 정치-경제적인 관계를 유지 확대하는 데 유리하다는 점을 인식시키는데 주력한 것이었다. 실제로 일본과 시암은 그 과정에서 우여곡절을 겪으면서도 점차 근대 국가로서 발돋움하는 데 성공했다.

그렇다면 청나라와 근-현대 중국은 어땠을까? 결론부터 말하자면 정도의 차이는 있지만, 청과 근대 중국도 일본이나 시암과 마찬가지였다. 그런데 서양에 대한 근대 일본과 근대 중국의 의식에 왜 상당한 차이가 있을까? '문명의 자존심'을 지킨다는 면에서 중국이 내면으로 입은 상처가 커서 여정에 시련이 많았기 때문이다. 특히 영국은 청에 대해 조약항에서의 자유무역을 인정하도록 만들었을 뿐 아니라, 모든 독립 주권 국가가 표면상으로는 국제법 아래 평등하다는 베스트팔렌 조약(1648)의 정신을 어떻게든 청나라가 수용하도록 했고, 국제관계를 황제 중심으로 보려는 관점을 불식시키고자 했다.

이 점은 1842년 난징 조약에도 반영되었지만, 그래도 청은 '이무'를 계속한다는 입장이었다. 영국은 때마침 1856년에 영국 국적선 애로호의 취급을 둘러싸고 발생한 애로호 전쟁Arrow War 혹은 제2차 아편전쟁으로 강행 돌파를 꾀했다. 당시 청나라는 '태평천국의 난'으로 국력이 현저히 떨어져 있었고 영국과 프랑스 양국에 맞서 어찌할 도리가 없었음에도, '중국이 천하의 주인'이라는 주전론을 고집하면서 영국이 강화 조건으로 내세운 '주권 국가의 평등'을 거부했다.

그 결과, 베이징은 총공격에 직면했고 건륭제가 선교사에게 만들게 한 서양식 정원 '원명원'의 대부분이 쑥대밭이 돼버렸다. 이는 지금까지의 '중국 문명이 서양을 거느린다'라는 입장이 허용되지 않게 된 것을 암시한다.

그리고 1860년에 맺어진 베이징 조약에 "청나라(중국)와 서양은 완전히 대등"하다는 내용이 들어가면서 황제가 '천하의 주인'으로 오랑캐를 다스린다는 세계관은 무너지기 시작한다.

청일전쟁, 그리고 '저항의 근대'

엎친 데 덮치듯 이러한 정세에 또 한 번 타격을 가한 나라가 있다. 바다 건너 이미 근대 국가 주권과 국제법의 논리를 수용한 일본이었다. 일본은 조공 국가가 실질적으로 독자적인 내정과 외교를 하고 있다면 국제법상의 독립국과 다를 바 없다고 하여, 조선과 청의 조공 관계를 부정했다. 이런 청일 대립이 심해진 결과가 바로 1894~1895년의 청일전쟁이다.

시모노세키 조약을 마지막으로 청(혹은 중국) 문명의 계승자가 '천하의 주인'이라는 입장은 부정되었다. 그뿐만 아니라 청China의 거대함을 인정하고 있던 각 열강은 지금이 기회라는 듯 청을 세력권 분할의 제물로 삼았다. 물론 청을 식민지 지배한 것은 아니지만, 설정한 세력권에 다른 열강이 관여하지 못하도록 하여 실질적인 이권을 챙겼다.

그리고 젊은 한인漢人 엘리트들의 대부분은 19세기 말 일세를 풍미한 사회진화론(생물학상의 우승열패優勝劣敗와 약육강식이 인류 사회에서도 일어난다는 이론)을 접하고, 중국 문명은 패하고 도태될 운명에 맞닥뜨렸음을 직감했다. 그런 운명의 주요인으로는 외래의 만주족 황제와 유학 중심의 정체된 사회가 꼽혔고, 청나라 말 이후에는 중국 내셔널리즘이 폭발했다.

앞서 말한 것처럼 아편 전쟁 자체는 영·청 쌍방의 무역 구조와 사회적 문제가 복합된 것으로, 그 결말인 난징 조약과 그 부대 조약이 영국의 주도 아래 있었다 하더라도 영·청 쌍방의 관점에서 이는 통상 환경의 정비라는 측면이 강했다. 따라서 엄밀히 말하면 아편 전쟁 때문에 중국 문명이 불행의 수렁에 빠지게 된 것은 아니라는 얘기다.

그러나 이후 20년 뒤에 베이징 조약, 그리고 약 반세기 후에 시모노세키 조약을 수락하게 되면서 중국 문명이 사양의 길로 접어들었다는 것은 부정할 수 없는 사실이다. 그렇게 된 이유를 거꾸로 짚어 올라가면서 '역사의 획기적인 사건인 아편 전쟁'이라는 인식이 생겨나고, 확대-재생산된 것이다.

티베트와 홍콩을 둘러싸고

이같이 거대한 전환의 계기를 불러온 '제국주의의 압박'이었음에도 불구하고, 왜 중국은 영국을 일본만큼 규탄하지 않는 걸까? 내가 보기엔 이렇다. 근-현대 중국의 국가 건설과 영역 주권을 둘러싼 영국의 존재는 그 나름 '플러스'로 작용하고 있기 때문이 아닐까? 예를 들어, 청이 근대적인 사고에 조금씩 적응할 수 있는 계기를 만든 것은 조계의 서양식 학교에서 교육을 받은 사람들, 즉 소위 '조약항條約港 지식인'이었다. 그리고 태평천국의 완전 진압으로 평화로운 통상 환경이 회복된 이후, 상하이 등 조약항에서의 관세 수입이 급증했고 청은 이를 자본으로 삼아 군사 근대화에 착수했다. 그리고 청일전쟁까지 실질적 최고 권력자였던 리훙장을 위시하여 1870년대 이후의 정책 결정자들은 청의 주변 환경을 크게 어지럽히는 일본, 프랑스, 러시아와는 달리 무역과 근대화라는 점에서 청나라에 기여하는 영국을 '태서상주泰西商主의 나라'라고 부르며 긍정적인 존재로서 받아들이기 시작했다.

그리고 영국도 청나라 및 근-현대 중국을 통상의 상대로 중시했기 때문에 때로 압박과 자기주장을 하더라도 관계의 파탄을 피할 수 있었다.

이는 티베트 문제 및 홍콩 문제같이 오늘날 종종 분출되는 민감한 문제의 원인이기도 하다.

영국은 1870년대 이후 인도로부터 티베트를 경유하는 대청 무역의 루트를 개척하고자 했을 때, '티베트에 대한 베이징의 막대한 영향력'을 간파하고 우선 베이징을 먼저 찾았다. 그러나 19세기 후반의 티베트는 불교도가 아닌 영국인이 무력을 과시하며 북상하는 정세를 불쾌히 여겼고, 영국인을 수용하라고 요구하는 베이징의 방침에 맹렬히 반발했다. 이 현저한 차이는 근-현대 티베트 문제의 원류가 되었다.

그러나 20세기에 들어서 일본의 부국강병에 자극받은 청이 탈脫불교를 강요하자 티베트에서는 독립 의지가 고조되었고, 1911년 신해혁명으로 청이 붕괴하자 태도를 바꾸어 영국령 인도에 의지했다. 하지만 영국은 대중국 이권을 유지한다는 입장으로 티베트 독립을 인정하지 않았고, 티베트를 '중국 종주권 하의 자치지방'으로 정의하여 중국의 위신을 세우면서 실질적으로 티베트를 세력권 아래에 두었다.

장제스의 국민당 정부가 1930년에 전국의 군벌을 지배한 후 대일본 저항을 위한 대후방으로서 티베트를 완전히 종속시키려 했으나, 항일 전쟁을 원조한 영국은 영국에 의존하던 장제스의 약점을 이용해 이를 거절했다. 이것이 장제스와 중국 내셔널리즘의 일본에 대한 분노와 영국에 대한 복잡한 감정을 굳건하게 만들었다.

하지만 적어도 영국은 홍콩·주룽 반도의 식민지 지배를 제외하면 주권과 관련된 민감한 문제에 대해서 중국 내셔널리즘의 입장을 완전히 해치지 않았다. 그리고 근-현대 중국은 자신들이 티베트에 미치는 영향력을 영국이 인정한다는 점을 증거로, 티베트에 대한 주권 행사를 정당화하고 있다. 실은, 영국은 근-현대 중국의 영역 주권을 뒷받침하는 은밀한 역할을 했던 것이다.

홍콩도 마찬가지다. 마오쩌둥의 혁명 외교에 입각하면 홍콩을 중화인민공화국 성립과 동시에 즉각 회수해야 마땅했지만, 영국은 홍콩의 유지를 염두에 두고 1950년 서방 국가 중에서는 재빨리 중화인민공화국을 승인했다. 이후 신계 지역의 조차 기한(1997년) 갱신 문제를 계기로 덩샤오핑이 어떻게든 홍콩을 회수하려는 강한 의지를 다지고 있음을 고려해, 영국은 홍콩을 중국에 반환하고 계속해서 상업상의 이익을 유지하려 하고 있다.

영-중 관계의 리얼리즘

이처럼 영청·영중 관계에는 간단히 흑백으로 딱 잘라 구분할 수 없는 이익과 생각의 교착이 있다. 영국의 아시아 인프라 투자은행(AIIB) 참가도 이 연장선 위에 있는 것 같다.

이에 대해서 일본 경제계 등에서는 우려의 목소리가 나오고 있는

데, 그 배경에는 이런 의문이 있을 것이다. "역사적으로도 자유로운 정치-경제 시스템을 이끄는 영국이 어찌하여 불투명한 중국과 손을 잡는 것일까?"

그러나 지금까지 본 것처럼 영-중 관계를 '자유 민주 vs 권위 독재', '제국 vs 저항', '서양 vs 동양' 식의 이항 대립 이데올로기로 받아들이는 것 자체가, 역사에 대한 우리 사고의 한켠에 모종의 편견이 있음을 뜻할지도 모른다.

결국 영국은 지난날과 마찬가지로 지속적인 요구를 통해 이익을 얻는 대중국 관여를 계속할 것이다. 이는 일-중 관계의 복잡함과는 다르다. 갑작스러운 변화에 동요하지 않도록 먼저 우리 자신이 대외적인 리얼리즘을 다시 한번 더 자각해야 할 것이다.

그래야만 비로소 국제 정세의 모든 풍운을 견딜 수 있는 21세기의 우리나라로 태어날 수 있을 것이다. 다양한 국제 정세에 대해서도 '다른 나라들이 참가하니까 우리도' 참가한다는 파도에 휩쓸리는 태도가 아니라, 어디까지나 우리 나름대로 세계사와 현실에 대한 현실적인 판단을 축적하여 관여의 정도를 정하면 되는 것이다.

히라노 사토시
1970년 출생.
도쿄 대학 대학원 법학 정치학 연구과 박사 과정 수료.
저서로는 《반일 중국의 문명사》,
《청 제국과 티베트 문제; 다민족 통합의 성립과 와해》 등이 있다.

4

인도 대륙의
글로벌화 대응책

'폐쇄'와 '개방' 사이의 선택

와키무라 코헤이
오사카시립대학 대학원 교수

인도 경제는 최근 몇 년간 실로 호조를 보인다. 2015년과 2016년 실질 GDP 성장률은 7~8%를 유지하고 있으며 다른 BRICS의 국가들의 실적을 상회하고 있다. 인도는 1990년 초 경제 자유화 정책을 개시한 이래, 약 4반세기 동안 지속적인 고도성장을 이뤄왔다.

그렇다면, 그 이전의 인도 경제는 어떤 상황이었을까? 1947년 독립 이래 인도는 무역에 있어 보호주의, 외자 제한, 민간 기업의 규제 같은 내향적이고 통제적인 경제 운영을 계속해왔다. 내가 인도에 장기 체재했던 1980년대 후반, 변화의 조짐은 있었지만, '빈곤'과 '정체'라는 전반적인 인상은 여전히 지울 수 없었다.

그랬던 인도에 1990년대 초, 대체 무슨 일이 일어났던 것일까? 단적으로 말하면 '폐쇄 체계'에서 '개방 체계'로의 변화가 일어난 것이라고 할 수 있다. 이는 단순히 경제 자유화를 둘러싼 법률과 제도의 전환에 그치는 것이 아니라, 더욱 넓은 정치, 문화, 사회의 차원에 미치는 국민들의 멘탈리티(정신)의 변화를 의미하는 것이었다.

인도의 역사를 초장기적으로 훑어보면 이 '개방 체계'라는 단어가 인도의 역사를 말하는 데 적절한 표현임을 알 수 있다. 그 의미에서 1990년대 이후의 인도는 본래의 모습으로 돌아갔다고도 말할 수가 있다.

다소 개략적인 설명이 되겠으나, 이른바 일필휘지一筆揮之의 수법으로 인도사를 개관해보도록 하겠다.

인더스 문명과 갠지스 문명

고대의 4대 문명 중 하나인 인더스 문명이 그 후 인도의 역사로 어떻게 이어졌는가에 대해서는 밝혀지지 않은 점들이 많다. 그러나 적어도 '다양성 속에서의 통일성' 혹은 '통일성 속에서의 다양성'이라는 인도사의 특징과 패턴은 기존 인더스 문명의 '도시' 원리 속에서도 확인된다.

고나스가와 아유무가 《인더스 문명의 사회 구조와 도시의 원리》에서도 기술했던 것처럼, 인더스 문명은 왕이나 하나의 또렷한 중심을 만들어 국가를 형성하는 중앙집권적인 길을 선택하지 않았다고 전해진다. 즉, 지역의 특성을 살리면서 중앙집권을 과도하게 발휘하지 않는 인더스 문명의 '도시' 원리는 국가의 기능과 그 하위에 있는 사회 기능이 양립하는 모습이었다. 이후 인도 역사에 일관되게 나타나는 특징, 패턴이 앞서 나타난 것이라 하겠다.

기원전 2,600년경에 나타난 인더스 문명은 기원전 1,900년경에 홀연히 사라지고 말았다. 그 후 약 천 년이라는 간격을 두고 갠지스 강 중류 지역에 '갠지스^{Ganges} 문명' 혹은 원래 힌디어 이름으로는 '강가^{Ganga} 문명'이 성립되었다. 이 갠지스 문명은 이후 역사를 두루 규정하는 힌두교와 카스트 제도의 원형을 만들고, 더 나아가 불교를 탄생시켰다는 의미에서도 중요하다.

갠지스 문명이 형성될 수 있었던 첫 번째 조건은 기원전 1,500년경 중앙아시아에서 인도 북부로 이주해 온 유목민 '아리아인'의 존재였다. 단, 이 아리아인의 침입이 갠지스 문명의 극적인 형성을 불러왔다고 이해하는 것은 적절치 않다. 그보다는 문다계의 여러 언어를 사용한 기존 토착 민족들과 융합하면서 점진적으로 진행된 과정이라고 이해하는 것이 바람직하다.

둘째로는, 인도 아대륙亞大陸(Subcontinent) 북부의 자연-지리적인 조건이다. 인더스 문명은 이집트 문명 및 메소포타미아 문명과 마찬가지로 '아프로·유라시아 내륙 건조 지대'에 위치했고, 게다가 인더스라는 대형 강하 유역이었다는 특징을 지니고 있다. 한편, 그 동쪽에 위치한 갠지스 강의 중심 지역은 '몬순·아시아'에 속해 인도양에서 오는 몬순의 영향을 받는 습윤 지역에 있었다.

이 아프로·유라시아 내륙 건조 지대와 몬순·아시아의 접촉면에서 갠지스 문명이 성립되었다는 점이 중요하다. 이 지역에서 건조 지역의 유목민족과 습윤 지역의 농민이 만나, 그 안에서 하나의 문명이 탄생되었다는 것은 주목할 만한 가치가 있다. 다나베 아키오, 스기하라 카오루, 와키무라 코헤이 등이 엮어낸《현대 인도 1; 다양성 사회의 도전》에서도 언급된 것처럼, 이 만남에서는 필연적인 '대립'이나 일방적인 '침투'가 아닌, '융합'과 '혼합'이 발생했다고 생각하는 것이 타당하다.

더욱이 강조하고 싶은 것은 갠지스 문명이 대략 기원전 6세기경에 인류사상 최초로 '열대 속의 인구 조밀 사회'를 만들었다는 점이다. 여름철의 고온-몬순과 큰 강의 풍부한 물이 벼농사를 가능하게 했고, 이례적으로 많은 인구를 수용할 수 있는 각 도시를 존재할 수 있게 한 것이다.

이러한 도시 국가들 속에서 아소카왕의 마우리아 제국(기원전 317~기원전 180) 같은 존재가 나타났다. 중국 북부의 황하 유역에 비견할 만한 인구 조밀 문명을 기원전에 구축한 사실이 인도 역사에서 견고한 초석이 된 것이다. 하지만 이후 약 12세기까지 굽타 왕조(320~550년경)를 제외하면 광역을 아우르는 국가는 탄생하지 않았고 비교적 소국이 분립하는 상황이 지속됐다.

'이슬람'이라는 글로벌화

인도사의 원형을 만든 갠지스 문명은 중앙아시아에서 이주한 아리아인과 선주민이 융합-혼합되는 과정에서 형성되었는데, 이 패턴은 그 후의 인도사에서도 반복된다. 북서쪽에서 진출해온 그리스인, 스키타이

인, 파르티아족, 훈족이 다양한 문화적 영향을 끼친 것이다.

　7세기에 시작되는 이슬람의 침투도 마찬가지다. 단, 이슬람 세력이 인도에서 본격적으로 정권을 수립하는 것은 13세기 초의 '델리 술탄 왕조' 이후다. 델리 술탄 왕조는 노예 왕조, 할지 왕조, 투글루크 왕조, 사이이드 왕조, 로디 왕조라는 다섯 정권을 말하는데, 이들은 모두 중앙아시아에서 넘어온 터키, 아프간, 페르시아계의 사람들이 이끌었다. 이들은 이미 이슬람화된 자들이었기 때문에 결과적으로 인도에 이슬람이 들어오게 된 것이다.

　이들 정권은 소위 '정복 왕조'였으나 현지 주민의 압도적인 다수가 힌두교 신자였기에, 이슬람의 침투는 위압적인 지배보다는 실용적인 형태로 이루어졌다. 즉, 이슬람 신앙과 힌두교의 신앙은 배타적으로 대립하기보다 양립하고 병존했다.

　이 시대의 인도 아대륙, 특히 북부는 육상 교역의 루트를 통해 중앙아시아와 밀접하게 연결되어 있고, 인도 아대륙 남부의 동서 연안은 인도양 해역 세계와 연결되어 있었다. 그렇게 바다를 통해 들어오는 이슬람의 영향도 적지 않았다. 한마디로 이슬람은 바로 이 시대의 '글로벌화'와 다름없었다. 이슬람을 통해 사람, 물건, 돈이 이동함과 동시에 법, 과학, 기술 등의 지식도 도입되었으니 말이다.

　이 시대의 '이슬람'이라는 글로벌화를 실현한 인물은 모로코 출신의 여행가 이븐 바투타이다. 그는 1330년대에 러시아 남부에서 중앙아시아를 경유해 이 지역을 찾았다. 인도에 8년간 체재했으나 이슬람 법학자로서의 능력을 평가받아 투글루크 왕조 궁정에 출사하게 되었다. 그의 여행을 기록한 《대여행기》는 바로 이 시대의 인도가 개방적이었음을 나타내는 하나의 증거였다.

무굴 제국의 '개방성'

16세기 전반에 시작되는 무굴 제국(1526~1858)은 과연 그 '개방성'의 절정에 있었다고 해도 과언이 아니다. 특히 17세기는 오스만 제국, 사파비 왕조 페르시아 모두 번영의 시기였기 때문에 너른 지역에 걸쳐 안정되어 있던 정치가 상호 교역을 가능케 하였고, 인도양의 교역은 점점 더 활발해져 갔다. 말할 것도 없이 그 주역은 인도계, 아랍계 등의 상인들이었다.

인도 아대륙은 '인도양 세계 경제'의 중심이었다. 게다가 유럽 상업 세력의 진입은 인도양 교역을 한층 더 발전시켰다. 16세기에는 포르투갈, 그리고 17세기와 18세기에는 네덜란드 동인도 회사 및 영국 동인도 회사의 상선이 두드러지게 활동했다. 특히 유럽 상선이 이 지역의 특산물인 면직물을 조달하기 위해서 은을 들여온 영향이 컸다. 16세기 이후에는 신대륙 라틴 아메리카의 은이 스페인을 통해 유럽으로 들어오면서 인도양 해역에는 더욱더 많은 은이 들어오게 되었다.

이렇게 유럽의 상업 세력을 통해 인도 아대륙은 글로벌화의 중심으로 자리매김하게 된 것이다.

이 시대는 육상 교역을 통해 중앙아시아와 이란의 유대가 깊어졌고, 물자뿐 아니라 사람의 이동도 활발했다. 많은 인도계 상인이 중앙아시아, 이란, 러시아 등으로 퍼져나가 거주하며 네트워크를 구축한 것이다. 덧붙여 무굴 제국의 경우도 궁정에 출사했던 귀족 관료 가운데 중앙 아시아 및 이란 출신이 많았다.

무굴 제국 시대 또한 이슬람의 시대였으나, 그렇다고 힌두교 신앙을 억압했던 것은 아니다. 실제로 무굴 제국의 지배층에는 힌두교를 포함한 비#무슬림이 많았다. 다양한 출신의 인재가 중용되었다는 얘기다. 이슬람, 힌두를 불문하고 다문화가 공존하면서 성숙한 문화가 창조된 시기였다고 할 수 있다.

영국에 가담한 '협력자'

영국에 의한 인도 지배의 교두보가 된 플라시 전투(1757)는 기묘한 전투였다. 자세히 다 기술할 수는 없지만, 수적으로 열세였던 클라이브의 영국군이 벵골 태수의 군대에 대승을 거둔 것은 태수군 중에 배신자가 있었기 때문이었다. 군사적인 배반뿐 아니라 벵골의 유력 상인들까지 영국 쪽에 가담했기에, 그 영향은 더욱 심각했다고 할 수 있다.

이 플라시 전투에서 상징적인 것은 영국 지배 초기에 종종 볼 수 있는 '협력자'의 모습이다. 그러니까 상인, 군인, 관료 등 영국의 지배에 협력한 사람들 말이다. 인구로 봤을 때 훨씬 소국이었던 영국이 대국인 인도를 어떻게 지배할 수 있었는가를 생각할 때 이 협력자의 존재가 의미하는 바는 크다.

인도 민족주의 관점에서는 배반자였지만, 오히려 그들에게 선견지

명이 있었다고 할 수도 있다. 혹은 이런 현상이 당시 '개방성'의 결과에 지나지 않는다고 할 수도 있다. 이 '개방성'의 관점에서는 일정한 선을 그어 인도의 안과 밖을 또렷이 구분하는 감각이 없었기 때문이다. 즉, 당시의 '협력자'들에겐 '영국이 곧 외부이며 적敵'이라는 사고가 극히 희박했다.

하지만 영국 지배기에 국민국가인 영국이 도입한 영역 지배의 논리에 의해 인도 세계의 개방성은 변질되어갔다. 이 단계에서 지배자인 영국인과 피지배자인 인도인으로 명확하게 구분되었고, 자연스레 개방성의 내실은 사라지고 말았다.

그러나 인도계 상인과 기업가의 경제 활동으로 시선을 돌리면, 영국 지배기 인도 세계의 개방성을 나타내는 에피소드는 풍부하다. 그들은 영국 상인-기업-자본의 대리인 혹은 협력자로서 영국인의 세력 하에 있으면서도 다양한 영역에서 활약했다.

예컨대 19세기 중반에 인도양 교역의 부흥이라고 불릴 만한 현상도 있었다. 봄베이에 거점을 둔 인도계 상인들이 페르시아만, 홍해, 동아프리카 연안 사이에서 상업 활동을 펼친 것이다. 그들은 영국 자본을 이용하는 것보다 이 지역 정치권력의 반 진공 상태에 편승해 니치를 찾아내 활약한 것이다. 이렇게 영국 지배기에 인도계 상인과 기업가의 네트워크는 인도양을 에워싼 동서 영국령 식민지로 전개됐다.

민족주의와 개방성의 상실

제1차 세계대전을 계기로 인도 경제는 조금씩 개방성을 잃어간다. 이 시기부터 제2차 세계대전 발발 전까지 식민지 정부는 면직물의 수입 관세율을 높여가는데, 이는 본래 재정적인 이유 때문이었다. 그런데 간디가 등장하면서 고조된 민족 운동은 인도계 상인과 기업가의 동향을 좌우했다. '국산품 사용'을 의미하는 스와데시Swadeshi라는 민족주의 슬로건은 보호주의 정책과 정확하게 일치했다.

게다가 1929년에 시작된 세계 대공황의 영향으로 1차 산품 등의 수출이 격감했고 인도 경제계엔 수출 비관론이 들끓었다. 이어 제2차 세계대전 중에는 경제 통제가 실시되었는데 이들 중 몇몇 요인이 남아 독립 후의 인도 경제 정책으로 이어졌다.

독립 후 네루 수상의 채택으로 시작된 '혼합 경제' 체제에서는 수출 비관론에 근거한 국내 시장 중심의 수입 대체 공업화 전략을 실천했다. 이렇게 1950년대 이후 인도는 세계 시장에서 물러나 '폐쇄 체제'로 이행한 것이다. 이는 곧 '개방 체제'로 주목받았던 영국 식민지 지배하의 인도에 대한 굉장히 부정적인 반응이었다. 약 200년에 이르는 식민지 지배는 인도에 확실히 트라우마라고 할 만한 경험이었기 때문에, 이런 반응에는 충분한 이유가 있다.

하지만 그 대가는 적지 않았다고 개인적으로 생각한다. 더 나아가 옛 영국령 식민지의 각 지역이 국민국가의 형성을 목표로 했던 이 시대에, 한때 인도양의 동서로 퍼져나갔던 인도계 상인과 기업가의 네트워크가 어쩔 수 없이 분단된 것도 유념할 만하다. 또 한 가지, 옛 영국령 인도가 독립한 1947년은 힌두와 이슬람의 대립 때문에 인도와 파키스탄이 분리 독립한 시점이기도 했음을 지적해야겠다.

1950년대 이후 폐쇄 체제로 이행한 인도 기업들은 국제 경쟁에서 보호받음과 동시에 국제 경쟁력도 잃었다. 그러던 인도는 1990년대 초에야 폐쇄에서 개방 체제로 복귀한 것이다. 어쨌거나 인도 역사를 초장기로 개관해보면, 글로벌화한 세계에 대응할 수 있는 문화적 '밈meme', 즉 유전자가 오래전부터 깊이 잠재되어 있음을 엿볼 수 있다.

와키무라 코헤이
1954년 효고현 출생.
오사카 시립대학 대학원 경제학 연구과 후기 박사 과정 수료.
저서 《기근, 역병, 식민지 통치: 개발 중인 영국령 인도》로
국제 개발 연구 오키타상 수상.

두 차례의
세계대전과 대공황

금융의 완화와 긴축 사이에서

다케모리 슌페이
게이오기주쿠 대학 교수

'과거'를 돌이켜봄으로써 '현재'의 의미를 알 수 있음은 역사 연구의 묘미다. 하지만 그 반대의 이론도 성립된다. '현재'를 바라보면 '과거' 사건의 의미가 명확해진다는 얘기다. 최근에 우리는 1930년대의 대공황과 유사한 체험을 했다. 바로 2008년의 리먼 쇼크로 시작된 세계 경제 위기다. 그 체험을 돌이켜보면, 대공황에 대해 분명치 못했던 점이나 견해를 알 수 있다. 흥미롭지 않은가.

어떤 경우라도 대출의 순환은 전 세계적으로 반복되고 있다. 대출 확대인 레버리지leverage의 국면, 대출 수축인 디레버리지deleverage의 국면이 되풀이되는 순환이다. 레버리지란 '지렛대(레버)'에서 파생된 말이다. 적은 힘으로 무거운 것을 들어 올릴 수 있는 '지렛대의 원리'를 금융에 적용한 용어다.

적은 자본을 거액의 투자로 전환하려면 차입이 필요해진다. 자본을 끌어들이기 쉬운 레버리지 국면에서 어떤 계기로 차입이 어려워지면, 과거의 부채를 상환해야 할 디레버리지 국면으로 전환된다. 이때 투자와 자산 가치는 모두 감소한다. 보유 자산을 투매해도 결국 누적된 채무를 변제하지 못하고 파산을 맞이하는 기업이 많이 생긴다. 비즈니스의 불안은 정점에 달하고 소비도 침체하며 상품 가격이 하락하는 디플레이션이 찾아온다.

최근의 세계 경제 위기를 보자. 미국의 주택 가격이 계속 상승했던 '레버리지 국면'이 2006년경까지 이어졌다가, 2008년에 리먼 쇼크가 발발하면서 금융 시장이 붕괴하고 '디레버리지 국면'으로 돌입한다. 이후 세계 각국의 중앙은행은 사상 초유의 금융 완화를 발동시켜 대출의 수축을 저지했다.

초超인플레이션으로 융자 적체

근래의 위기는 평상시에 일어난 경제 요인에 의한 것이었다. 이에 반해 대공황은 사상 유례가 없는 두 차례 세계대전의 사이에서 발생했다. 두 번의 세계대전과 대공황은 서로 관련되어 있다. 1차 대전이 대공황의 원인을 낳았고, 대공황으로 인한 주요국의 사회 혼란은 2차 대전을 불러왔다.

첫 번째 대전의 인과 관계는, 요컨대 제1차 세계대전의 전후 조치가 레버리지 효과(지렛대 효과)를 유발한 것이었다. 그 발단은 승리한 연합국 측이 패전국인 독일에게 부과한 거액의 배상금이었다. 영국 재무성에서 파리강화회의에 멤버로 참가한 케인즈는 이러한 배상금은 독일 경제의 자립을 불가능하게 함과 동시에 유럽 전체 질서의 재구축을 저해한다고 항의한 후 사퇴했다. 그리고 《평화의 경제적 귀결》이라는 책에 자신이 항의했던 이유를 정리했다. 이 책은 세계적인 베스트셀러가 되었고, 일약 케인즈의 명성을 높였다.

케인즈의 예언대로 오래지 않아 바이마르 정부는 배상금 지불 여력이 없었고, 중앙은행에 국채를 직접 인수하게 하여 배상금을 마련한다. 더 나아가 프랑스, 벨기에가 배상금을 실물로 요구하며 루르 공업 지역을 점령했고 이로 인해 정치-경제의 불안은 정점에 달했다. 그 결과, 인류 세계사에서 가장 유명한 하이퍼인플레이션이 발생했다. 이에 연합국도 방침을 바꾸어 배상금의 지급을 지연할 수 있는 계획을 세웠다. 그것이 1924년의 도즈안※(Dawes Plan), 1930년의 영안※(Young Plan)으로 이어지는 일련의 융자 방안이었다.

제1차 세계대전 후 런던 시장은 쇠퇴했고, 월 스트리트가 세계 금융의 중심에 섰다. 그 리더는 JP 모건이었다. 미국 은행가들이 중심이 되어 독일의 배상금을 미 은행이 미리 빌려주는 계획을 내놓았다. 미국 시장에서 증권을 발행해 일반 투자자들에게 매각하여 모인 자금을 독일에게 빌려주었다. 독일은 그 자금으로 배상금을 지급하면서 동시에 전후의 복구비도 마련할 수 있었다. 독일의 채무 상환 기한은 점차 연장되었고 영안에서는 최종 지급 기한을 1988년으로 하였다.

그렇게 위기가 수습되고 구제 드라마의 주역을 맡은 월스트리트는 자신이 붙게 된다. 지금까지 월스트리트는 내국 시장의 성격이 강했으나, 러일전쟁을 위한 융자, 1차 세계대전의 연합국을 위한 융자, 독일 구제를 위한 융자라는 일련의 경험을 거치면서 글로벌 비즈니스로 나아가는 지반을 굳혔다.

도즈안이 성공한 후, 미국 은행은 독일의 지방 정부와 민간 기업에 대한 융자에 열중한다. 가령 독일의 지방 도시가 고등학교의 교사 신축에 필요한 자금을 요청하면, 미 은행은 이와 함께 수영장이나 공회당도 지을 것을 제안했다. 독일의 융자가 포화점에 다다르면 다음은 중유럽이나 동유럽으로 눈을 돌렸다. 거기서 또 융자가 포화하면 이번에는 라틴 아메리카로 융자를 하는 등, 레버리지의 확대는 그칠 줄을 몰랐다.

채무국의 관점에서 사태를 바라보면, 미국에서 유입되는 자금의 확대로 경제는 활성화되지만 동시에 미국의 민간 대출에 지나치게 의존하는 취약한 경제 구조가 생겨났다. 독일의 경우, 1923년 하이퍼인플레이션으로 중류 계급의 저축이 소멸한 한편, 미 은행의 융자라는 즉효적인 수단에 의해 베를린 같은 대도시는 호황을 맞는다. 바이마르 시대의 독일 영화에서는 마를레네 디트리히의 이미지가 강렬했다. 요염하고 인공적이면서도 위태로워 보이는 그녀의 이미지는 마치 당시의 독일 경제를 반영하는 것처럼 보이기도 했다.

세계를 강타한 디레버리지

대공황을 말하면서 금융 정책을 논하지 않는 것은 햄릿이 없는 연극 《햄릿》을 보는 것과 같다. 동서고금을 막론하고 금융 정책의 완화가 레버리지 확대의 방아쇠가 되는 사례는 많이 찾아볼 수 있다. 최근의 세계 경제 위기에서는 2000년의 IT 버블 붕괴에 직면한 미국 연방준비제도 그린스펀 의장이 과도한 금융완화를 실행한 것이 위기의 원인인 주택 버블을 초래했다고 평가되고 있다.

대공황에서 금융 정책의 주역이었던 것은 1914년에 발족된 연방준비은행의 실제 리더 벤저민 스트롱Benjamin Strong 뉴욕연방준비은행 총재였다. 그에 대해서는 '1928년 스트롱의 죽음이 바로 대공황의 원인'이라고 했던 밀턴 프리드먼의 평가가 유명하다. 그가 살아 있었다면 대공황은 막을 수 있었을 것이라는 뜻이다.

이 평가는 기본적으로 맞다. 그러나 버블을 야기한 그린스펀 의장의 실패를 보고 있는 오늘날의 경제학자들은 프리드먼보다 엄격한 눈으로 스트롱을 평가한다. 1929년 미국 주가 대폭락의 직접 원인이었던 주가 버블은 스트롱에 의해 초래되었다고 보는 것이다. 그에 대한 비판은 곧이어 1925년에 영국이 금본위제로 복귀한 후 영국의 국제 수지를 돕기 위해 미국 금리를 인하했던 판단에 주목한다.

세계적인 통화 제도의 모델로서 금본위제가 확립된 것은 19세기의 마지막 25년. 금본위제하에서 각국 정부는 '자국 통화와 금의 교환'을 보증했다. 따라서 국가의 통화 신용이 불안하다면 누구라도 그 통화를 '금'

과 교환해 달라고 요구할 수 있었다. 그에 따라 정부는 통화의 신용이 유지되도록 경제 정책을 운용해야 했다. 중앙은행이 국채를 직접 인수하는 것은 그 신용을 해치는 가장 큰 행위였다. 그 행위로 인해 하이퍼인플레이션이 닥쳤고, 독일 정부는 곧바로 금본위제를 부활시켰다.

제1차 세계대전 중 참전국은 설령 통화의 신용을 해치더라도 전쟁을 수행할 수 있도록 재정-금융 정책을 운용해야 했고, 차례차례 금본위제를 폐지했다. 통화에 신용이 없다는 것을 이유로 투자자들이 국제 교역의 결제 수단인 귀중한 '금'을 갖고 떠나는 것은 곤란한 일이었다. 그렇게 통화의 신용을 희생하여 재정-금융 정책의 자유를 획득했다.

그렇다면 금본위제를 채택하여 통화의 신용을 확립하면 어떤 장점들이 있었을까? 무엇보다 금융 시장에서 신용을 얻고, 낮은 금리로 자금을 조달할 수 있었다. 최근에도 유사한 사례를 볼 수 있다. 유럽 공통 통화인 '유로' 가맹이 바로 그 예다. 가령 유로에 참가하기까지 방만한 재정을 지속했던 그리스의 국채에는 심하면 25% 이상의 금리가 붙었다. 그러나 유로 가맹 후에는 독일 국채와 별 차이가 나지 않는 수준으로 금리가 떨어졌다. 유로에 가맹함으로써 그리스는 재정-금융 정책의 자유를 잃는다. 하지만 시장은 그로 인해 방만한 재정에 제동이 걸릴 거라고 예측했고, 따라서 금리가 저하된 것이다. 얄팍했던 예측이었지만 말이다.

모건은행 출신으로 뼛속부터 은행원인 스트롱은 제1차 세계대전 후 세계 경제의 기능을 완전히 되찾으려면 금본위제의 부활이 필요하다고 믿었다. 전후 미국은 재빨리 금본위제로 복귀했다. 영국이 뒤이어 참가하자 제도 부활의 분위기는 더욱 고조되었다.

단, 한 가지 문제가 있었다. 전시의 높은 인플레이션으로 인해 영국의 물가 수준은 높은 상태였다. 영국은 전쟁 전과 같은 금 가격, 즉 전쟁 전과 똑같은 대미 환율로 금본위제에 복귀하려고 생각하고 있었다. 하지만 그렇게 되면 영국 제품은 국제 경쟁력을 잃고 수입 초과가 되어 영국에서 금이 유실되고 만다. 그런데 스트롱이 총재였던 NY 연방준비은행의 주도 아래 1925년 미국에서 금리 인하가 실시되었다. 상대적으로 높은 영국 금리와의 차익을 노린 자금이 미국에서 영국으로 흘러들어가게 만들기 위함이었다. 즉, 미국의 채무로 영국이 금 준비를 확충할 수 있도록 해준 것이다.

그러나 당시 미국 주식 시장은 유례없는 호황(붐)을 누리고 있던 때였다. 연방준비은행 내의 보수파는 스트롱의 행동을 외국을 지원하기 위해 주식 버블을 부추기는 행동이라고 거세게 비판했다. 그러던 중 1928년 스트롱이 오랜 지병인 결핵으로 사망하자, 보수파는 기다렸다는 듯 버블 억제를 목적으로 금리를 인상했다.

앞서 대공황은 세계 경제의 국면이 레버리지에서 디레버리지로 바뀌면서 일어났다고 설명했다. 그렇다, 미국이 강행한 금리 인상으로 세계 경제는 단숨에 디레버리지에 돌입했다.

일반적으로 대공황은 1929년 10월, 미국의 주가 대폭락으로 시작되었다고 생각되고 있다. 이때의 주가 폭락이 시장의 불안을 더욱 높이는 결과로 이어진 것은 확실하다. 하지만 그보다 중요한 것은 고금리에서 발단된 디레버리지라는 큰 파도가 세계 경제를 덮쳤다는 사실이다. 이를 반영해 1928년에는 이미 중·동유럽과 라틴 아메리카의 1차 산품 생산국의 경제가 악화하여 있었다.

미국의 주가는 1929년 10월 이후 연방준비은행이 금리를 내리면서 회복하는 경향을 보였다. 하지만 미국의 융자에 의존하는 1차 산품 생산국이 받은 피해는 유럽 경제에 강한 타격을 입히기 시작했다.

그리고 결정적 사건이 일어난다. 바로 1931년 5월, 오스트리아 최대 은행인 크레딧안슈탈트Kreditanstalt가 파산한 것이다. 2008년의 리먼 브라더스의 파산에 비견할 만한 사건이었다. 대공황의 시작 시점을 이 은행의 경영 파탄이라고 보는 것이 현대 경제학자들의 표준 견해이기도 하다.

다시 한번 말하거니와, 당시 유럽 경제에는 미국 자본에 의존하는 체질이 굳어져 있었다. 레버리지가 확대되고 융자가 늘어날 때 유럽 경제는 거짓 번영을 누렸다. 그러나 디레버리지로 전환되고 미국 은행이 융자를 회수하려 들자, 경제는 토대부터 무너져버렸다. 특히 취약했던 패전국 독일의 경제는 오스트리아에 이어 붕괴하고 말았다.

이때 투자자의 심리적 불안을 세계적인 경제 위기로 발전시킨 중요한 요인은 금본위제였다. 불안을 느끼는 투자자는 투자처인 국가가 금본위제를 채용하는 것만으로 이미 신용을 잃는다. 그 국가의 통화를 금으로 바꾸어 갖고 가려고 할 것이다. 융자를 받는 입장이 상환하는 입장으로 바뀌는 것만으로 그 국가의 경제에는 디플레이션 압력이 발생한다.

그러나 금이 국외로 유출되는 와중에도 금본위제를 유지하려면, 그 국가는 통화 유통량을 줄여 태환이 가능한 상태를 만들어야 한다. 이는 디플레이션이 진행되는 과정 속의 금융 긴축에 해당한다. 이로 인해 디플레이션은 점점 더 진행된다.

> 리먼 쇼크 후의 세계 경제 위기에서는, 디플레이션의 조짐
> 이 보이자마자 주요 중앙은행들이 미증유의 금융완화를 내세
> 워 실물 경제에 미치는 타격을 막았다. 그런데 대공황 당시에
> 는 이와 반대의 정책이 채용되었고, 바로 그 때문에 대공황에
> 의한 극심한 경제 침체가 장기간 계속되었던 것이다.

특출特出한 정치가 다카하시 고레키요

그러나 대공황의 한복판에서도 위기 속의 버냉키 FRB 의장처럼 현대적인 경제 처방전을 실행한 정치가가 있었다. 바로 일본의 다카하시 고레키요高橋是清다. 근래의 세계 경제 위기와 대공황을 비교한 《홀 오브 미러즈Hall of Mirrors》(2015)를 펴냈던 경제사가 배리 아이켄그린Barry Eichengreen도 다카하시에 대해서는 '특출하다'라는 평가를 하고 있다. 대공황에 직면한 당시 정치가의 행동에 성적을 매긴다면 다카하시만 'A'로, 그 외 정치가들은 'C~D'라고 할 정도의 평가다. 다카하시만이 공황의 본질을 신용 수축이라고 정확하게 간파했고, 이에 대한 대처로는 금본위제를 포기하는 것이 절대적으로 필요하다고 판단했기 때문이다.

금본위제를 폐지하면 금 유출에 맞춰 통화 유통량을 줄일 필요도 사라진다. 하지만 한 번 침체한 경제 상황 속에서 줄어드는 대출을 확대로 전환하는 것은 힘든 일이다. 여기서 정부는 재정적 경기부양책을 발

동한다. 그런데 이런 정책을 증세로 처리하면 다시 디플레이션 압력이 발생하므로, 일본 은행들에 국채를 인수시켜 부양책을 실행한다. 그렇게 하면 엔의 신용은 떨어질 수도 있다. 하지만 금의 태환은 멈추게 되니까 얼마 안 되는 금이 사라질 일은 없다. 달러로 환전하려는 자가 있으면 엔저円低가 진행된다. 경기에는 더더욱 플러스이다.

신용 수축에서 비롯되는 디플레이션에 직면했을 때 이보다 나은 정책을 생각하기란, 오늘날에도 어려운 노릇이다. 다카하시는 어떻게 이런 고도의 인식에 도달했을까? 다카하시는 1차 세계대전이 끝난 1918년경 대장성大蔵省 대신大臣의 자리에 있었다. 본격적으로 참전하고 있지 않았던 일본은 원한다면 미국에 이어 금본위제로 복귀할 수도 있었다. 그러나 다카하시는 반대했다. 일본이 1897년 금본위제를 채용한 후, 이를 통해 얻은 신용으로 영미 시장에서 러일전쟁을 위한 외채를 모집했던 핵심 인물도 다카하시였다. 그가 근원적으로 금본위제를 반대했던 것은 아니다. 이 시점에 금본위제에 반대했던 것은 틀림없이 정세 판단에 따른 결과였을 것이다.

융자 확대에 내건 이노우에 준노스케

1930년 일본이 금본위제를 다시 채용했을 때, 하마구치 내각에서 재무상을 역임했던 이노우에 준노스케井上準之助는 종종 다카하시와 대립되는 경제관을 가진 것으로 간주한다. 다카하시가 적극파라면 이노우에는 소극파다. 의도적으로 불황을 유도하는 정책을 실행했고 힘을 잃은 기업은 없애는 편이 경제의 효율화에 이롭다는 사상을 가지고 있었다. 사실 나도 옛날에는 그렇게 생각했었다. 하지만 지금은 다르다. 경제에 대해서 그토록 강경한 태도를 보이는 정치가는 많지 않을 것이다.

그리스의 유로 가맹을 떠올려보자. 유로 가맹을 인정받기 위해, 그리스 정부는 수년간에 걸쳐 긴축 정책을 실행했다. 그러나 이는 어디까지나 시장의 신용을 얻기 위한 것일 뿐, 일단 가맹하고 나서 국채 금리가 단숨에 내려가자 이번에는 빌리고, 빌리고, 또 계속 빌렸다. 펑펑 쏟아지는 세출로 인해 단기적으로 그리스는 유로 존에서 훌륭한 성장률을 자랑했다.

아마 이노우에의 생각도 그러했을 것이다. 1925년의 영국과 마찬가지로, 1930년 예전 금 가격으로 금본위제를 부활시킨 이노우에의 판단은 이시바시 단잔이나 다카하시 가메키치 같은 당시의 선구적 경제학자로부터 디플레이션을 초래했다는 비판을 받았다. 확실히 경제학적으로는 무모한 판단이었다. 하지만 이노우에가 노린 것은 경제학이 아니라, 시장이 받는 정책이었다. 즉, 금리가 내려가면 승리라는 생각이었다.

이노우에는 1920년, 일본을 방문한 벤저민 스트롱의 지지를 받았다. 스트롱은 세계적 금본위제를 부활하는 데에는 이노우에의 협력이 필수불가결하다고 할 만큼 그의 능력을 높이 평가했다. 무리해서라도 금본위제를 부활시킨다면, 월스트리트에서 일본으로 융자가 유입된다. 이노우에는 연방준비제도가 저금리 정책으로 영국을 도운 것처럼, 당시 스트롱이 일본을 지원하기 위해서라도 금융을 완화하리라는 일관된 생각을 하고 있었다. 1928년 스트롱의 사망 이후 연방준비은행이 고금리 정책으로 전환한 것은 큰 오산이었으나 1929년 주가 폭락 후 다시 저금리 정책을 펼친 것을 '천우신조'라고 이노우에는 굳게 믿었다. 하지만 이미 유럽 경제에는 치명적인 타격이 가해졌고, 1930년 시점에 시장의 심리는 레버리지에서 디레버리지로 바뀌었다. 이를 내다보지 못한 것이 그가 실패한 원인이었다.

아마 다카하시 고레키요는 알고 있었을 것이다. 지금의 레버리지는 얼마 안 가 디레버리지로 전환되리라 생각했을지 모른다. 어쨌든 그는 일본 경제가 월스트리트의 심리에 휘둘릴 수 있는 금본위제를 부활시키는 것은 썩 내키지 않았던 것이다.

다카하시가 내린 판단의 출발점은 1907년 미국의 금융 공황에서 겪은 쓰라린 경험이 아니었을까. 거액의 외채를 동원해 러일전쟁에서 승리했으나 배상금을 받지 못한 일본의 재정은 순식간에 궁지에 몰렸다. 국제적인 신용을 유지하기 위해서 금본위제의 지속은 절대 조건이었으나, 당시 국력으로는 수출로 이익을 낼 수가 없어서 하는 수 없이 금본위제를 유지하기 위해 국제 시장에서 계속 돈을 빌리는 '자전거 조업'을 계속해갔다. 그런데 1907년 미국 금융 위기로 차입 조건이 악화하고, 금리 부담이 상승하면서 일본의 재정은 파탄의 벼랑 끝에 서게 된다.

러일 전쟁 당시 외채 모집의 책임자이자 1907년 요코하마 쇼킨 은행의 총재였던 다카하시는 간담이 서늘했을 것이다. 결국 이노우에보다 15살 위인 다카하시의 앞선 경험으로 인해 두 사람의 판단에 차이가 생긴 것이다.

다케모리 슌페이

1956년 도쿄 출생.

게이오기주쿠 대학 대학원 경제학 연구과 수료.

로체스터 대학에서 경제학 박사호 취득.

《세계 디플레이션은 세 번 찾아온다(상하)》 등 저서 다수.

06

히틀러 / 스탈린 / 마오쩌둥;
독재의 비법

과거의 일이라고만 치부할 수 있을까?

후쿠다 카즈야
게이오기주쿠 대학 교수

부유한 유대계 실업가의 아들로 빈에서 태어난 슈테판 츠바이크는
《광기와 우연의 역사》 등 전기 문학으로 유명하다. 그는 자신의 유서가
된 자전적 작품 《어제의 세계》에서 잃어버린 19세기 유럽의 세계를 이렇
게 회상한다.

내가 자란 제1차 세계대전 이전의 시대를 적절히 표현할 수 있는
공식이 무엇일까? '안정의 황금시대'였다고 말하면 가장 정확할
것이다. 거의 천년에 이르는 우리의 오스트리아 군주국에서는 모

든 것이 지속해서 건설되었으며, 국가 자체가 이 지속력의 최대
보증인이었다.

19세기, 특히 그 후반을 유럽에서 살았던 사람들은 전쟁과 기근이
넘쳐났던 옛날을 폄하하며 당대가 '모든 세계 중에 최상의 세계'라고 믿
고 있었다. 그런 시대의 국가 지도자는 대표적인 오스트리아 군주국을
이끈 프란츠 요제프 1세처럼 훌륭한 가문 출신으로 타고난 지도자 기질
로 기대를 한 몸에 받은 사람들이었다.

그러나 20세기가 도래하고 오래지 않아 발발한 제1차 세계대전은
그 '황금'의 세계를 일변시켰다. 황제들은 죽임을 당하거나 추방당했고
러시아에서는 혁명 국가가 탄생했다. 세계의 패권은 영국에서 미국의
손으로 넘어갔지만, 새로운 질서가 생겨나기도 전에 대공황이 경제를
대혼란에 빠뜨렸다. 그리고 19세기에는 존재할 수 없었던 새로운 지도
자들이 차례차례 등장하기 시작한다.

히틀러는 언제 히틀러가 되었을까?

대단히 흥미로운 물음이 아닌가.

아돌프 히틀러는 1889년 4월 20일 독일과 오스트리아의 국경에 있
는 브라우나우라는 작은 마을에서 세관원의 아들로 태어났다. 그리고
18세였던 1907년에 화가가 되려는 뜻을 품고 빈으로 떠났다. 그러나 빈
미술 아카데미 입학에 실패하고 아버지의 유산과 자신의 그림을 판 돈

으로 생활을 이어나갔으나, 결국은 부랑자 수용소에 몸을 의탁하게 되고 말았다.

마침 빈의 당주였던 프란츠 요제프 1세가 왕궁의 창가에서 내려다보는 빈의 거리를, 히틀러는 사회의 밑바닥에서 올려다보게 된 것이다. 하층 사회에서 바라본 이 시선, 그리고 대중과의 밀접한 거리야말로 훗날 새로운 지도자로서 그의 강점이 된다.

제1차 세계대전 당시 바이에른 육군에 자원입대한 히틀러는 연락병으로 최전선을 누비며 두 번의 훈장을 받을 만큼 용맹을 떨쳤다. 종전 후 뮌헨의 부대로 돌아가서는 민족주의 사상을 인정받아 병사의 반공 및 애국을 교육하는 소임을 맡게 되었고, 처음에는 조사 목적으로 독일 노동자당에 접근했다. 그러나 첨예한 민족주의에 공명을 느끼고 전담 직원이 된 히틀러는 열렬한 연설 등으로 두각을 드러낸다. 노동자당은 1920년 '국가사회주의 독일 노동자당 Nationalsozialistische Deutsche Arbeiterpartei' 으로 이름을 바꾸고 그 약칭인 '나치스 Nazis'로 알려지게 된다. 히틀러가 제1의장의 자리에 오른 것은 1921년 7월이었다.

2년 후인 1923년 중앙 정부에서 정권을 탈취하려는 목적으로 뮌헨 폭동을 일으켰으나 실패로 끝나고, 나치스가 해산되면서 히틀러는 금고형에 처해진다.

이 실패가 훗날의 히틀러를 탄생시키는 계기가 되었다.

단번에 무력 혁명을 실현하는 것은 무리라고 판단한 히틀러는 석방된 후 당이 부흥하자 선거를 통해 합법적으로 권력을 탈취하는 쪽으로 방향을 바꿨다. 그리고 정규군에도 접근해 연대를 강화한다. 이를 위해당의 무력 조직이었던 돌격대의 숙청도 서슴지 않았다. 즉, 대중과 군을 포섭하는 것이 권력으로 가는 길이라고 판단한 것이다.

이 우회 방침이 히틀러에게 더더욱 큰 권력을 안겨주었다. 1932년 국회 선거에서 나치스는 제1당이 되며 1933년 1월 30일, 히틀러는 힌덴부르크 대통령으로부터 바이마르 공화국의 재상으로 임명받은 것이다.

지난해, 뮌헨을 찾았더니

중앙역과 가까운 쾨니히스 광장 주변에는 나치스에 관련된 건물이 모여 있었다.

그중 하나가 총통 관저였다. 건물은 그대로지만 지금은 음악연극대학으로 바뀌어 있었다. 총통 관저였다는 사실을 알려주는 표시를 찾아봤으나 보이지 않았다. 바로 가까이에는 건축 중인 '나치스 자료 센터'가 있었다. 이곳은 나치스의 당 본부가 있던 자리였는데 1945년에 파괴되어 60년 이상 빈터로 남아있다고 했다.

히틀러는 지금도 '악마'로 묘사된다. 제2차 세계대전 중 드러난 그의 행위가 철저히 인종주의로 무장된 악의 화신이었다는 사실은 틀림없다.

그러나 다른 한편, 히틀러가 독일의 지도자로서 할마르 샤흐트^{Hjalmar Schacht}에게 경제 정책을 위임해 성공을 거두고, 실업 대책, 공공사업, 국민의 오락과 건강 정책 등에서 뛰어난 수완을 발휘한 것 또한 사실이다.

그의 정책은 한 마디로 경제적 포퓰리즘의 눈부신 실현이었다. 아우토반 같은 대규모 공공사업을 시행하고, 국민차 폭스바겐을 탄생시켰으며, 교외에 풍부한 자연을 느낄 수 있는 공원 등을 만들어 레저 공간을 제공했다. 패전 후 하이퍼인플레이션에 허덕이고 있던 독일 국민에게 직업, 건강, 위안 그리고 강력한 독일의 부활이라는 희망까지 심어주었던 것이다.

제1차 세계대전으로 독일이 잃어버린 동방 지역에는 전쟁이 끝난 후에도 많은 독일계 주민들이 생활하고 있었다. 불안정한 상태에 놓인 그들의 처우를 포함한 실지 회복이 바로 전후 독일의 염원이었다. 히틀러가 내세운 '생존권'은 그러한 국민의 염원을 반영한 것이라고 할 수 있다.

골수까지 당 관료였던 스탈린과는 달리, 히틀러는 국가 시스템을 정교하게 움직이는 테크노크라트의 일에는 능하지 않았던 것으로 보인다. 하지만 그만큼 밑바닥에 가까웠던 생활 체험을 통해 패전으로 고통받는 대중이 무엇을 원하는지를 정확히 내다볼 수 있는 시선을 가지고 있었다. 그리고 그 대중이야말로 보통 선거의 총력전을 벌이는 20세기에서 가장 큰 정치적 힘의 근원이 될 것이라고 간파했다.

이렇게 보면 과연 히틀러에게 제2차 세계대전에 대한 명확한 비전과 치밀한 계획 등이 정말로 있었을까, 하는 의문이 생긴다. 내가 본 바에 의하면, 히틀러는 무언가 기회를 잡아 새로운 결실을 탄생시키려는 기회주의자였다. 그가 제2차 세계대전 중 막료들과의 식사 등에서 나눈 좌담 내용을 한데 모은 휴 트레버-로퍼의 저서 《히틀러의 식탁 담화Hitler's Table Talk 1941-1944》에서는, 그가 《나의 투쟁》 등에서 외친 바그너의 세계관이나 게르만 신화는 모두 연출된 것에 불과하며 그저 허울일 뿐이라고 단정하고 있다.

만약 그에게 악마적인 요소가 있다고 한다면, 그것은 오히려 타고난 낙천성일 수도 있다. 하루에 5만 명이 목숨을 잃는 세계대전이란 전쟁을 겪으며, 포화가 번쩍이는 상황에서 무기도 없이 전령의 사명을 다하고, "나는 이 세상이 좋다! … 아름다운 것들을 만끽하고 싶다, 진정으로 잃고 싶지 않다!"고 말할 수 있는 긍정과 낙천성이, 그를 무시무시한 일련의 사건을 저지른 지도자로 만든 것이다.

대숙청은 왜 반복되었을까?

지도자로서의 스탈린을 생각할 때 중요한 물음이다.

1917년, 300년 이상 이어온 로마노프 왕조가 무너지고 소비에트 정권이 수립되었다. 의장 레닌, 외무인민위원 트로츠키, 민족인민위원 스탈린 등으로 이루어졌다.

이오시프 스탈린은 1879년 조지아의 고리라는 마을에서 구두 제화공의 아들로 태어났다. 신학교에서 마르크스주의의 세례를 받고 직업 혁명가의 길로 들어섰다. 레닌의 지도 아래 있던 볼셰비키에 입당한 후 견실한 실무 능력을 인정받았고, 또 조지아 출신이라는 점 때문에 민족 문제 같은 주요한 임무를 맡게 된다.

그리고 레닌 사망 후에 당수가 된 것은 정치적 비전과 뛰어난 전략적 선구안을 지닌 트로츠키가 아니라, 평범하고 소심한 스탈린이었다. 혁명 후 내전을 거치고 당 서기장에 취임한 스탈린은 이 직위의 결정적인 중요성을 알아차리게 된다.

관료 기구를 움직이는 것은 막대한 문서와 기록이며 이를 관리하는 것은 권력을 거머쥐는 것과 마찬가지임을 간파한 것이다. 이는 '20세기의 테크노크라트' 스탈린의 천재적인 발견이었다. 게다가 비밀경찰이라는 기구를 자신의 약롱중물藥籠中物로 둔 스탈린은 권력 기반을 더욱더 견고하게 다져갔다.

1930년대에 들어서자 그는 당과 정부를 장악해 독재 체제를 확립했고, 이어 대숙청이 시작된다. '반反혁명죄'라는 이름 아래 수백만 명이 재판을 받아 유죄가 되었고, 1937~1938년의 2년이라는 짧은 기간 동안에 68만 명 이상이 사형에 처해졌다. 여기엔 옛 반대파 간부뿐 아니라 고참 볼셰비키, 군 수뇌부, 당원, 농민, 일반 시민, 12세 이상 어린이까지도 포함되었다.

나치의 강제수용소와 스탈린의 노동수용소 굴락gulag은 20세기가 만들어낸 절대 악의 상징이지만, 그 성격에는 큰 차이가 있다. 히틀러는 적을 죽였으나, 스탈린은 동료를 살해한 것이다.

그 차이는 어디에서 비롯되었나?

히틀러의 권력은 대중과 연결되어 있었다. 그에 반해 스탈린은 대중과 동떨어진 소비에트 공산당에 모든 기반을 두고 있었다. 대중을 조종하기 위해서는 '외부의 적'이 필요하나 그에 반해 테크노크라트를 제어하기 위해서는 '내부의 적'을 만들어야 하며, 그들이 서로 싸우고 밀고하고 배반하게 만드는 것이 효과적임을 스탈린은 잘 알고 있었다.

숙청이 되풀이되면서 당 내부에 숙청의 동일원리가 확립되었다. 내부에서 적을 찾아내고 계속해서 배척하는 것이 당을 움직이는 동력이자, 조직을 유지-관리하는 핵심 기능이 된 것이다.

테크노크라트인 스탈린은 국가를 운영-발전시키는 데 힘을 기울였다. 1928년, 제1차 5개년계획을 수립하여 기업의 재국유화, 농업 집단화를 실시함으로써 계획경제 메커니즘의 기초를 쌓았다. 그 덕분에 소련은 세계 공황의 피해를 면할 수 있었다.

스탈린의 외교 및 안전 보장 정책은 심플하기 그지없는 것이었다. 권력의 중추를 모스크바에 두고, 철통의 방어 존을 만들었다. 그리고 거대한 소련 연방의 주위에 위성 국가를 배치하여 수비를 강화했다. 그 결과가 나치스의 공세를 견뎌낸 독소전쟁에서의 승리다. 이 전쟁에서 3천만 소련 국민이 목숨을 잃은 것으로 알려져 있고, 스탈린은 장군의 대량 숙청을 계속했다.

유교에 철저히 반대함

1976년 죽음을 맞이하기까지 반세기 이상에 걸쳐 중국을 휘두르며 권력의 자리를 차지했던 마오쩌둥의 (때론 비합리적이라고 평가할 수밖에 없는) 정치력의 비밀은 여기에 있다.

1893년 후난성의 농가에서 태어난 마오쩌둥은 17세에 고향을 떠나 몇몇 학교를 전전한 후 1919년에 중학교의 역사 교사가 된다.

1921년, 마오쩌둥은 중국 공산당 제1차 전국대표대회에 출석한다.

전국대회란 명칭에 걸맞지 않게 모인 대표는 13명, 참가자는 60명 남짓 한 집회였으나 창립 멤버의 하나로 이름을 내걸 수 있었다.

마오쩌둥의 명성을 일약 높인 것은 소위 장정長征이었다.

1931년 중화 소비에트 임시정부의 주석이 된 마오쩌둥은 장제스가 이끄는 국민 혁명군이 포위 섬멸하는 공격을 피하고자, 1934년에 근거지인 장시성 루이진을 포기했다. 이후 2년 동안 국민 혁명군과 교전을 벌이며 1만 2천 5백 킬로를 계속 이동했다. 끝없이 이어지는 도보의 강행군으로 사망자와 낙오자가 생겨, 8만 명을 넘었던 병사가 옌안에 도착했을 때는 수천 명으로 줄어들어 있었다. 이는 인도 북동부에서 벌어진 임팔Imphal전투의 희생자를 웃도는 규모였으며, 자기 군에 대한 학살 행위로까지 볼 수도 있었다.

자, 여기서 질문을 던질 필요가 있다. 마오쩌둥은 어떻게 해서 이 무모한 작전을 완수하고 나아가 승리의 전설로 전환할 수 있었을까? 실은 여기에 마오쩌둥이라는 괴물 같은 독재자를 풀 수 있는 열쇠가 있다.

왜냐하면 후에도 마오쩌둥은 대약진, 문화대혁명 같은 자국과 자국민에 대한 거대한 폭력 및 파괴를 거듭하면서 자신의 권력을 연명했기 때문이다. 여기서 공통되는 점은 강렬한 '반反관료주의'다.

그전까지 마르크스 · 레닌을 모델로 하는 혁명 이론은 도시를 거점으로 하는 것이었다. 물론 코민테른의 지도를 받고 있던 초기 중국 공산당도 도시를 혁명 거점으로 정하고 있었다. 그러나 마오쩌둥의 정치 활동은 항상 농촌을 거점으로 삼았다.

유교란 관료를 위한 통치술이며, 기본적으로 중앙 관청과 도시부를 지향한 이데올로기다. 중국의 역대 중앙 관료에게 농촌부는 항상 지배의 대상에 지나지 않았다. "농촌으로 도시를 포위한다." 중국 농촌에 잠재해 있던 반유교, 반관료의 에너지를 해방하는 힘은 이 유명한 마오쩌둥의 슬로건 속에 있었을지도 모른다.

마오쩌둥이 중화인민공화국의 주석이 된 후 1951년부터 시작된 '부패', '낭비', '관료주의'에 반대하는 '삼반三反운동'은 바로 이것의 표면화였다. 최고 지도자(와 정부)가 관료 기구를 비판한다는 이 모순. 그러나 '지배자에 의한 지배의 억압'이야말로 마오쩌둥이 찾은 최고의 포퓰리즘이었다. 예로부터 '관료+권력→부패'라는 구조가 만연한 (그리고 지금도 이어지는) 중국에서 이 수법은 상당히 효과적이었다.

마오쩌둥의 치세 중에서 최대의 재난은 1958년부터 2년간 맹위를 떨친 대약진 정책이었다. '15년 이내에 (당시 미국의 뒤를 잇는 경제 대국) 영국 따라잡기'라는 목표가 세워졌고, 농기구나 세간을 녹여 고철로 만든다는 식의 증산 계획이 진행되었다. 그리고 경제 기반은 붕괴했고 2천만~5천만 명이 굶어 죽는 대참사로 번졌다.

'천하의' 마오쩌둥도 책임을 느끼고 국가 주석을 사임했으나, 7년 뒤인 1966년에 다시 문화대혁명을 일으킨다. 이때 마오쩌둥이 선동한 것은 '홍위병'이라고 불린 소년 소녀들이었다. 《마오쩌둥 주석 어록》에 비추어 보았을 때 중앙 지도부와 지식인 등에게 박해를 가했던 '홍위병 운동'에 깔린 것도 역시 반관료주의였다.

근대 사회의 중핵을 이루는 테크노크라트, 즉, 너른 의미로는 기술자와 화이트칼라까지 포함하는 이들에 대한 피지배층의 증오를 마오쩌

등은 교묘하게 이용한 것이다.

　　위의 세 독재자의 정치 수법을 과거의 일이라고만 치부할 수 있을까?

　　히틀러가 행한 것은 적극적인 경제 정책에 내셔널리즘의 고양을 더한 국가주의적 포퓰리즘이었다. 그런데 이 히틀러의 인종주의(특히 전시 하의 반유대 정책)만 제외한다면, 포퓰리즘은 지금도 많은 정권이 채용하고 있는 방식이다. 그런 의미에서 히틀러의 수법은 아직도 범용성이 높다고 할 수 있을 것이다.

　　그리고 관료 기구(당)의 권력 집중 및 공포 통치를 전개했던 스탈린도 20세기의 많은 권력자가 채용한 '스탠더드 독재자 모델'이었다고 할 수 있다.

　　마지막으로 마오쩌둥은? 반관료주의는 때때로 포퓰리스트 정치가에 의해 채용되나, 실제로는 이를 강행하게 되면 폴 포트 정권처럼 근대 국가 그 자체가 성립되지 않는다. 농민이나 일자리가 없는 청년층 같은 다수자의 불만에 지나친 부채질을 하면, 제어 불능의 내란으로 이어질 위험성도 높다. 정치 지도자에게는 다루기 어려운 극약이 되는 것이다. 반부패 운동을 전개하는 시진핑은 이러한 선인들로부터 어떠한 교훈을 얻었을까?

후쿠다 카즈야

1960년 도쿄 출생.

《개벽(상하)》, 《쇼와 천황(제1~제7부)》,

《제2차 세계대전은 무엇이었는가》 등의 저서 다수.

07
공화당 vs 민주당;
우리에게 생소한 미국사

과거를 숨기는 수사법

와타나베 소우키
미국–일본 근현대사 연구가

일본인은 미국이 안전 보장을 위해 굉장히 중요한 국가라는 것은 잘 알고 있다. 그러나 막상 미국의 역사를 아는 사람은 적다. 그 이유는 크게 두 가지다. 먼저, 일본이 역사 교육에서 미국사를 (아예 전무하다고 해도 좋을 정도로) 가르치지 않기 때문이다. 또 하나, 일본에서 볼 수 있는 미국사 책은 미국인이 쓴 사서를 기반으로 하고 있기 때문이다. 그 사서에는 와타나베 쇼이치의 표현처럼 '역사의 무지개'가 미국인의 입장에서 아름다운 문장들로 점철되어 있다. 국민에게 자긍심을 심어주는 것은 일반 역사서의 주된 목적이다. 하지만 그렇기 때문에 역사의 참모습이 반영되지 않은 경우가 많다.

미국의 사서를 중국의 '논어'와 같은 거로 생각하면 알기 쉽다. 중국 대륙에는 논어의 세계가 존재하지 않는다. 공자가 이상으로 여겼던 세계가 논어에 묘사되어 있듯이, 미국의 사서에도 미국 역사가들이 이상적이라고 여겼고 그렇게 되기를 원했던 모국의 모습이 그려져 있다. 일본사에서도 메이지 이후의 사서가 도쿠가와 시대를 필요 이상으로 사악하게 묘사했다는 점을 생각하면, 이는 이해하기 어렵지 않을 것이다. 이 글에서는 미국 민주당의 역사에 초점을 맞춰, 위의 주장을 분명히 하려고 한다. 여러분은 지금까지 배워왔던 미국사를 일단 마음속의 서랍에 넣어놓고 백지상태에서 이 글을 읽어주기 바란다.

'잠재 적국'으로서의 영국

1776년, 미국은 독립을 선언했다. 미-영의 공방은 계속 이어졌으나, 프랑스가 식민지에 도착한 뒤 영국군은 점차 열세를 보였다. 그리고 1781년 10월, 북미 식민지의 영국군 거점이었던 버지니아주 요크타운 전투에서 독립군이 승리하면서 대세가 결정된다. 1783년 9월에는 파리 조약이 체결되고 미국은 마침내 영국의 속박에서 벗어나게 된다. 그러나 옛 종주국인 영국은 여전히 세계 최강의 군대를 보유하고 있었다. 북쪽에 국경을 맞대고 있는 영국령 캐나다는 기분 나쁜 존재였다. 그런 미국에 기회가 찾아온다. 유럽에서 나폴레옹 전쟁(1803~1815)이 터진 것이다.

영국이 나폴레옹과의 전투에 한창 매달려있을 때 미국은 영국령 캐나다를 노렸다. 1812년 6월 18일, 미국은 영국에 선전포고했다. 그렇게 제2차 독립 전쟁이 시작되었다.

그러나 캐나다에 주둔한 영국군은 강력했다. 미국은 서전에서는 승리했지만, 점차 열세에 몰렸고 수도 워싱턴이 함락되었다. 1814년 8월 24일, 제임스 매디슨 대통령이 탈출하고 빈껍데기만 남은 백악관에는 화염이 올랐다. 같은 해 12월에 벨기에의 작은 마을 헨트에서 조인된 헨트 조약으로 강화講和가 성립되었으나, 미국에 그 소식이 늦게 도착하는 바람에 해가 바뀔 때까지 전투는 계속되었다. 북미에서의 전투는 서로에게 상처만 남긴 채 종식되었다.

백악관이 불타오른 것은 굴욕적인 일이었다. 미국의 정치가들에게 영국은 계속 잠재적인 적국으로 남아 있었다. 미국이 영국과 어깨를 나란히 하기 위해서는 군사력을 높여야 했고, 그러기 위해서는 주州의 권리를 억제해서라도 연방정부의 주도 아래 강력한 공업화를 추진해야 했다. 그렇게 생각한 것이 연방주의당 혹은 연방당Federalist Party 이었고, 이 당이 발전되어 1854년에 결성된 정당이 바로 공화당이다. 반대로 합중국은 어디까지나 합주국合州國이며 따라서 주의 권한을 존중해야 한다고 생각한 세력이 1824년에 결성된 민주당이었다. 당시의 호칭은 민주공화당이었지만. 그들은 특히 각 주의 플랜테이션 농업 경영을 중시했다.

19세기 초의 미국은 농업국이었고, 주요 생산물은 목화cotton였다. 목화 생산에서의 난관은 섬유에 엉겨 붙는 종자를 분리하는 것이었는데, 엘리 위트니가 1793년 그 작업성을 비약적으로 향상하는 조면기를 발명했다. 이후 미국이 생산하는 목화는 세계 시장을 군림하는 수준까지 성장했다. 1860년의 생산량이 380만 베일(1베일=218kg)을 넘었다. 이는 세계 소비량의 약 3분의 1에 해당하는 양이었다. 그리고 목화는 미국 총 수출액의 53%를 차지했다. 미국에게 목화는 수출품의 왕자King Cotton와도 같은 것이었다. 이를 뒷받침한 노동력이 바로 노예였다. 흑인 노예의 수는 1800년에 약 90만 명이었던 것이 1850년에는 320만 명으로 늘었다.

목화 생산지인 남부의 각 주와 수출처인 영국의 관계는 갈수록 깊어졌다. 당시 영국은 세계의 공장이었으며, 자유무역을 국시國是로 삼고 있었다. 방적 공업은 영국 공업의 엔진이었다. 다른 국가에도 자유무역을 강제하면서 영국은 세계의 공장이라는 위치를 유지하려고 했다. '자유무역 제국주의'라고 부를 만했다. 남부의 각 주는 이렇게 생각했다. "영국의 정책을 따르면 거대한 이익을 얻을 수 있다. 미국에 필요한 공업 제품은 영국에서 낮은 관세로 수입하면 된다." 민주당은 이러한 남부 플랜테이션 지주의 지원을 받았다. 그런가 하면 공화당의 생각은 달랐다. 영국에 비견할 수 있는 강국으로 변모해야 한다고 생각한 그들은 공업 입국을 목표로 했다. 그를 위해서는 보호무역의 한 방편인 고관세 정책을 취하고, 북부 각 주의 유치幼稚산업을 보호해야 했다.

노예 해방 선언의 목적은

남북전쟁 전까지의 미국 관세 정책은 민주당의 주장을 따르고 있었다. 1857년의 관세법에서는 세율이 평균적으로 17%까지 낮아졌다.

하지만 공화당은 이렇게 해서는 유치산업(공업)이 성장하지 못할 것이라는 위기감을 느꼈다. 1860년 11월 대통령 선거에서 공화당은 에이브러햄 링컨을 세워 승리했다. 공화당 정권이 되자 연방정부는 고관세 정책으로 전환했다. 남부 각 주는 링컨이 1861년 3월 4일 대통령에 취임하기도 전에 차례로 연방을 탈퇴했다. 사우스 캐롤라이나, 미시시피, 플로리다, 앨라배마, 조지아, 루이지애나, 텍사스 등 남부 7개 주는 남부 연합을 결성했고, 미국은 분열했다.

링컨은 보호무역 정책을 취하면 국가가 분열될 가능성이 있다는 것을 알고 있었던 만큼, 어쨌든 분열을 피하느라 고심했다. 분열 국가로는 숙적인 영국과 대등해질 수 없었으니까. 선거 전에는 시간을 들여서라도 남부 플랜테이션 경영의 핵심인 노예 제도를 해결하고자, 국무장관인 윌리엄 H. 수어드에게 남부 연합과 계속해서 교섭하도록 지시했다. 그리고 남북전쟁이 시작된 후에는 민주당의 앤드루 존슨이 부통령이 되었다. 그를 지명한 것은 대對남부 유화 정책의 상징이었다.

이러한 노력에도 불구하고, 사우스 캐롤라이나의 찰스턴 항구를 방어하기 위한 수단으로 지어진 섬터 요새Fort Sumter를 1861년 4월 남부 연합이 공격함으로써 남북 전쟁이 터지고 만다. 이때 링컨 정권이 가장 우려했던 것은 영국의 군사 개입이었다. 영국은 자유무역 제국주의를 수호하는 데 중요한 요소였던 남부 여러 주를 지원하고 싶었다.

그 영국의 군사 개입을 견제하는 묘책이 1862년 9월의 노예해방선언이었다. 영국의 지식인들은 노예제도를 혐오하고 있었다. 이는 영국이 1807년에 노예무역 금지법을 성립시켰다는 사실을 통해서 알 수 있다. 링컨 정권이 전쟁의 목적을 '노예제도 폐지'로 내세우자, 영국 정부는 어찌할 도리가 없었다. 공공연한 개입이 불가능해졌고 기껏해야 남부 연합의 무기 주문에 응하는 정도가 고작이었다.

링컨이 백악관에서 남북전쟁의 승리를 연설한 것은 1865년 4월 11일의 일이었다. 그는 미국을 강력한 연방국으로 재건할 것이라고 강력히 호소했다. 그리고 3일 후 링컨은 암살당했다.

링컨의 사망 이후에도 공화당은 1866년 흑인의 민사적인 계약 행위의 자유와 형법상 백인과 흑인의 균점 적용(평등하게 적용)을 보증하는 시민권법을 제출했다. 의회에서 다수파를 차지하고 있던 공화당은 차례로 흑인의 권리를 인정하는 법안을 상정했다.

같은 해 6월에는 헌법 제14조를 수정하여 흑인의 시민권 보장을 규정했다. 1869년에는 헌법 제15조를 수정하여 흑인의 참정권을 인정했다. 이 수정안은 39 대 13으로 가결되었으나, 찬성은 모두 공화당 의원이었고 반대는 모두 민주당 의원이었다. 의회에서 통과된 흑인의 지위 향상과 관련된 여러 법안에 종종 거부권을 행사하여 제동을 건 것은 링컨의 암살 이후 대통령의 자리를 이어받은 앤드루 존슨이었다.

연방정부 차원에서 공화당은 흑인의 법적 권리 개선을 계속했다. 그러나 남부 각 주에서 강력한 세력을 가진 민주당은 흑인 차별 정책을 꾸준히 추진했다. 1866년에는 흑인을 옹호하는 백인과 흑인들을 타깃으로 하는 테러 집단 KKK가 탄생했다. 그 결성을 주도한 네이썬 베드퍼드 포리스트^{Nathan Bedford Forrest}는 옛 남군의 육군 사관으로 민주당원이었다. KKK의 활동은 공화당의 율리시즈 그랜트 정권이 그들의 테러 활동을 저지하는 시책을 펼치고 나서야 비로소 수그러졌다.

민주당은 흑인 격리 정책에 열을 올렸고, 남부 보수층과 북부의 갈등은 고조되었다. 이를 이용해 민주당은 골수 지지층인 소위 Solid South를 중심으로 남부 백인의 단결을 주장하며, 당세의 회복을 꾀했다. 흑인을 격리해야 한다는 주장은 남부 백인들의 마음을 사로잡았다. 민주당은 주 의회를 통해 흑인 격리(차별) 행위를 합법화하는 주법을 잇달아 성립시키는데, 이런 법을 뭉뚱그려 짐 크로법Jim Crow Law이라 부른다. 그렇게 영화관, 화장실, 버스, 음수대에 흑인 전용의 구역을 만들었다. 주 정부(경찰 포함)는 직원으로 흑인을 채용하지 않았다. 신문사도 마찬가지였다.

이러한 주법을 바탕으로 한 흑인 차별 정책에는 공화당도 두 손을 들었다. 공화당원이자 시민권 운동가 호머 플레시Homer Plessy는 피의 8분의 1쯤이 흑인이었다. 그는 루이지애나주에서 기차를 탔을 때 흑인 전용석에 앉을 것을 요구받았다. 플레시는 흑인 격리를 인정하는 주법은 헌법 위반이라고 연방 법원에 주장했다. 그러나 1896년, 대다수가 민주당을 지지하는 판사들로 구성된 대법원은 그런 주법을 합법이라고 판정했다. 그 판정에 유일하게 반대했던 존 마셜 할랜 판사는 이렇게 탄식했다. "우리의 헌법은 색맹인가!" 할랜 판사는 켄터키주 출신이었으나 공화당원이었다. 링컨 정부가 목표로 한 노예 해방이 실질적으로 남부 여러 주에서는 흐지부지돼버린 것이다.

이주민 배척의 길

공화당은 흑인 차별 문제에 관해서는 초기의 목적을 달성하지 못했으나, 강력한 연방국의 건설에 있어선 충분한 성과를 올리고 있었다. 고관세 정책에 의해 관세율은 평균 50%를 넘었다. 윤택해진 연방정부 수입으로 교통 인프라 정비에 적극적으로 투자했다. 이것이 공업국으로 가는 첫걸음이었다. 그리고 그 상징이 대륙 횡단 철도의 부설이었다. 1869년 횡단 철도가 개통되자 동부에서 아일랜드 이주민을 중심으로 하는 백인 빈곤층 푸어 화이트Poor white가 캘리포니아로 몰려들었다. 그들은 일자리를 놓고 중국인 이주민들과 서로 다투었다.

청나라에서 온 이주민들은 철도 건설 현장이나 탄광에서 낮은 임금에도 성실하게 일하고 있었다. 그러나 백인 노동자들에겐 선거권이라는 무기가 있었다. 그들은 노동조합과 정치인들을 이용해 중국인 노동자를 배척하는 데 성공했다. 1882년 제정된 중국인 배척법을 통해 중국의 이민을 금지한 것이다.

중국인 다음으로 타깃이 된 것은 일본인이었다. 일본인 이주민의 수는 많지 않았으나 백인의 일자리를 뺏는 배격해야 할 아시아인의 상징으로 여겨졌다. 이런 견해가 현실이 된 것이 1906년에 일어난 '샌프란시스코 아동 격리 사건'이었다. 백인 아동과 함께 학교에 다니고 있던 일본인 아동을 중국인 아동 전용 학교로 이동시켜 격리할 것을 결정한 사건이다. 중국인 배척법이 존재하는 상황에서 내려진 조치였으므로 일본인이 인종 차별의 다음 타깃이 되었다는 것은 자명한 사실이었다.

이에 일본 정부는 강하게 반발했고, 미국과 일본의 미디어는 "과연 미-일 전쟁의 발발로 이어질 것인가?" 같은 어조로 보도하며 양국의 관계는 긴장되었다. 캘리포니아의 백인층은 일본인을 차별하면서도 러시아를 누를 정도로 강력한 해군을 보유한 일본을 두려워했다. 캘리포니아 서해안에 일본의 공격을 대비한 요새가 축조된 것도 이 무렵의 일이다.

샌프란시스코시 간부를 백악관으로 불러 자제를 촉구한 것은 공화당의 씨어도어 루즈벨트 대통령이었다. 그리고 같은 시에서 일본인 배척을 주도한 것은 민주당계 시장인 제임스 펠런이었다.

루즈벨트 정권은 대일 관계를 중시했다. 그럼에도 불구하고 샌프란시스코시가 대일 모멸 정책을 취한 것은 민주당의 지원이 있었기 때문이다. 민주당은 일본인 격리를 합법이라고 주장했다. 위법으로 판결할 경우 남부 여러 주의 짐 크로법에도 영향이 미칠 것이 분명했기 때문에, 더욱이 캘리포니아주의 반일본인 운동을 철저하게 옹호했다.

씨어도어 루즈벨트 대통령은 분노하는 일본 정부와 외교 협상을 거듭하며 '일본 정부가 자율적으로 미국 이민을 규제'한다는 미-일 이민신사협정을 관철함으로써 사태를 진정시킬 수밖에 없었다. 1907~1908년 사이의 일이었다.

윌슨의 인종 차별 정책

앞서 말한 것처럼 미국의 정치를 보면, 남부 각 주에서는 인종 차별 정책을 취하는 민주당이 주도권을 잡고 있었으나, 연방정부의 정치는 공화당이 이끌어왔다. 존슨 정권 후에는 공화당 율리시즈 그랜트 정권이 들어서며 이후 공화당 대통령이 이어졌다. 그리고 그랜트 대통령 이후 민주당의 우드로 윌슨이 대통령에 선출되기까지 9명의 대통령이 있었는데, 그중 8명이 공화당이었다. 유일한 민주당 대통령으로 그로버 클리블랜드가 있으나 이는 개인적인 인기에 의존한 결과였고, 민주당은 어디까지나 남부 각 주를 기반으로 한 지역 정당이었다.

그러나 1912년 대통령 선거에서 민주당에게 좋은 기회가 찾아왔다. 공화당이 분열된 것이다. 공화당 예비 선거에서 낙마한 씨어도어 루즈벨트가 새로 진보당을 결성하여, 현직에 있는 윌리엄 태프트에 도전했다. 그렇게 프린스턴 대학 학장이었던 우드로 윌슨이 어부지리로 당선된 것이었다. 캘리포니아주에서는 앞서 말한 제임스 펠런이 윌슨을 지원했다.

윌슨의 아버지는 조지아주의 장로교회 목사로 남군 병사들을 위해 기도했으며 "노예제도는 신이 창조한 것"이라고도 말했다. 윌슨은 1875년 프린스턴 대학에 입학하기 전까지 남부에서 자랐다. 그에게 흑인 격리는 그야말로 일상적이었다.

대통령으로 취임하자 연방정부 조직에까지 격리 제도를 도입했다. 수도 워싱턴에서 처음으로 백인과 흑인의 일자리를 분리한 것이다. 공화당 대통령의 시대에는 생각조차 할 수 없던 일이었다.

미국 건국의 아버지들은 유럽 문제에 개입해서는 안 된다고 생각했다. 1823년, 제임스 먼로 대통령은 이렇게 주장했다. "미국은 유럽 문제에 개입하지 않는다. 그와 동시에 유럽 각국도 아메리카 대륙의 문제에 간섭해서는 안 된다." 저 유명한 먼로 선언Monroe Doctrine이다. 윌슨은 미국의 국시라 불러도 좋을 이 '유럽 문제 미개입' 원칙을 어기고 1917년 4월 제1차 세계대전에 참전했는데, 시민들에게는 이것이 항구적인 세계 평화를 실현하기 위한 전쟁이라고 외쳤다. 인종차별주의자가 세계의 영구 평화를 외치는 기이한 현상이었다. 이 모순이 국제연맹 창설을 논의하는 파리 강화회의 자리에서 드러났다.

연맹 규약에 관한 최종 회의가 열린 1919년 4월 11일, 일본의 전권 대사였던 마키노 노부아키는 인종 차별의 철폐를 연맹 규약 서문에 넣어야 한다고 주장했다. 그의 연설은 각국 대표의 마음을 흔들었고, 대표 16명 중 11명이 이에 찬성했다. 그런데도 의장인 윌슨은 일본의 제안을 부결했다. 그때까지 의결에서 한 번도 쓰이지 않았던 만장일치를 적용한 부결이었다. 집단 안전 보장의 국제 조직을 만드는 일은 윌슨의 염원이었다. 그러나 인종차별주의자였던 자신이 민주당에 정치 기반을 두고 있었던 만큼, 인종 차별 철폐의 주장은 상당히 용인하기 어려운 일이었다. 이를 인정하면 미국의 국제연맹 참가는 절망적일 터였다. 워싱턴 상원에서 필요한 3분의 2 찬성을 얻지 못할 게 빤했으니까. 국내 사정을 고려하면 무슨 일이 있어도 일본의 주장을 묵살할 수밖에 없었다.

하지만 공교롭게도 윌슨 대통령은 일본의 주장을 받아들이지 않았음에도, 워싱턴 의회의 승인을 얻지 못했다. 그렇듯 연맹의 회원국이 되지는 못 했으나 옵서버로서 지속 참가하여 연맹의 결정을 계속 참관했다. 윌슨 정권 후에는 공화당이 정권을 탈환했고, 워런 하딩, 캘빈 쿨리지, 허버트 후버 등 공화당 대통령이 다시 뒤를 이었다. 다만 이 정당에 불행이었던 사건은 1929년 10월 뉴욕 증권 시장의 폭락에서 비롯된 세계 불황으로 인해 후버 정권의 인기가 급락한 것이었다.

후버 다음에 대통령으로 당선된 것은 프랭클린 D. 루즈벨트였다.

그는 뉴욕주 출신이었음에도 인종차별 의식이 강한 전형적인 민주당 정치가였다. 그는 남부에서 잇따라 발생하는 흑인 린치를 금지하기 위해 공화당이 제출한 법안에 대해 철저히 냉담한 태도를 보였다. 백악관의 기자 회견에서 흑인 기자를 배제하기도 했다. 진주만 공격 후에는, 일본계 이주민에게만 강제 수용 정책을 적용했다. 미국 국민이었던 일본계 사람들까지 반사막 토지에 몰아넣었다. 프랭클린 루즈벨트는 1945년 4월 일본과 독일의 패전을 앞두고 사거했고, 부통령인 해리 트루먼이 그를 이어 재임하게 되었다.

트루먼 역시 인종 차별 사상이 몸에 밴 미주리 출신 의원이었고, KKK의 오리지널 멤버이기도 했다. 트루먼이 일본에 대한 원자 폭탄 사용을 주저하지 않은 것은 아마도 그 때문이었을 것이다. 1945년 8월 7일자 현지 신문에 의하면, 트루먼이 히로시마의 원자 폭탄 투하가 '무사히' 성공했다는 소식을 들은 것은 포츠담 회담에서 돌아오는 귀로의 대서양 상공에서였다. 해군 병사들과 함께 점심을 먹던 트루먼은 그 '낭보'를 듣자 기쁜 나머지 자리에서 일어나 이렇게 외쳤다고 한다.

"함장, 실로 사상 최고의 순간이지 않은가!"

과거를 숨기는 수사법

서두에서 나는 독자 여러분에게 부탁했다. 지금까지 배워왔던 미국사를 일단 마음속의 서랍에 넣어놓고 이 글을 읽어주기 바란다고. 여기까지 읽어 내려온 독자는 그 의미를 이해했을 것이다. 미국의 역사를 가

감 없이 돌이켜 보면 민주당이 인종차별 정당이었다는 것은 역력히 드러난다. 그러나 일반 독자가 미국의 역사를 자세하게 배우는 경우는 드물다. 그렇기 때문에 민주당이 과거에 추진했던 정치나 외교를 지금 우리가 아는 민주당의 이미지로 해석하려 한다. 이것이 얼마나 잘못된 이해를 낳게 되는 일인지, 이제는 독자들도 잘 알 것이다.

심지어 오늘날의 보통 미국 사람들도 이런 민주당의 역사를 잘 모른다. 그렇기 때문에 우드로 윌슨과 프랭클린 루즈벨트가 모두 위대한 대통령의 이미지로 남아 있는 것이다.

미국의 남북이 맞붙었던 전쟁이 끝나자, 민주당의 주된 지지층이었던 남부 백인들, 특히 빈곤층의 백인들은 상대적으로 풍요로워졌다. 그리고 그 풍요로움은 점차 인종차별 의식을 완화시켰고, 그래서 공화당을 지지하게 되었다. 민주당은 인종차별 정당으로서 존속할 레종 데트르, 즉, 존재 이유를 잃었다. 이 열세를 일거에 만회할 비책은 당의 방침을 '시민권 운동의 리더'로 180도 전환하는 것이었다. 흑인을 포함한 소수의 인권을 지키는 정당. 약자에게 친절한 진보주의의 정당. 이러한 이미지를 보기 좋게 만들어낸 것이다.

그들은 과거 민주당의 인종 차별적 행적을 덮기 위해서 특정의 수사법修辭法을 사용했다. 다시 말해 '미국인 전체'가 인종차별의 주체였다고 슬쩍 눙친 것이다. 그러니까 민주당이 인종차별을 한 것이 아니라, '미국이라는 국가 전체가 인종차별적'이었다는 얘기였다. 이 수사법은 기막히게도 효과적이었다. 이 점에 대해서 자세히 다루는 지면들이 남아있지는 않지만 '화려한 변절'에 성공한 민주당은 현재 흑인이나 다른 소수 인종들에게도 압도적인 지지를 얻고 있다. 물론 현재 민주당의 지지자들이야 민주당의 과거 같은 것은 모르지만.

　미국의 역사를 정확하게 이해하기 위해서는 민주당이라는 정당을 알아야 할 필요가 있다. 그것만으로도 미국 역사에 대한 몰이해와 오해라는 암막暗幕을 어지간히 걷어낼 수 있을 것이다. 그런 후에도 남아 암막에 가려진 부분(가령 전후 민주당의 카멜레온과도 같은 변질이라든지, 민주당적 사상을 숨기면서 공화당에 잠입한 그룹에 의해 공화당이 악화된 사건 등)에 대해서는 또 다른 기회에 논하고자 한다.

와타나베 소우키
1954년 시즈오카현 출생.
도쿄 대학 경제학부 졸업. 캐나다 밴쿠버 거주.
영 · 미 자료를 바탕으로 새로운 미일 관계사를 구축.
저서로 《제2차 세계대전과 미국의 패배; 미국을 조종한 소비에트 스파이》,
《미-일 충돌의 근원 1858-1908』『조선 개국과 청일전쟁;
미국은 왜 일본을 지지하고 조선을 포기했나》 등.

제4장

역사가 담긴
훌륭한 책들

01
'글로벌 히스토리'란 무엇인가?

세계 시스템 이론

가와키타 미노루
오사카대학 명예교수

글로벌 히스토리global history란 국가별로 역사를 바라보는 자세를 거부하고, 세계적인 연결성을 중시하는 역사적 관점이다.

오늘날은 지구 전체가 하나 되어 멀리 떨어진 지역에서 일어나는 일도 우리의 일상생활에 직결되게 만들어져 있다. 그러나 중요한 것은 이 '일체화된 세계'의 실체가 무엇인가 하는 점이다. 단순히 전 세계에서 일어난 사건을 죽 열거하거나, 상호 관계를 지적하는 것만으로는 의미 있는 역사가 될 수 없다. 많은 역사가가 '일체화된 세계'는 자본주의적인 구조를 갖는 것이라고 인식하는 것은 당연한 일이다.

획기적인 세계 시스템 이론

글로벌 히스토리가 위와 같다고 한다면, 이는 16세기부터 서구를 중심으로 한 세계가 탄생하고, 19세기에 서구의 산업혁명이 완성되면서 확립되었다고 할 수 있다. 이러한 입장을 분명히 나타낸 것이 이매뉴얼 월러스틴Immanuel Wallerstein이다.

월러스틴의 저서《근대 세계 체제》및《역사적 자본주의》에서 드러난 입장은 이렇게 요약될 수 있다. "전 세계에서 처음으로 영국에서 산업혁명이 전개되고 최초의 공업 국가가 될 수 있었던 것은 인도를 식민지화했고 카리브해에서 설탕을 만들었으며 북미 식민지에서 목화를 생산할 수 있었기 때문이지, 영국인이 뛰어났기 때문은 결코 아니다." 각국이 서로 영향을 받지 않고, 각자 나름의 코스에서 경주하고 있을 뿐이라는 역사의 이미지는 비현실적이다. 애초에 독일과 이탈리아가 '국민 국가'가 된 것은 일본의 경우 메이지 유신 전후前後였으며, 인도와 인도네시아의 경우에는 전후戰後에 일어난 일이었다. 현대 각국의 사정으로 장대한 역사를 말하는 것은 적절하지 않다는 얘기다.

근대 세계는 콜럼버스의 대항해를 계기로, 16세기에 서유럽을 '중핵'으로 하고, 발트해 연안 등의 동유럽과 남북 아메리카를 '주변'으로 하며 상품과 사람, 자금, 정보 등이 서로 오가는 구조로 성립됐다. '중핵'은 이 구조 속에서 커다란 이익을 얻었고, 경제 성장과 공업화를 이뤄나갔다. 반대로 목화나 설탕, 담배의 플랜테이션이 전개됐던 '주변'에서는 개발이 이루어지지 않거나 지지부진했다. 플랜테이션에 강제적으로 노예 노동을 제공해야 했던 아프리카도 심각한 저개발을 경험했다.

한편 서유럽은 동아시아, 러시아, 터키와도 교역하고 있었다. 18세기 중엽까지는 그런 교역이 없다고 해서 서유럽의 체제가 유지되지 못할 정도는 아니었으며, 현지의 체제도 서유럽과의 관계를 전제로 두고 있었던 것은 아니었다. 즉, 이들 지역은 18세기에 흡수되기 전까지는 서유럽을 '중핵'으로 삼는 근대 세계 시스템의 바깥에 있었다.

세계 시스템 이론의 선구적 작품 가운데 하나는 트리니다드 토바고의 독립을 지도한 에릭 윌리엄스Eric Williams의《자본주의와 노예제도》이다. 영국의 산업혁명이 카리브해라든지 이후 합중국 남부 흑인 노예들의 피와 땀으로 인해 일궈진 것이라는 요지의 '윌리엄스 테제Williams Thesis'는 오랫동안 무시되어 왔으나, 지금은 '주변'의 관점에서 세계 자본주의의 성립 과정을 분석한 것이라는 평가를 받고 있다.《콜럼버스부터 카스트로까지》에도 이 견해는 일관되고 있다. 윌리엄스는 영국의 산업혁명이 아프리카에서 납치된 노예들이 생산한 설탕과 목화에 의하여 비로소 실현되었다는 것을, 당시의 역사학으로 최대한 실증하고 서술했다.

그리고 대양을 가로지르는 대규모의 경제 체제를 일상적인 생활사의 관점에서 분석하려고 한 프랑스 역사학계의 중진 페르낭 브로델Fernand Braudel이 저술한 5권 분량의《지중해》와《물질 문명 · 경제 · 자본주의 15~18세기》도 커다란 자극이었다. 처음엔 지중해 세계, 나중에는 한층 더 너른 '세계'를 다루었던 브로델은 경제사에 '세계'라는 개념을 도입하여, 일상의 생활 문화와 세계적 분업의 관계를 주목했기 때문이다.

한편, 이론적으로 세계 시스템 이론의 선구가 된 것은 A. G. 프랭크를 위시한 개발론상의 이른바 '종속파'였다. 그들은 라틴 아메리카 등에서 볼 수 있는 경제, 사회의 '저개발' 상태가, 영국과 프랑스 같은 시민 혁명을 겪기 전의 소위 '봉건 사회' 단계를 나타내는 것이라고 하는 '봉건파'의 입장을 신랄하게 비판했다. 각국이 자본주의나 공업화 같은 공통의 발전 단계를 거쳐 '근대 공업화 사회'라는 같은 목표를 향해 일제히 달려간다는 이미지를 비판한 것이다. 이에 대해 '종속파'는 세계는 일체화되어 있으므로, 어떤 국가는 근대 자본주의 국가이면서 또 다른 국가는 '봉건' 단계에 있는 현상은 있을 수 없다고 생각했다. "라틴 아메리카의 현상은 자본주의적인 서유럽에 '종속'되어 있는 상태다. 설탕이나 목화의 노예제 플랜테이션은 서유럽 자본주의를 위해 만들어진 자본주의적 기업의 한 형태에 불과하다. 공장 노동자만 근대의 노동자인 것이 아니라, 노예제나 동유럽의 재판 농노제도 근대 자본주의에 속하는 존재다. 단, 이들은 세계 시스템의 '주변'에 머물고 있을 뿐이다." 이것이 '종속파'의 주장이었다.

그러나 '종속파'의 이론을 잇는 월러스틴을 유럽 중심적이라고 비판하면서, 지구상의 모든 지역은 평등하게 세계사에 기여해왔다고 주장하는 역사가도 있다. 중국 및 기타 아시아사를 전문으로 하는 역사가들에게서 흔히 볼 수 있는 견해다. 그러나 그렇게 되면 어딘가 지구상의 각지에서 일어나는 일들을 '객관적'으로 관찰하게 되고, 결국 일체화된 현대 세계의 본질이 무엇인가를 놓치게 된다. 이렇게 해서는 현대 세계의 기원을 묻는다는 역사학의 목적을 이룰 수 없다.

현대의 지구가 '세계' 구조를 갖는 하나의 자본주의에 덮여
있다고 하는 믿음이 진정한 글로벌 히스토리의 출발점이다.

　또한 '세계'의 본질을 문제 삼지 않는 역사의 관점은 구체적인 역사 서술의 기초가 되기도 어렵다. 그런 의미에서도 일체화된 현대 세계의 전체 역사를 구체적으로 서술하려고 시도한 월러스틴은 진정한 의미에서 글로벌 히스토리의 시초였다. 구체적인 역사 서술이 따르지 않는 논의는 전쟁 전이나 전쟁 중 독일의 '세계사'라든지 일본의 '세계사 철학'처럼 추상론에 그치며, 이상한 아시아 사대사상으로 빠질 수 있다. 이에 대해서는 나의 졸작인 《설탕의 세계사》를 참조하면 좋을 것이다. 설탕이라는 '세계 상품'의 생산부터 소비까지 다루면서 세계 시스템의 작용을 서술한 입문서로 널리 읽히는 작품이다.

　그런데 브로델이 16세기의 '세계'에 이미 아시아를 포함했던 것에 반해, 세계 시스템의 근간에서 대규모 '분업' 체제를 본 월러스틴은 16세기 서유럽과 아시아의 무역 관계가 아직 두 지역의 사회 뼈대를 지탱하는 수준은 아니었다고 주장한다. 하나의 논쟁거리가 될 수 있는 의견이다.

　노년의 프랭크 또한 《리오리엔트》라는 저서를 통해 월러스틴은 아직 유럽 중심 사관에 빠져 있다고 비판했다. 그의 논리인즉, 아시아가 이미 우위에 있었으며 '근대 유럽은 아시아의 어깨에 올라탄 것에 지나지 않는다'는 것이었다. 단, 프랭크의 주장은 지나치게 감정적이어서 실증이 어렵다. 그러나 18세기 후반까지의 중국 경제가 영국 등 서유럽과 어깨를 나란히 하고 있었음을 인정하는 역사가들은 적지 않다.

아시아와 서유럽의 '대분기'

특히 미국의 중국사가^{中國史家} 케네스 포메란츠^{Kenneth Pomeranz}가 저술한 《대분기^{大分岐(The Great Divergence)}》는 구체적인 실례를 들면서 이 점을 철저히 실증하려고 했다. 그에 따르면, 18세기의 서유럽과 중국은 (실제로는 영국과 양쯔강 중하 유역) 모두 근세의 경제 발전 결과로 심각한 자원 위기에 빠져 있었다. 그러나 중국이 정체의 구렁 속에 잠긴 것에 반해 서유럽은 공업화라는 '돌파구'를 모색했다. 이는 개발 가능성이 있으며 현재로선 무한하다고 할 수 있는 자원의 보고인 남북 아메리카를 운 좋게 획득했기 때문이었다. 그렇게 서유럽과 아시아 사이에 '대분기'가 발생했다고 포메란츠는 말했다. 남북 아메리카의 초창기 개발 붐이 근대 서유럽의 '발전'이라고 하는 것은 몇 세대 전, 월터 프레스콧 웹^{Walter Prescott Webb}이 《The Great Frontier》에서 주장했던 바이기도 하다. 그리고 16세기 이후의 영국이 곡물과 양모를 제공해주는 양과 동력원이 되는 말에게 주는 목초, 건축 소재인 목재 등 토지에서 나는 자원의 극심한 부족 때문에 고초를 겪었다거나, 그 해결책으로 대외 진출을 했다는 등의 주장은 일반적인 내용이었다. 영국에 관해서는 나 자신도 똑같은 분석을 해왔다. 단, '남북 아메리카를 운 좋게 획득했다'는 발상은 역사를 우연의 결과로 귀결시킴으로써 논리성이 부족하다는 일면도 있다.

한편 대항해 시대에 일어난 신·구 대륙 사이 문물의 전파를 '콜럼버스의 교환^{Columbian Exchange}'이라고 명명한 인류학자 앨프릿 크로스비^{Alfred W. Crosby}의 분석은 좀 더 설득력이 있다. '신석기 혁명', 즉 농경-목축

의 시작이 늦었던 남북 아메리카와 오세아니아의 선주민은 사람과 동·
식물뿐만 아니라 잡초나 해충이나 병균까지도 '유럽계' 문물의 침식에
버티지 못하고 거의 사라지고 말았다. 그 결과, 그들의 광대한 토지가 생
태 환경적으로 '네오-유럽화'되었다고 그는 말한다. 반면에 아시아는 유
럽과 같은 유라시아 대륙에 자리해, 조기에 신석기 혁명을 경험했기 때
문에 네오-유럽화되지 않았다고 생각했다. 아시아와 아프리카도 식민
지가 되었다고는 하나, 주민들이 '보호 구역'에서 가까스로 살아남았다
고 할 정도의 상황은 아니었으며, 오늘날에는 자신들의 정치적 자립성
을 거의 회복했다고 그는 말한다.

서유럽의 공업화에 다른 지역이 결정적으로 관여했다는 데서 그치
는 것이 아니라, 남북 아메리카나 오세아니아의 선주민 문화에 비해 아
시아가 (혹은 아프리카까지도) 갖고 있던 '강점'을 지적했다는 점에서
크로비스의 논의는 매력적으로 다가온다.

동아시아의 발흥, 어떻게 바라볼 것인가?

그러나 그렇게 되면 현대의 글로벌 히스토리 관점에는 또 하나의
큰 문제가 남는다. 20세기 말 이후, 명백한 변화라고 할 수 있는 '동아시
아의 발흥'에 신석기 혁명 이래의 전통이 있다고 하더라도, 이것이 이전
서유럽의 발흥과 같은 형태의 발전인가, 하는 문제다. 다시 말해 '동아시
아의 발흥'도 국가 내외에 또 다른 종속적인 '주변' 내지 '네오-아시아'를
만들어내는 형태인가, 아니면 종속적인 주변을 만들지 않고 완전히 새

로운 형태의 발전을 이루는 것인가, 하는 문제다. 가령 중국 경제의 동향은 어떠한 형태를 취하고 있는가? 그리고 일본의 경우는 어떠한가?

아쉽게도 동아시아 지역의 경제를 뭉뚱그려 하나로 취급하는 관점 자체는 아직 충분히 확립돼 있다고 말하기 어렵다. 따라서 이 문제에 대한 답은 아직 나와 있지 않지만, 현재로서는 스기하라 카오루의《아시아 태평양 경제권의 융성》이 추천할 만하다. 이 분야의 제1인자가 제공하는 해설을 통해 쉽고도 흥미롭게 읽을 수 있다.

그런데 월러스틴의 세계 시스템 이론에 나오는 '패권 국가'라는 개념에는 17세기 중엽의 네덜란드, 19세기 중엽의 영국, 20세기 후반의 미국 등이 해당한다고 했다. '패권'이란 특정의 한 국가가 생산-유통-금융의 모든 부문에서 압도적 경쟁력을 확립한 상태를 말하는데, 이런 패권 상태는 모두 몇십 년 안에 소멸하고 '중핵 국가'들이 병립하는 상태로 돌아간다. '패권 국가'에서는 복지와 임금 수준이 상승하면서, '중핵' 속에서 경쟁력을 잃어가기 때문이다.

그가 말하는 '패권'을 전통적인 정치학 용어와 혼동해서는 안 된다. 이는 현대 세계에서 미국의 위치를 어떻게 볼 것인가, 하는 문제와 관련되어 주목을 받아오기도 했다. 트럼프 정권이 드러내는 고립주의의 대두를 보면 미국의 '패권'이 사라지고 있음은 명백하다. 그러나 '포스트-아메리카'의 세계가 어떻게 될 것인지는 동아시아 대두의 본질을 꿰뚫어 보지 않으면 알 수 없을 것이다. 앞선 영국 '패권'의 흥망과 그 세계적 영향에 대해서는, 아키타 시게루의《영국 제국의 역사》가 그것을 아시아의 문제와 연관 지어 논하고 있기에 시사하는 바가 굉장히 강렬하다.

가와키타 미노루

1940년 오사카 출생.

교토 대학 대학원 문학 연구과 박사 과정 중퇴.

전공은 서양사학이면서 문학 박사.

저서로 《공업화의 역사적 전제: 제국과 신사》,

《멋쟁이들의 영국사: 기사의 나라에서 신사의 나라로》,

《영국 근대사 강의》 등이 있다.

2
평전과 자전,
인물의 내면에 가까이

복잡한 역사의 실마리

히가시타니 사토시
저널리스트

평전이나 자전은 한때 인기가 시들했다. 역사의 복잡한 구조에 비해 개인이 대상이 되는 전기는 단순하다고 여겨졌기 때문이리라.

그러나 복잡한 역사를 알기 위해서라도 인물의 삶과 내면에 접근하는 것은 필수 불가결한 일이 아닐까.

따라서 여기서는 근·현대의 정치가를 중심으로 몇 권의 책을 소개하고자 한다.

우선 자일스 스트레이치[Giles Lytton Strachey]가 쓴《엘리자베스와 에식스 Elizabeth and Essex: A Tragic History》부터. 이 작품은 20세기 전기 문학의 대표작이라고도 알려져 있다. 중세에서 근대로 가는 이행기에 있던 영국의 엘리자베스 1세 여왕을 그려내는 수법으로 총신 에식스 백작과의 '사랑'을 사용했다.

엘리자베스의 궁정에 에식스 백작이 드나들기 시작한 것은 그가 20세가 되기 전이었다. 50대의 여왕은 아직 어린 소년이었던 에식스를 사랑하게 되었고, 소년은 마치 중세의 기사처럼 행동함으로써 그에 응답하기 시작한다.

마침 영국은 한창 스페인과의 패권 전쟁을 벌이는 중이었고, 에식스는 그대로 함대를 이끌고 전투에 나가 여왕에게 승리를 바친다. 순간의 영광은 온 국민의 찬사를 에식스에게 선사했고, 그와 동시에 여왕의 총애를 독차지할 수 있다는 오만함이 싹트기 시작하며 이윽고 비극의 그림자가 드리워진다.

역사가들은 그 총애를 사랑이라고 보기를 주저했으나, 스트레이치는 피어오르는 애증을 하나의 사랑으로 보았다. "아는 것이 힘이다."라는 금언으로 유명한 프랜시스 베이컨이 모략가로 암암리에 활동하는 것 또한 흥미롭다. 아울러 이 시대의 배경을 알기 위해서는 아오키 미치히코의《엘리자베스 I세》를 펼쳐보면 도움이 될 것이다.

모략가의 초상

모략가라고 하면 슈테판 츠바이크의《조제프 푸셰; 어느 정치적 인간의 초상》에서 묘사된 푸셰를 생각지 않을 수 없다. 그야말로 모략에 능한 사람이라고 할 수 있을 테니 말이다.

푸셰는 프랑스 혁명기에 지롱드파로 등장하지만, 혁명이 격화되면서 자코뱅파로 돌아서 리옹 대학살을 단행한다. '테르미도르의 반동'을 꾸며 로베스피에르를 몰락시키고 총재 정부의 경시 총감에까지 오른다. 나폴레옹이 대두한 다음에는 제정을 지지하며 왕정복고의 시대까지 살아남았다.

성실함을 중요시하는 현대에서 봤을 때 이는 도저히 믿을 수 없는 행보였으나, 실제로 이러한 인물이 있었다는 사실을 츠바이크는 생생히 묘사했다. 발자크의《수상한 일》에서 힌트를 얻어, 이 소설에서는 푸셰를 '어둠의 천재'라고 부르고 있다.

츠지 쿠니오는 1970년대부터 80년대에 걸쳐 나왔던 두 권의《푸셰 혁명력》에서 이 인물을 다뤘다. 율리아누스, 노부나가, 사이교 같이 굴곡이 있어도 한결같은 사람을 좋아한 작가가 이 모략가를 어떻게 묘사했을까? 흥미로운 읽을거리가 될 것이다. 이에 대한 심리적 고찰을 원한다면, 카시마 시게루의《나폴레옹, 푸셰, 탈레랑 정념 전쟁 1789-1815》을 참조하면 좋을 성싶다. 츠바이크 작품들은 미스즈 서방에서 전집으로 내놓기도 했다.

에리히 아이크Erich Eyck의《비스마르크전》은 8권에 이르는 대작이나,

비스마르크의 생애와 함께 19세기 유럽 대륙의 쓰라림을 느낄 수 있다. 프로이센의 지방 귀족이었던 비스마르크가 관계와 정계에서 두각을 나타내고, 빌헬름 1세 통치 기간에 재상을 지내며 프로이센을 중심으로 한 독일 제국을 건설해나간다는 장대한 이야기다. 그러나 이를 위해 비스마르크가 행했던 음모와 계략들은 너무나도 치밀했다.

비스마르크가 정계에서 활동하기 시작할 무렵, 주변 사람들은 그가 뛰어난 정치가가 될 것이라고는 생각지 못했다. 하지만 발상이 독특한 사람이라는 것은 확실했다. 자신과 동시대의 정치가라고 생각해서 찾아간 것이 프랑스 황제 나폴레옹 3세였다. 이때만 해도 비스마르크가 장차 프로이센의 재상이 되고 두 사람의 충돌로 '보불 전쟁'이 일어나리라고는 아무도 예상하지 못했을 것이다.

근래에는 그가 '철혈 재상'이라고 묘사되는 허상을 바로잡아주는 작품이 많다. 조너썬 스테인버그Jonathan Steinberg의 《비스마르크 상·하》는 그의 복잡한 성격에 중점을 둔다. 이와 같은 연구의 새로운 경향을 알기 위해서는 이다 요스케의 《비스마르크; 독일 제국을 구축한 정치 외교술》을 읽어보라고 추천하고 싶다.

윈스턴 처칠의 자서전 《나의 청춘기》를 읽어보면, 같은 19세기라도 영국인은 여러 가지 밝은 면면으로 묘사된다. 하지만 자전-평전을 읽을 때는 쓰여 있지 않은 것까지도 읽어야 한다. 유소년기의 처칠은 병사 인형을 수집하는 일에 푹 빠져 있었다. 명문으로 알려진 해로 스쿨Harrow School에 입학하지만, 라틴어를 전혀 할 줄 몰라서 대학 진학을 포기하고 육군사관학교에 입학해 나중에 기병 장교가 되었다.

백부가 명문 귀족인 말버러 공작이었고, 아버지는 젊었을 때부터 보수당의 정치가로 활약하고 있었기 때문에, 처칠은 아버지와 함께 의회에서 논쟁하는 것을 꿈꿔왔다고 한다. 아름다운 어머니는 미국 대부호의 딸로 사교계의 꽃이었으나 자전에서는 크게 언급되지 않는다.

처칠은 사관학교 시절, 쿠바에서 전투를 시찰하고 인도와 수단에서는 직접 싸우기도 하였다. 퇴역한 뒤에는 종군 기자가 되어, 보어 전쟁에 참전했으나 포로가 되었다가 다시 탈출하면서 칭송을 받게 된다. 처칠이 하원 선거에서 당선된 데에는 명문가 집안이라는 이유도 크지만, 재미있는 전기戰記를 써서 인기를 얻었기 때문이기도 하다.

이 책은 1930년에 간행되었음에도, 해군장관을 역임했던 제1차 세계대전의 이야기는 나오지 않는다. 갈리폴리 참패의 이야기는 자전에 넣고 싶지 않았던 것일까? 갈리폴리 전투에 관해서는 폴 존슨Paul Johnson의《처칠; 불굴의 리더십Churchill》이 추천할 만하다. 또 다른 평전으로는 카를로 데스테Carlo D'Este의《윈스턴 처칠; 전시의 삶Warlord: A Life of Winston Churchill at War》도 훌륭한데, 처칠의 주요 관심사는 정치가 아니라 전쟁이었다고 분석한 점이 색다르다.

사회 구조인가 개인의 의도인가?

제1차 세계대전 후의 유럽으로 시선을 돌리고 싶다면, 이언 커쇼 Ian Kershaw의《히틀러 상·하》가 안성맞춤일 것 같다. 상권의 부제는 '오만 Hubris', 하권은 '천벌Nemesis'인데, 상·하권 모두 한 손으로 들기에는 상당히 무거울 정도다.

히틀러가 전후의 뮌헨에 만들어진 '적색 정부'에 가담했다는 이야기는 유명한데, 그는 나치스에서 두각을 나타낸 이후에도 감언이설로 꾀었고, 이것이 급속하게 독일의 '구세주'로 변해가는 과정이 대단히 자세하게 기술되어 있다.

커쇼는 히틀러를 알기 위해서는 역사나 사회를 구조적으로 분석해야 할 필요가 있다고 주장하는 '구조주의'를 신봉했고, 히틀러의 의도를 주로 기술하는 '의도주의'에 대해서는 비판적이었다. 그런데 이 대서사를 쓰기 시작한 것은, 역시 전기의 형태가 적절할 것 같다고 생각했기 때문이라고 말한다.

또 다른 저서 《히틀러 신화The 'Hitler Myth'》에서 커쇼는 상세한 데이터에 기반해 히틀러에 대한 과거의 해석을 비판했고,《나치 독재 해석의 문제와 전망》에서는 구조주의와 의도주의를 비교 연구하는 등, 방대한 연구 결과를 발표했다.

냉전 시대의 소련에 대해 '봉쇄'를 제안하는 등 미국의 외교관으로 활동했던 조지 케넌George Frost Kennan의 《조지 F. 케넌 회고록(I~III)》도 추천할 만한 자전적 회고록이다. 그는 원래 문학을 좋아하는 섬세한 소년이었다. 그러나 프린스턴 대학에서 정치학을 배우는 동안 외교에 흥미를 느끼게 되었고 국무부에 입성한다. 러시아어 습득과 소련 연구를 위해 유럽에 파견되었고, 제2차 세계대전 중에는 예리한 시점으로 여러 정책을 제언했다.

케넌이 생각한 '봉쇄'는 반드시 군사적으로 압박하는 것이 아니라,

소련 국내의 사회적인 성숙을 이용해 외교적으로 힘든 시기를 극복하고 대화로 이끌어가려는 의도의 표출이었다. 그러나 미국의 대소련 정책은 핵무기 경쟁에 의한 군사적 대립으로 기우는 경우가 많았다.

이러한 경향을 꺼렸던 케넌은 1953년 국무부에서 사임하고 대학으로 돌아와 외교사 연구에 매진했다. 마침내 소련이 붕괴했을 때 의회에 초청받아 기립 박수를 받는 순간, 그의 머릿속에는 얼마나 숱한 생각들이 오갔을까?

참고로 그의 친구인 존 루카치는 《평전 조지 케넌》이라는 그의 전기를 쓰기도 했다.

히가시타니 사토시
1953년 야마가타현 출생.
와세다 대학 정치 경제학부 졸업.
《더 빅맨》과 《발언자》 등의 편집장을 역임.
《세계사를 바꾼 사기꾼들》, 《경제학자의 영광과 패배;
케인즈부터 크루그먼까지 14명의 이야기》 등 저서 다수.

03
중국의 심층에
지금도 숨 쉬고 있는 것은?

역사적인 시점에서 파악한 중국

가지타니 카이
고베대학 교수

우리 사회에서 보도되는 중국은 경제든 정치든 어느 한 방향으로 상당히 편향되기가 쉽다.

중국 사회의 표면적인 변화에 휘둘리지 않고 뉴스와 보도의 배경을 올바르게 이해하기 위해서는 그 사회의 성립 경위, 특히 우리 사회와 비교했을 때 느껴지는 이질성을 역사적인 시점에서 파악해야 한다.

우선 교양으로서 짚고 넘어가고자 하는 것은 케네스 포메란츠가 《대분기; 중국, 유럽, 그리고 근대 세계 경제의 형성》에서 제기하는 문제다. 이 책에서 포메란츠는 17세기부터 18세기에 걸친 중국(특히 양쯔강 하류 지역)이 서구사회와 거의 동일한 '스미스적 성장', 즉 분업의 진행과 근대적인 공업화의 싹을 보여주었다는 점을 강조함으로써 역사학계에 기탄없는 논의를 불러일으켰다. 그렇다면 그 후로 근대적인 공업화가 왜 서구에서만 일어나고, 중국에서는 발생하지 않았을까? 서구는 마침 그 시기에 땔감처럼 지역적으로 제약받는 연료에서 석탄으로 전환되었다는 점, 그리고 해외 식민지에서 연료를 수입함으로써 경제 발전이 지리적인 제약을 받지 않게 된 점을 이유로 들었다. 다시 말해 우연히 서구의 외부 환경이 상대적으로 유리했을 뿐이라는 것이 포메란츠가 주장한 요지다.

중국 경제의 행보를 구미 모델과는 별개의 경제 발전 모델로서 높이 평가하는 이른바 '신좌과' 지식인들은 이러한 논의에서부터 일종의 힘을 얻을 수 있었다. 그러나 일본 내의 중국사 전문가들 사이에는 비판적 시각도 만만찮다. 서구와 아시아를 비교하는《대분기》는 중국과 일본을 하나의 유형으로 안이하게 묶어버리는 것이며, 근대 이후 일본과 중국에서 볼 수 있는 공업화 성공의 차이(이른바 '소분기')를 충분히 설명하지 못한다고 보기 때문이다.

서로 다른 사회구조

이렇듯 근대화를 향한 행보에서 중국과 일본이 드러낸 차이를 전근대의 사회구조 차이로 알기 쉽게 정리한 책이라면, 오카모토 다카시의 《중국; '반일'의 원류》를 꼽을 수 있다. 이 책에 따르면 중국과 비교했을 때 일본의 전근대 사회의 통치는 통치자와 피통치자의 거리가 가까웠다는 점이 돋보인다. 예를 들어, 주로 에도 시대 정치가들이 주창했던 "백성은 살리지도 죽이지도 말라!" 같은 사고방식은 오히려 피통치자인 농민의 생활에 대한 통치자의 일종의 온정주의적 개입, 즉 '거리의 가까움' 또는 '격의 없음'을 나타낸 것으로 이해해야 한다고 말한다.

한편, 예부터 통치자들이 '백성이 태평성대를 누린다'는 뜻의 고복격양鼓腹擊壤을 이상으로 여겨온 중국의 경우, 에도 시대와 같은 시기였던 청나라 조정에서도 국가와 사회의 괴리가 두드려졌다. 예컨대 역대 왕조나 그 관료 기구가 서민의 생활에 개입하는 방식은 전통적으로 '형벌'과 '징세'라는 두 가지 국면에 한정되었다. 에도 시대 막부幕府처럼 정치가가 민중의 생업과 생활에 직접 관여하고 구체적인 정책을 실행하는 일도 없었으며, 통치를 위한 피통치자와의 협동 관계도 기본적으로는 존재하지 않았다.

이처럼 오카모토가 지적한 사회 성립이란 면에서 중국과 일본의 차이는 지금까지도 양국 간의 관계에 먹구름을 드리우는 전쟁 경험, 특히 그 '전시 동원' 형태의 차이와도 깊은 관계가 있다. 가령 전통적인 중국 농촌에는 기본적으로 일본처럼 '촌락 공동체'가 존재하지 않으며, 경제외의 신분적인 제약으로 인해 토지에 얽매이는 일도 거의 없었다. 다시 말해, 도망치려고만 하면 다른 지역으로 도망치는 일이 비교적 쉬웠다. 게다가 요즈음 전쟁 드라마에서도 간간이 볼 수 있는 빨간 딱지 한 장으로 곧장 전쟁터에 소집되었던 일본 사회, 즉 공동체적인 상호 감시나 강한 속박으로 인해 '도망치려 해도 도망칠 수 없었던' 일본 사회와는 커다란 차이가 있었다.

사사가와 유지의 《중화 인민 공화국 탄생의 사회사》도 눈여겨볼 만하다. 국민당의 '마지막 보루'이자 중·일전쟁 및 국·공 내전기에 식량과 병력의 보급기지로 중요한 역할을 했던 쓰촨성을 배경으로 삼아, 중국 사회의 '전시 동원' 양상을 그려낸 역작이다. '빨간 딱지 한 장으로 병사가 소집되었던' 일본과는 대조적으로, 공동체적 유대가 낮은 중국 사회의 전시 징발은 때로 명백한 폭력을 동반하면서 가혹하게 변했다. 또 총력전에서 승리하기 위한 전시 징발은 농촌에서 부유한 자와 빈곤한 자의 격차를 한층 더 키웠고, 후자의 생존권을 위협하는 지경까지 이르렀다. 그러한 가운데 생존을 위협받은 빈곤층의 원망은 가까이에 있는 착취자인 지주들을 향했다. 이처럼 가혹하게 실시된 전시 징발은 중국 농촌의 비슷한 계급끼리의 갈등이라고도 할 수 있는 격렬한 투쟁의 원인이 되었고, 나아가 공산당에 의한 토지 개혁을 받아들이는 기반을 만들었다는 것이 사사가와의 주장이다. 이렇듯 '어떻게 공산당이 권력을 장악할 수 있었는가'를 이해하기 위해서도 일본과 다른 중국 농촌의 특징을 반드시 이해해야 한다.

화폐로 중국 근·현대를 풀어보다

전통적인 중국 사회의 특징을 이해하는 데 그 복잡한 화폐 제도를 빼놓을 수는 없다.

우선 쿠로다 아키노부의 《화폐 시스템의 세계사; '비대칭성'을 읽다》(개정·증보판)가 강조하는 점은 현지 농작물 거래에 사용되며 계절에 따라 큰 변동이 발생하는 '현지 통화'와 지역 간 결제 및 국가 간 결제에 사용되는 '결제 통화'라는 두 가지 통화의 '비대칭성'이다. 이 둘 사이에 잠재하는 긴장 관계를 해소하기 위해서 주로 두 가지의 다른 대응이 이루어졌다.

하나는 상인의 '신용'을 다각적으로 결제하는 시스템을 만들어 현지 통화를 생략하려 하는 것으로, 잉글랜드 같은 서구 국가들이 채택한 길이 이에 해당한다. 다른 하나는 어느 지역에 한정된 '현지 통화'를 지역의 수요 변동에 맞춰 유연하게 공급하는 방법으로, 전통 중국에서 볼 수 있었던 길이다. 전자는 채무 이행을 강제하는 국가 등의 강력한 기관이 지지하여, 이윽고 중앙은행을 중심으로 한 '1국 1통화'라는 국민 국가 시스템으로 통합돼갔다. 후자의 경우에는 결제 통화와 현지 통화의 모순이 해소되지 못하고 '은량銀兩'이라 하여 무게에 따라 가치가 결정되는 화폐, 그리고 농촌 등에서 유통되는 동전이 함께 사용되는 '은전이화제銀錢二貨制'로 나뉘었다. 이는 중국이 근대 국가의 건설을 목표로 삼기 시작한 뒤에도 상당 기간 유지되었다.

이러한 화폐 시스템의 차이와 근대적인 시장 경제 시스템의 관계를 이해하는 것은 비트코인같이 국가가 관리하지 못하는 가상 통화의 대두가 향후 중국 경제에 어떤 영향을 미칠 것인지를 생각하는 데에도 유용할 것이다.

그렇다면 현재 중국의 통화인 위안화는 향후 글로벌 자본주의 경제 속에서 어떤 역할을 할 것인가? 요시오카 케이코의 《위안화의 흥망; 마오쩌둥·덩샤오핑·시진핑이 꾼 꿈》이 답을 줄 수 있을지 모른다. 중국 공산당이 근거지에서 농민으로부터 물자를 조달하기 위해 '변폐'라든가 '항폐' 같은 이름의 지역 통화를 부지런히 발행했던 이야기부터 시작해서, 이제 명실상부 대국이 된 중국이 위안의 국제화나 AIIB(아시아 인프라 투자 은행)를 통해 어떻게 글로벌한 영향력을 확대하려 하는가에 이르기까지를 폭넓게 다루고 있는 좋은 저서다.

저자는 중국 경제와 중·일 교류 역사의 산증인들을 대상으로 일련의 귀중한 인터뷰도 했다. 이를 바탕으로 작성된 '화폐를 통해 바라본 중국 근현대사' 부분은, 공산당이 권력을 차지하기 전 중국의 독특한 화폐 시스템이 현재 상황에 미치고 있는 '각인'을 설명한다. 예컨대 영국이 돌연 AIIB 참여를 표명해 일본 정부 관계자들을 놀라게 했는데, 이것은 장제스의 국민 정부가 국내 통화의 통일 문제로 골머리를 앓던 중 사절단의 제언을 비롯한 영국 정부의 전면적인 도움을 받아 화폐개혁을 실현했던 역사를 상기시킨다. 또 국-공 내전 당시 하이퍼인플레이션 때문에 국민당이 민심을 잃게 되었던 기억이 지금까지 생생한 가운데, 경제 정책 담당자가 서민의 생활을 압박하는 인플레이션의 재현을 얼마나 경계해왔는지도 잘 설명해준다.

'화폐' 문제는 사람들의 생활에 직결되기 때문에 정치와 권력이란 문제와도 불가분한 관계에 있다. 중국 지폐가 마오쩌둥의 초상으로 장식되어 있다는 사실이 이를 대변해주고 있지 않은가.

가지타니 카이
1970년 오사카 출생.
고베 대학 대학원 경제학 연구과 박사 과정 수료.
전문분야는 현대 중국 경제론.
저서로 《'벽과 달걀'의 현대 중국론: 리스크를 사회화하는 초강대국과
어떻게 마주할 것인가》, 《일본과 중국, '탈근대'의 유혹》,
《일본과 중국 경제: 상호 교류와 충돌의 100년》,
《중국 경제 강의: 통계의 신뢰성부터 성장의 목적지까지》 등이 있다.

제5장

교훈을 얻는다면
역사는 삶의
무기

01
역사상 '가장 행복한 국가'는?

누구나 배불리 먹고 편히 잘 수 있는가의 문제

데구치 하루아키
리쓰메이칸 아시아 태평양대학 학장

"트럼프 대통령의 정책이 미국을 좋은 방향으로 이끌까?"

"현재의 우리나라는 좋은 국가라고 할 수 있을까?"

우리는 종종 위와 같은 질문을 던지며 생각해보곤 한다. 그런데 이때 '행복한 국가'라는 것은 도대체 어떤 상태의 국가를 의미하는 것일까?

역사를 이야기할 때면 전쟁에서 승리했다든지 영토를 넓힌 가장 강력한 나라가 어디였는가, 하는 주제가 종종 나타난다. 하지만 막상 그 나라에서 생활하고 있던 사람들에게 최고의 국가라든지 가장 살기 좋은 국가 따위는 그다지 큼직한 이슈가 아니다. 그렇다면 가장 살기 좋다는 의미에서 최고의 국가가 되려면 어떤 조건들을 충족시켜야 하는지, 고찰해보자.

먼저 구체적인 예를 하나 들어보도록 하자. 5천 년에 걸친 인류의 역사를 되돌아보면 과거에 다양한 국가들이 생겨났다가 또다시 사라져갔다는 사실을 알 수 있다. 그중에서 "최고의 국가"를 꼽아보라고 한다면, 가장 먼저 떠오르는 것은 '5현제賢帝의 시대', 즉 고대 로마제국의 서기 96년부터 180년까지의 기간이다. 18세기에 《로마제국 쇠망사The History of the Decline and Fall of the Roman Empire》를 저술한 영국 역사가 에드워드 기번Edward Gibbon은 '인류에게 있어 가장 행복했던 시대'라고 말했다. 어쩌면 조금 과장된 표현일지도 모르겠다. 하지만 '행복한 국가'를 생각해볼 때, 유력한 모델 가운데 하나라는 점은 틀림없다.

5현제란 로마제국의 제12대부터 16대까지의 황제인 네르바, 트라야누스, 하드리아누스, 안토니누스 피우스, 마르쿠스 아우렐리우스 안토니누스를 가리키며, 그 기간은 '네르바-안토니누스 왕조'라고 불린다. 이 시기에는 적자嫡子가 없다는 등의 이유로 모두 세습이 아니라 양자에게 황위가 계승되었다는 점도 지적하지 않을 수 없다.

난폭했던 제11대 황제 도미티아누스가 암살되자, 원로원이 다음 황제로 추천한 것은 온건한 66세의 네르바였다. 그러나 네르바는 약 1년 반 만에 세상을 떠나고 트라야누스가 그 양자가 되어 황제를 계승한다. 트라야누스는 두 번의 큰 전쟁에서 승리하면서 로마제국사상 최대로 판도를 넓히는 한편, 국내에서는 공공시설 등을 구축했다.

하드리아누스는 동쪽의 메소포타미아와 아르메니아를 포기하고 국경의 안정화를 도모했으며, 재위 기간인 21년 동안 로마제국의 토대를 다졌다. 두 번에 걸친 장기 시찰에 나서 제국 안을 빠짐없이 둘러보며, 관료 제도와 행정 제도를 정비해 법 제도를 바로잡았다.

하드리아누스의 노선을 따라 걸었던 안토니누스 피우스에 이르러서는, 23년에 가까운 통치 기간 중 큰 사건이 전혀 일어나지 않았다. 역사 연표로 보면 특기할 만한 사항들이 거의 없기 때문에 이 얼마나 무료했던 시대였느냐고 생각할 수도 있으나, 반드시 그렇지만은 않았다. 다른 연표를 들여다보라, 거기에 큼지막하게 적혀 있는 것은 전쟁이나 대재앙 같은 "비상사태"이며 사람들의 평안한 생활을 심하게 위협했던 것들뿐이다. 그러니 '아무 사건이 없었던' 안토니누스 피우스 시대야말로 사람들이 평온과 번영을 구가한 시대였다. 실제로 그는 로마를 떠나는 일조차 거의 없었다. 하드리아누스처럼 몇 년에 걸쳐 시찰의 여정을 떠날 일이 아예 없을 만큼 국내가 안정되어 있었기 때문이다. 이러한 국내의 안정과 번영은 마르크스 아우렐리우스 안토니누스까지도 이어졌다.

필시 5현제의 시대는 우리가 생각하는 '행복한 국가', '최고의 국가'가 되기 위한 조건에 거의 부합하고 있었던 것으로 보인다.

배불리 먹을 수 없었던 에도 시대

내가 생각하는 '최고의 국가'로 불릴 조건은 간단히 말해서 인간의 소박하고 기본적인 욕구를 만족하는 상태여야 한다는 것이다. 예컨대 누구나 배불리 먹을 수 있고, 밤에는 쾌적한 잠자리에서 깊이 잠들 수 있으며, 안심하고 아이를 낳고 기를 수 있는 등의 상태 말이다.

여러분은 "먹고 자고 자손을 남기는 것이 전부라면 동물과 다를 바가 없지 않느냐?"고 물을지 모르겠다. (사실 나는 인간도 기본적으로는 동물이라고 생각하고 있다.) 그렇다면 원하는 곳에서 살고, 원하는 일을 하며, 마음껏 상사의 흉을 볼 수 있다는 조건도 거기에 덧붙이겠다. 즉 이동의 자유, 직업 선택의 자유, 언론의 자유가 있는 상태를 말하는 것이다.

그렇다 하더라도 수천 수백 년 전, 저 먼 과거에, 이런 조건들이 얼마만큼 충족되고 있었는지를 어떻게 찾아볼 수 있단 말인가?

조금 전 소개한 하드리아누스 황제에 대해 시인인 플로루스는 그의 열정적인 지방 순찰을 이렇게 야유했다.

"황제가 되고 싶지 않아. 브리튼 사람들 사이를 헤매고 여기저기 떠돌며 스키티아의 겨울을 견뎌야 하나니…."

이걸 듣고도 하드리아누스는 그 시인을 체포하거나 하지 않고, 오히려 그 시를 흉내 내 이렇게 읊었다.

"플로루스가 되고 싶지 않아. 싸구려 음식점을 돌아다니고 선술집에 숨어 있으며, 살찐 모기들을 견뎌야 하나니…."

황제는 더할 나위 없이 가장 높은 상전이다. 그런데 그런 황제와 시인이 주고받은 이 구절만 보더라도 당시의 로마에는 넉넉한 언론의 자유가 있었음을 알 수 있지 않은가! 어느 대통령이 기자 회견에서 자신을 비판한 미디어 기자에게 질문하지 못하도록 윽박질렀던 사례와는 달라도 너무나 달랐던 것이다.

'밤에 안심하고 잠들 수 있었는가'는 전란 등이 없는 평화로운 상태가 얼마나 장기적으로 유지되었는가의 기준이 된다. '배불리 먹을 수 있고, 마음 놓고 아이를 낳을 수 있는가'의 여부는 그 시대의 인구증가율, 평균 수명, 체격의 변화 등을 보고 가늠할 수 있다. 근래의 역사 인구학이나 고고학 등의 발전에 따라 이러한 먼 과거의 데이터도 점점 밝혀지고 있다.

예를 들어, 에도 시대를 두고 이렇게 말하는 경우가 종종 있다. "평화가 200년 이상 이어지고, 독자적인 문화가 발달한 좋은 시대." 확실히 전란이 없어져서 세상이 안정되고, 큰 전쟁이나 내란이 일어나지 않아 밤에 마음 편히 잘 수 있었을지 모른다. 하지만 배불리 먹을 수 있었는가는 큰 의문이다. 에도 시대, 특히 말기의 평균 신장은 남성의 경우 155cm, 여성은 143cm이었다. 평균 체중도 남성이 50kg대였다고 추정되고 있다. 고훈 시대를 비롯한 다른 시대와 비교하더라도 신장이 왜소했고, 일본 역사에서 가장 체격이 빈약했던 시대라고 생각되고 있다. 그뿐인가, 에도 시대에는 신분 제도로 인해 직업 선택의 자유도 없었으며 이동의 자유도 제한되어 있었다.

에도 시대를 "행복한 국가"라고 부르기 어렵다면, 나는 그 근본적인 원인이 쇄국에 있었다고 생각한다. 외국과의 교역이 활발한 국가일수록 경제가 발전하기 마련이니, '배불리 먹을 수 있음'의 기본적인 조건은 '개국開國'에 있는 것이다. 더욱 운이 안 좋았던 것은 에도 막부가 쇄국 정책을 펼치는 사이에 유럽에서는 미증유의 혁신 사건이 두 번이나 일어났다는 사실이다. 바로 산업혁명과 국민국가nation-state의 형성이었다. 그

혁신이 가져다준 고도성장을 에도 시대의 일본은 따라가지 못했다.

GDP(국내 총생산) 점유율로 따져보면, 쇄국 전의 일본은 전 세계 GDP의 4~5%를 차지하고 있었으나, 에도 말기에는 약 2%대로 떨어졌다. (참고로 전후戰後 일본의 GDP는 피크였을 때 9% 전후, 지금은 약 4~5%를 차지한다.) 군사력도 마찬가지다. 전국 시대에는 소총의 수가 세계 최고, 최강 수준이었는데 쇄국을 하는 동안에 큰 격차로 떨어지고 말았다. 나와 세계 사이에 벽을 쌓는다는 것은 그만큼 엄청난 단점이 되는 것이다.

부유함의 가장 중요한 조건

'누구나 배불리 먹을 수 있다는 것'은 쉽게 말해서 경제적으로 부유한 국가, 좀 더 구체적으로는 GDP가 높은 국가를 가리킨다. 그렇다면 그 경제력은 어디에서 만들어지는 것인가? 가령 뛰어난 자연적 조건이나 토지의 비옥함, 혹은 석유를 비롯한 자원의 풍부함 등이 얼핏 머릿속에 떠오를 것이다. 하지만 반드시 이런 것들이 가장 중요한 조건은 아니다.

부유해지는 가장 중요한 조건, 그것은 국제 교역이다. 나는 그렇게 생각한다. 왜냐고? 하나의 생태계라는 것은 본래 빈약해서, 그 지역에서 생산되는 자원에는 분명 한계가 있기 때문이다. 따라서 교역은 자신의 생태계에 없거나 부족한 산물을 상호 교환하는 것이므로, 교역이 원활해진다면 확실히 부족함을 메울 수 있는 것이다. 근대의 사례를 들어 말하자면, 네덜란드나 대영 제국과 같이 국토가 좁더라도 왕성한 교역을 통해서 가장 부유한 국가가 될 수 있다는 얘기다.

더 나아가 외국에서 새로운 물건이 들어온다면, 그 기술을 배움으로써 문명이 발달한다.

가령 철^鐵을 그 예로 들 수 있다. 철기는 BC500년경부터 유라시아 대륙 전체에 보급되기 시작했고, 일본에는 조몬 시대 말기에 기타큐슈로 전해졌으며 1세기경에는 지금까지 쓰였던 석기와 교체되었다고 대개 알고 있다. 이는 굉장한 혁신이었다. 철이 들어오기 전에는 논밭을 갈 때도 나무로 된 도구를 사용했기 때문에 상상하는 것만으로도 지치는 일이었다. 그런데 철로 만든 괭이와 삽이 등장했으니! 그 무렵의 산업은 주로 농업이었기 때문에 농업생산성이 비약적으로 향상되었고, GDP는 단숨에 높아졌다. 이는 우리나라뿐만 아니라 세계 각지에서 철기가 보급되는 과정에서 일어난 일이었다.

철광석이 부족했던 일본은 야요이 시대부터 철광석이 풍부한 한반도에서 철을 수입했다. 국내에는 수입한 철을 가공하는 기술만 있었으며, 지금 남아있는 유적 등을 보아도 5세기경까지 제철의 흔적은 남아있지 않다. 기타큐슈와 한반도 사이를 통나무 배 같은 수단으로 오가며 아마도 사람(병사, 노비)과 철을 교환했었을 것이다.

야요이 시대의 규슈에서는 나무로 된 도구로 농업을 계속하는 것만으로는 사람이 먹고살 수 있는 데 한계가 있었을 것이다. 그러나 생태계에 없었던 철이 들어옴으로써 혁신이 일어났고, 이전보다 몇 배, 몇십 배가 되는 사람들이 생계를 유지할 수 있게 되었다. 이것이 바로 교역에 의해 문명이 발전하고, 국가가 부유해지는 기본 원리다.

교역이란 우리가 보통 생각하는 것 이상으로 더 오랜 옛날부터 있었던 것 같다. 예를 들어, 아오모리현의 산나이마루야마 유적은 대략 5천 년 전의 것인데, 이 유적에서 니가타현의 이토이가와 근처에서 채취되는 비취가 발굴되고 있다. 이것은 5천 년 전부터 약 600km 떨어져 있던 아오모리와 니가타 사이에 교역이 있었다는 증거가 아니겠는가. 아마도 육로가 아닌 해로로 비취를 운반했을 것이다. 지도상에서는 육로가 가깝게 보여도, 실제로는 산과 골짜기가 있어 거리가 멀었고, 험한 곳도 많았으니까. 또 산적 등에게 습격을 당하는 일도 있었다. 물론 해로도 위험이 없진 않았으나, 육로보다 안전성이 높았고 상대적으로 비용도 낮았다. 세계사에서 만날 수 있는 교역의 대부분은 기본적으로 해로 또는 수로를 이용한 것으로 생각된다.

'도로'로 번성한 대제국

인류 역사에는 세계 제국이라고 불리는 거대한 제국들이 많이 존재한다. 그런 세계 제국의 중요한 요소 중의 하나가 '도로'다. 시황제의 진나라와 로마제국도 모두 도로 건설에 힘을 쏟았다. 이러한 도로망은 군사, 정보, 교역을 뒷받침하는 가장 중요한 인프라스트럭처였기 때문이다. 우리는 그 전형적인 케이스를 아케메네스조 페르시아 제국(BC550~BC330년)에서 볼 수 있다.

재위 기간이 BC522~BC486년이었던 제4대 다리우스 대왕은 광대한 영토 전역에 '왕의 대로大路'라고 불리는 간선 도로를 구축했다. 도로망의 각지에는 역참이 설치되었고, 그곳에는 수비대와 건강한 말들이 비치되어 있었다. 혹 어디선가 반란이 일어나면 역참의 수비대가 말을 타고 왕도의 수사까지 그 소식을 알리러 달렸다. 각지의 역참에는 건강한 수비대와 말이 준비되어 있었기 때문에, 릴레이 방식으로 모든 정보를 빠르게 전달할 수 있었다.

알렉산드로스 대왕이 건립한 마케도니아 대제국도 실질적으로는 아케메네스조의 판도를 빼앗은 것이었으며, 고대 로마가 120년 전후에 완성한 저 유명한 로마의 도로 또한 왕의 대로를 모방한 것이었다. '모든 길은 로마로 통한다'고 하는 바로 그 도로다.

로마가 광대한 제국의 치안을 유지할 수 있었던 것은 그물망처럼 연결되는 바둑판형 도로망 덕분이었다. 왕의 대로처럼, 어디선가 내란이나 침략이 일어나면 그 정보가 곧바로 로마에 전달된다. 그러면 로마에서 즉시 파발꾼을 보내 가령 빈에 주재하는 군대로 진입하라는 지시를 내릴 수 있는 것이다. 그걸로 부족하다면 로마에서 지원군을 보낼 수도 있었다. 이러한 신속한 지시가 가능했던 것도 다 도로망이 있었던 덕분이었다.

5세기에 로마제국의 서쪽(서로마제국)이 멸망하게 된 커다란 원인 중의 하나가 바로 완비되었던 도로망을 잃은 것이었다. 4세기 중엽부터 침입해온 야만족에 의해 도로는 토막 나듯 끊겨버렸고, 말과 병사가 있었던 주둔지를 빼앗기면서 치안 유지의 기반이었던 정보 인프라가 기능을 상실하게 된 것이다.

실은 로마제국이 기독교를 국교화한 것도 이 정보망의 유실과 상당히 큰 관계가 있는 것으로 생각된다. 당시 기독교회는 도시부의 대교회를 허브로 삼아 지방의 소교회와 연결되는 네트워크를 구축하고 있었다. 그런데 도로망 붕괴 후에는 기독교회의 이 네트워크가 중요한 정보 전달의 수단이 되었던 것이다. 테오도시우스 황제(재위 379~395년)가 기독교를 국교로 정했을 때, 암브로시우스라는 밀라노의 주교가 암암리에 그다지 현명하지 않았던 황제에게 '기독교를 비호하면 좋은 점이 있을 것'이라고 제언하지 않았을까? 나는 가끔 그런 상상을 해보곤 한다.

어쨌거나 그렇게 기독교가 국교로 정해지자 다른 종교인들은 살기가 어려워졌다. 그리스의 고대 올림픽도 중지되었다. 올림픽은 기독교가 이교異教의 신으로 간주하는 제우스를 숭상하는 축제였기 때문이었다. 이때 로마제국은 지금까지의 '관용'을 잃었다. 대제국은 다양한 민족과 다양한 종교가 공존함으로써 성립되는 법인데, 이처럼 관용을 상실했으니 그것은 대제국의 붕괴로 나아가는 길이기도 했다.

'관문'은 결국 '산적'과 마찬가지

전화도 인터넷도 없던 시대, 아득히 멀리 떨어진 땅의 정보를 전달해주었던 것은 상인이나 행려같이 긴 거리를 이동하는 사람들이었다. 새로운 정보가 들어오면 상인이 물품을 매매하며 전달했다. 정보가 비즈니스를 낳는 것은 예나 지금이나 다름이 없다. 어떤 길이 위험하다거나, 도중에 장애물이 있으면 교역에 지장이 생긴다. 여기저기서 산적이나 해적이 출몰한다면 상인들은 그 길을 이용하지 않게 된다.

몽골제국(1206~1634년)의 제5대 황제 쿠빌라이(재위 1260~1294년)는 무서우리만큼 합리적이고 근대적인 사고를 하는 인물로, 획기적인 교역 시스템을 구상하여 세계 최초로 글로벌화를 실현했다. 당시의 기축통화는 은이었다. 쿠빌라이가 생각해낸 것은 '은의 대순환'이라고 부를 수 있는 시스템이었다.

예를 들어서 지금의 베이징에 해당하는 대도의 쿠빌라이 궁정에, 그의 아우인 훌라구가 다스리는 훌라구 울루스(울루스는 국가라는 의미)에서 신년을 맞아 사신이 왔다고 가정해보자. 아우 나라의 도시 타브리즈는 굉장히 멀리 떨어진 아제르바이잔의 인근에 있었는데, 설날 등에는 공물을 들고서 대도까지 그 먼 길을 찾아왔다. 그러면 쿠빌라이는 그 사신에게 '은정銀錠'이라는 무거운 은덩이를 주었다. 훌라구의 사신은 이 은정을 갖고 다시 돌아가는데, 자신들은 장사에 능하지 않았기 때문에 오르타크라는 아라비아나 페르시아 상인에게 건네며 명령했다. "이 은괴를 빌려줄 테니 배로 만들어 가져오너라." 즉, 왕족들은 쿠빌라이에게 받은 은정을 오르타크에게 투자했던 셈이다. 오르타크는 해로를 통해 중국까지 건너가 비단이나 도자기, 차 등을 사들이면서 그 대금을 은정으로 지불했다. 쿠빌라이 정권은 소금세와 소비세를 기본으로 하고 있었기 때문에, 이 은정을 소비세로 다시 거두어들였다. 이렇게 훌라구의 사신에게 건넨 은정이 대도로 되돌아왔기 때문에 '은의 대순환'이라고 부른 것이다.

이 시스템에 의해 유라시아 동방 교역은 전성기를 맞이한다. 쿠빌라이에 의해 육로와 해로가 연결되고 처음으로 유라시아 규모의 글로벌화가 실현된 것이다.

이 교역 시스템은 육로와 해로 모두 상인들이 안전하게 통행할 수 있다는 전제가 있어야만 가능했다. 그래서 쿠빌라이는 관문을 없앴다. 관문에는 공적인 거라는 이미지, 산적과 해적에는 나쁜 이미지가 심어져 있었지만, 기실 이 둘은 다를 바가 없었기 때문이다. '관문'은 그 땅의 권력자로 공인되는 호족이 상인-행려들에게서 돈을 거둬들였고, '산적이나 해적'은 민간단체가 제멋대로 돈을 탈취하는 것이란 차이뿐이었다. 어느 쪽이나 상인들에겐 높은 비용이었고, 교역의 장애가 되었다.

교통의 안전을 확보하기 위해 산적과 해적을 퇴치하고, 관문을 없앴던 쿠빌라이의 생각은 후일 오다 노부나가의 자유 시장과 상통하는 부분이 있다. 양자 모두 규제 완화를 추진하고 자유 교역을 활성화시켰다는 점이다.

대여행가의 존재는 치안이 좋은 국가라는 증거

2016년의 통계에 의하면 2,400만 명이라는 외국인 관광객이 일본을 찾았다. 5년간 무려 4배로 늘어난 숫자였다. 이렇게 관광객이 급격히 늘어난 이유는 비자(입국 사증)의 발급에 대한 규제가 완화되었기 때문이다. 그러니까, 비자라는 것은 들고 다니는 관문이라는 얘기다.

여행자들이 많다는 것은 이동의 자유가 있음을 의미한다. 국내가 안정되고 치안이 좋으며 경제적으로 부유하고 매력적인 국가일수록 여행자는 증가한다. 그런 의미에서 역사에 이름을 남기는 대여행가가 나타난다는 것도 '행복한 국가'의 또 다른 기준이 될 수 있다.

그 예로 《서유기》의 삼장법사를 생각해보자. 현장 삼장(602~664년)은 629년에 인도의 불전을 구하러, 제2대 황제 태종이 다스리고 있던 당을 출발했다.

인도라는 나라는 지형적으로 통일되기 어려운 땅이다. 유목민의 침입으로 인해 550년경 굽타 왕조가 멸망한 후, 소국가의 난립이 계속되어 불안정한 상태였다. 지역 왕국간의 분쟁도 있었으며, 지배력이 미치지 않는 곳에서는 산적들이 날뛰고 있었다. 그러던 중, 하르샤 바르다나라는 왕이 나타나 606년부터 대략 40년 동안 북인도를 통일했고 평화가 유지되었다. 현장 삼장의 여행은 마침 이 하르샤왕의 치세와 그 기간이 겹친다.

현장 이전에도 불전을 구하기 위해 당에서 인도로 떠나는 여행을 계획한 승려들은 있었을 것이다. 그러나 인도 국내의 정세가 불안한 시기에는 산적 등에게 붙잡혀 위험에 빠졌을지도 모른다. 그랬다면 역사에 이름이 남지 않는 것 또한 어쩔 수 없는 일이었다.

인도에 도착한 현장은 하르샤왕에게 환대를 받았고, 왕에게 강론을 했다고도 전해진다. 그리고 인도의 날란다 대학 등에서 공부했으며, 많은 불전들을 가지고 16년 후인 645년에 당으로 돌아갔다. 그리고 647년, 하르샤왕이 죽자 고대 북인도의 마지막 통일 왕조는 금세 와해되었다.

베네치아 상인 마르코 폴로는 13세기 후반, 24년에 걸쳐 아시아를 여행했다. 당시 몽골제국은 쿠빌라이의 치세 기간이었다. 자유롭게 이동할 수 있는 국가를 만든 쿠빌라이가 없었더라면, 마르코 폴로라는 이름의 이 대여행가는 역사에 이름을 남기지 못했을 것이다.

실은 마르코 폴로에 대해서 자세한 기록은 남아있지 않다. 몽골에 남아있는 방대한 데이터에도 그 이름은 나타나지 않는다. 예컨대 그가 중국에서 탄 배는 대원 울루스의 황녀가 훌라구 울루스로 출가했을 때의 배인데, 그 승객 명부에도 마르코 폴로의 이름은 발견되지 않는다. 그러나 《동방견문록》에 나오는 쿠빌라이의 궁정에 대한 기록은 정확한 것이니, 이 책을 구술한 인물, 즉 '마르코 폴로로 불리는 누군가'가 실제로 현지를 방문했다는 사실만큼은 확실하다고 볼 수 있다.

그리고 그 뒤에는 모로코 출신의 이븐 바투타(1304년~1368년)가 30년에 걸쳐 이슬람 각국은 물론이고 아프리카와 중국까지 여행하며, 《삼대륙주유기》라는 대여행기를 남겼다. (정식으로는 '여러 지방의 기이한 일들과 여러 여행길의 이적異蹟을 목격한 자의 진귀한 이야기'라는 장황한 제목이었다.) 이 역시 몽골제국이 제공하는 안전한 여행 인프라스트럭처가 대모험을 가능하게 한 것이 아니겠는가.

또 19세기의 대여행가로는 영국 여성인 이자벨라 버드를 꼽을 수 있다. 그녀는 메이지 시대의 일본 곳곳을 찾았고 조선, 청나라, 페르시아, 티베트 등을 다니면서 여행기를 남겼다.

일본은 그렇다 하더라도 치안이 확보되지 않은 지역도 있었을 텐데, 그녀의 뒤에는 아마도 대영제국의 위신이 틀림없이 있었으리라 생각된다. 세계 최고의 해군력과 세계 최강의 통화인 파운드로 뒷받침된 영국의 힘은 방방곡곡에 알려졌을 터이니, 버드가 찾아간 나라들도 만약 그녀에게 위해가 가해진다면 큰일을 겪을 것이라는 의식이 있지 않았을까.

이렇게 대여행가의 활약에는 '팍스 몽골리아,' 즉 몽골제국에 의한 평화나 '팍스 브리타니카' 같은 인프라가 크게 기여하고 있던 것이다.

이민을 택한 자들은 우수한 인재

여행가들뿐만이 아니다. 인간의 이동은 세계사를 다이내믹하게 움직이게 만드는 커다란 요인이다. 그중에서도 기후 변동에 의해 일어나는 여러 부족의 대이동은 대제국도 무너뜨릴 만큼 커다란 임팩트를 가져왔다.

예를 들어, BC1200년경 동지중해에서는 히타이트 제국, 대형 교역도시 우가리트, 신왕국 시대의 고대 이집트, 그리고 그리스의 미케네 문명 등이 돌연 잇따라 붕괴하였다. 그 원인은 오랫동안 수수께끼로 남아 있는데, 유럽 전체가 한랭화하면서 한꺼번에 엄청나게 많은 사람(바다 민족)의 이동이 발생했기 때문이라는 설이 유력하다.

이 고대 지중해 세계가 BC1200년에 파국을 맞이한 사실이 왜 인류사적으로 중요할까? 바로 히타이트의 철기를 만드는 기술이 세계로 퍼졌기 때문이다. 그전까지 히타이트는 이 기술을 국외로 흘리지 않았고 장인들을 내보내지도 않았다. 이는 프랑스 혁명으로 국왕이 살해되고 궁정의 요리사들이 프랑스 각지로 흩어진 덕분에 프랑스 요리가 널리 퍼진 것과 닮았다. 대국의 멸망이 문화를 확산한 사례들은 역사에서 어렵잖게 찾아볼 수 있다.

마찬가지로 서로마제국의 멸망도 기후 변동과 밀접한 관계가 있다. 2세기 중반부터 지구의 기온이 내려가면서 북쪽에 살고 있던 사람들은 추위를 견딜 수 없어 남쪽으로 이동하기 시작했다. 유라시아 대륙의 북쪽에서 남쪽으로 나아가다가 톈산 산맥 등의 산악과 맞닥뜨리게 됐다. 양이나 말과 함께 이동하는 것이었기 때문에, 가로막아선 산맥으로 인해 사람들은 자연스럽게 동서로 나뉘어 이동할 수밖에 없었다. 이때 동쪽으로 이동한 사람들이 4세기 중국에서 5호 16국을 세웠고, 서쪽으로 이동한 사람들은 (훈족의 전형적인 예에서 보듯이) 흑해 북방에서 들어와 게르마니아라는 지역에 살고 있던 사람들을 자꾸 서쪽으로 몰아붙였다. 이 대이동에 의해 서로마제국의 절반이 멸망의 길로 접어든 것이다.

이민과 난민이 세계사에 커다란 임팩트를 주고 있는 것은 왜일까? 간단히 말해서 그들이 심신 모두 건강하고 우수한 사람들이기 때문이다.

인간은 본래 자신이 태어난 토지에 머물고 싶어 하는 동물이다. 그 토지의 기후와 음식에 맞는 신체로 적응되어 있기 때문이다. 인간의 장내에 있다고 하는 약 3만 종류 1,000조 개의 생물(세균)은 나고 자란 그 토지의 생태계에 적응되어 있다.

나의 개인적 경험도 그랬다. 20대 시절 이집트를 여행했을 때, 나는 현지인들의 생수를 아무렇지 않게 마시고 있었다. "똑같은 사람이 마시는 건데 물론 괜찮을 거야." 그렇게 생각해서 그들의 생수를 벌컥벌컥 마셨는데, 그만 험한 꼴을 당하고 말았다. 나중에 의사 선생님이 훈계하셨다. "자네, 바보가 아닌가. 이집트 사람들은 태어났을 때부터 쭉 그 물을 마시고 살아왔기 때문에 장내 생물이 달라. 자네의 장내에 사는 세균은 지금까지 마셔본 적 없는 물이 갑자기 들어왔으니 놀랄 수밖에 없지."

익숙한 땅을 떠나는 일에는 음식물 이외에도 많은 리스크가 있다. 장시간의 이동에 견딘다는 것만 해도 육체가 건강하지 않으면 힘든 노릇이다. 언어와 문화가 다른 나라에 가면, 현지 언어도 배워야 하고 풍습과 관습도 이해해 몸에 익혀야만 한다. 즉, 외국에 나가기 위해서는 '외국 언어를 어느 정도 빨리 배울 수 있어야 하고, 뛰어난 자신감으로 어디에 있든 먹고 살 수 있는' 강심장이 필요하다는 뜻이다.

예를 들어, 당장 '지금보다 급여를 2배 더 벌 수 있고 재미있는 일이 있으니, 티베트에 가지 않겠는가?' 하는 권유를 받는다면 우리는 대개 주저하지 않겠는가? 고향을 떠나 다른 나라로 살러 간다는 것은 어느 시대든 자기 능력에 자신감이 있고, 강한 의지를 가진 사람들의 몫이었다. 그런 이주민들이 없었더라면, 가령 미국이 지금과 같은 번영을 일구었겠는가?

물론 대량의 이민 유입은 마찰을 낳기 마련이다. 이를 받아들일 수 있는 힘과 관용을 가진 국가만이 더 나아가 번영을 이룰 수 있을 것이다.

소수파의 지배가 관용을 낳는다

사람들이 배불리 먹고, 마음 편히 잠을 자고, 상사의 흥을 볼 수 있다면, 한마디로 말해 '관용적인 사회'라고 할 수 있다.

페르시아, 로마, 당, 이슬람, 몽골 등 번영을 이룬 대제국에 공통되는 것은 그 통치가 관용적이었다는 점이다. 그 이유도 간단히 말하면, 소수파가 정권을 잡았기 때문이다. 높은 문명과 '정관貞觀의 치治', '개원開元의 치'라고 불리는 태평성대를 누렸던 당은 선비족 탁발부의 왕조로, 한민족이 아니었으며, 로마의 황제 중에서도 트라야누스와 하드리아누스는 스페인계로 순수한 로마인이 아니었다. 강희제, 옹정제 등의 현제를 배출한 청나라도 만주족이었다.

소수파, 즉 이민족에 의한 정복이라고 하면 잔학하고 고압적인 이미지가 떠오르겠지만, 실제 역사가 주는 교훈은 오히려 그 반대다. 예컨대 만주족 같은 소수의 세력이 가혹하고 억압적인 자세로 나갔다면 대다수를 차지하는 한민족이 일제히 봉기를 일으켜 통치할 수 없는 상태가 됐을 것이다. 소수자의 정복 왕조일수록 관용적인 태도를 보일 수밖에 없는 일이다.

식민지 정책이 비교적 온화했던 대영제국 등도 이러한 예 중의 하나이다. 식민지에는 현지 주민이 압도적으로 많다. 당연하다. 그 때문에 영국은 인도의 최고층을 잘 포섭하여, 그들의 자제를 옥스퍼드나 케임브리지에 유학을 시키는 등, 친영 세력을 만들어 실로 교묘한 통치를 펼쳤다.

몽골제국이 그처럼 광대한 지역을 단기간에 정복할 수 있었던 것은 군대가 강력했던 탓도 있지만, 무엇보다 정보전이 뛰어났기 때문이다. 그들은 위구르를 침략했을 때, 상인 등에게 이런 소문을 사방에 퍼뜨렸다. "몽골의 힘은 지상 최강이다. 그들에게 저항하면 사체가 산더미처럼 쌓이겠지만, 항복한다면 관대히 다뤄질 것이다." 그런 소문을 들었다면 몽골군이 오자마자 모두 바로 항복할 수밖에 없지 않겠는가. 이것이 몽골제국의 스피디하고 스무드한 정복으로 이어진 것이다.

실제로 군사력을 이용한 정복은 공격하는 쪽에서 봐도 너무 리스크가 크고 비용 또한 크다. 누구든 서로 싸운다면 둘 다 주먹이 아플 수밖에 없을 테니까. 교섭이나 회유나 금전을 통한 해결이 훨씬 더 효율이 좋은 것은 당연한 이치. 오히려 무력은 교역이나 외교가 잘 통하지 않을 때 최후의 고육지책苦肉之策이라고 할 수 있는 것이다.

9세기부터 11세기에 걸쳐 유럽에서 활약했던 바이킹은 원래 스칸디나비아와 발트해 연안의 사람들이 배에 생선을 가득 싣고 나가, 잉글랜드나 프랑스에서 밀가루와 교환했던 것이 시초였다. 그런데 교환 시세를 속이는 등 문제가 일어나면서 장사가 정당하게 이루어지지 않을 때는 상대를 때려잡아야 멸시당하지 않는다고 하여, 무장하기 시작한 것이다. 그러니까 장사하는 데 문제만 없었더라면, 바이킹도 그저 보통의 상인으로 남았을 것이었다. 이는 왜구倭寇도 마찬가지여서, 명나라와 교역이 잘되는 시기에는 바다 민족의 공동체일 뿐이었으나, 명나라가 해금 정책을 취하고, 그들의 교역을 금지하면서부터 해적이 되었다. 명나라는 몽골계의 북방 민족에 대해서도 통상을 거절한 것 때문에 침략을 당해, 황제가 포로로 잡히기도 했다.

일본을 디자인한 리더들

일본의 역사 속에서 빛나는 천재적인 정치가 중 한 명이 다이라노기요모리라고 할 수 있을 것이다. 애초에 가마쿠라 막부의 원형이 되는 무가 정권의 아이디어도 그의 로쿠하라 정권을 토대로 하여 생겼으며, 미나모토노 요리토모는 이를 그대로 따른 것뿐이다. 일-송 무역을 통해 송나라와의 가교를 열었고, 송나라 화폐를 본격적으로 수입하여 일본에 화폐 경제를 가져왔으며, 개인의 재량으로 4백 년 동안 이어진 헤이안쿄에서 후쿠하라로 천도하는 등, 걸출한 그랜드 디자이너로서 그는 오다 노부나가에 필적하는 존재였다고 생각한다.

일본사에서 흥미로운 인물은 아무래도 외부 세계와 직면했던 시기에 탄생했던 것 같다. 예를 들면 후지와라노 후히토가 그렇다. 중국에는 당, 조선에는 신라라는 통일 국가가 생겨났고, 백제와 친교가 두터웠던 일본은 백강구 전투에서 일패도지一敗塗地하자 필사적으로 로쿠메이칸 정책을 펼쳤다. 이 로쿠메이칸 정책을 주도한 것이 바로 후지와라노 후히토, 그리고 그를 등용한 것이 지토 천황이었다.

후히토는 호복을 입고 모습까지 당나라풍으로 바꿨으며, 당이 읽을 수 있도록 《일본서》를 편찬했다. 우리는 학교에서 이를 《일본서기》라고 배웠다. 중국의 정사로는 《한서》가 대표적인데 이는 본기(황제의 전기), 열전(인물전), 표(왕이나 공신 등의 계도 혹은 연표), 지(지리, 천문, 경제 등)로 나누어져 있다. 즉, 《일본서기》는 《일본서》의 본기인 것이다. 원래는 열전이나 지志도 편찬하려 했으나, 그러지는 못했고 결국 기紀만 완성되었다. 풍토기는 지志를 준비한 것이었다. 이때 천황이라는 칭호가 생겼고, 일본이라는 국호도 확립되었다. 그런 의미에서 일본이라는 국가를 가장 처음 디자인한 것은 지토 천황과 후히토라고 할 수 있을 것이다. 아마테라스 오미카미가 여성인 것도 지토 천황이나 겐메이 천황을 모델로 하고 있기 때문이리라.

그리고 현재로 이어지는 근대 일본을 디자인한 것은 막부 말기의 아베 마사히로를 중심으로 하는 관료들이었다고 생각한다. 유럽의 대형 함선이 내항했을 때 그들은 이렇게 생각했다. "문호를 개방하여 세계와 교류해야 한다. 산업을 번창시켜 경제력을 키워야 한다. 그 돈으로 국가를 지키기 위해 군비를 갖춰야 한다." 즉, 개국, 부국, 강병이라는 세 기둥이 에도 막부의 기본 방침이었던 것이다.

일본은 제1차 세계대전이 끝나고 국제 연맹을 탈퇴, 런던 해군군축 조약을 파기하여 '개국'을 포기하면서부터 비정상적인 행로를 걷게 된다. 자원이 없는 일본은 교역의 전제가 되는 '개국'을 포기했고, 따라서 부국과 강병을 이룰 수 없었다. 그 결과, 제2차 세계대전에서 패배했으며, 요시다 시게루는 '강병'을 버리고 개국과 부국이라는 두 장의 카드로 일본을 다시 일으켜 세운 것이다.

우리는 흔히 말한다. "역사를 통해서 배운다." 그러나 역사적인 현상 그 자체는 똑같이 되풀이되지 않는다. 당연하겠지만 노부나가가 다시 태어난다든지, 로마제국이 재현되는 일은 없다. 그럼, 무엇을 배워야 한다는 것인가?

인간이라는 동물이 만드는 사회와 체제의 원리 원칙이 무엇인지를 배워야 한다. 번영했던 국가, 오랫동안 존속되었던 국가들은 어떤 시스템을 구축하고 있었는지, 그를 움직이게 하는 지혜는 무엇이었는지, 반대로 실패했던 요인은 무엇이었는지, 등을 배워야 한다.

인간의 뇌는 지난 1만 년 정도 진화하지 않았으므로, 그러한 원리원칙에는 분명 현대에도 통하는 부분이 있으리라고 생각한다.

데구치 하루아키
1948년 미에현 출생.
교토 대학 졸업 후, 일본 생명보험상호회사에 입사.
런던 현지 법인 사장, 국제업무부장 등을 역임.
그 후, 라이프넷 생명 보험을 창업.
현재, 리쓰메이칸 아시아태평양대학 학장.
《전세계사(상하)》, 《세계사의 10명》 등 저서 다수.

02
세계사에서
무엇을 배울 것인가?

근대적 국민국가를 향한 도전

노다 노부오
교토대학 명예교수

　메이지 유신 이후 약 1세기 반이 지났다. 그동안 일본인은 근대적 국민국가를 구축하고, 그 체제 아래에서 살아왔다. 이는 알다시피 유럽 열강을 모델로 하고 있었으나, 본래 일본은 국민국가를 형성하는 데 적합한 조건을 갖추고 있었다. 막번 체제 아래 정치의 일체성이 확보되어 있었고, 주위가 바다에 둘러싸여 고유의 영토가 비교적 명확히 구별되어 있었으며, 그곳에 사는 사람들의 언어적, 문화적 통일성도 현저히 높았기 때문이다. 실제로 이러한 조건 덕분에 일본은 비교적 수월하게 근대적 국민국가로 전환할 수가 있었다. 그리고 오늘날에도 대다수 일본인은 이 생활 체제에 대해 조금도 의구심을 안 가지고 있다. 그러나 최근의 세계정세에는 이러한 근대적 국민국가에 안주하고 있는 우리를 불안에 빠뜨리는 요소가 포함되어 있다.

한편으로 중국의 존재가 커지고 있으며 그 팽창주의적 경향은 우리에게 큰 위협으로 다가오고 있다. 마치 중화 제국이 부활하고 우리는 아시아의 구석으로 내몰릴 것만 같은 형국이다.

또 지금까지 우리랑 멀다고만 생각했던 중동에서 우리나라 사람들이 테러의 대상이 되었다는 보도가 흘러나오기도 한다. 그리고 칼리프제 국가를 표방하는 집단의 난폭한 활동도 전해진다. 그런가 하면 스코틀랜드의 독립이 주민 투표에 부쳐졌다는 뉴스가 허를 찌르기도 했다.

이러한 정보를 접하면 우리는 정보의 전달 속도에 감탄하면서도 마치 중세로 돌아간 듯한 착각을 느끼기도 한다.

중화 제국의 부활이나, 칼리프의 지배나, 스코틀랜드의 독립, 이 모든 것이 중세를 떠올리게 한다. 이런 현상들은 얼핏 상호 관계가 없는 것처럼 보이지만, 실은 한 가지 공통되는 점이 있다. 근대적인 국민국가에 도전한다는 사실이다. 다시 말하자면, 메이지 이후 일본인에게 익숙해졌고 우리가 안주해왔던 생활 체제가 지금 다양한 방향에서 도전을 받고 있다는 것이다.

국민국가에서 4제국 시대로

이를 염두에 두고 최근 세계를 전망해보면, 제국으로서 부상하고 있는 것은 중국뿐만이 아니라는 점을 깨닫는다. 억 단위의 거대 인구를 거느리는 광역적 다민족 국가를 제국이라고 규정한다면, 미국을 가장 첫 번째로 들 수 있을 것이며 러시아도 이에 꼽힐 것이다. 또 유럽연합(EU) 역시 제국으로서의 요건을 충족하고 있다고 생각한다.

이 마지막 부분 EU에 대해서는 조금 설명이 필요하다. 현재 EU를 독일을 핵으로 삼는 제국이라고 보는 데에는 상당한 저항이 있을지도 모른다. 독일 자체가 EU의 규약에 의해 행동에 큰 제약을 받는 국가이기 때문이다. 그러나 관점을 조금 달리해 보자. EU에서 보기 드물게 8천만이 넘는 인구에다 높은 경제력을 가지고 있는 독일이 오히려 EU의 규약을 통해 광대한 유럽을 지배하고 있다고도 볼 수 있다. 적어도 EU 각국은 이제 단순한 근대 국민국가가 아니다. 프랑크 제국이나 신성로마제국의 흐름에 편승한 초^超국민국가적인 조직체이자, 독일을 정점으로 하는 광역적 다민족 국가로서, 이를 제국이라고 부르기에는 무리가 없을 것이다.

지금 세계 정치는 선진적인 국민국가가 아닌 미국-중국-러시아-EU의 4제국에 의해 움직이는 시대가 되었다. 국민국가의 기반은 국민이지만, 제국의 기반은 문명이다. 따라서 제국은 어떠한 의미에서 팽창주의적이고, 다수의 문명이 만나는 지역에서는 제국 간의 마찰이나 충돌이 발생하기 쉽다. 이러한 제국의 시대에 우리가 놓여 있는 미묘한 위치가 바로 여기서 중요한 이슈다.

미국의 정치학자 새뮤얼 헌팅턴에 따르면 일본은 중국 문명, 유럽 문명과 구별되는 독자적인 문명을 갖는다고 한다. 그러나 그 문명권은 국가의 범주를 넘어서지 않는다. 그에 따라 스스로 독자적인 다민족 제국을 형성하지 못한 채 미국과 중국 같은 다른 문명과 상호 대립, 충돌하는 과정에서 우왕좌왕하게 되는 것이다. 헌팅턴이 쓴《문명의 충돌》의 시나리오에서는 머지않아 일어날 수 있는 미 · 중의 문명 전쟁에서 일본이 초라한 존재로 희화적戱畵的으로 다뤄지고 있다.

제국 시대에 일본이 놓인 위치의 특이성을 알기 위해서는, 특히 유럽 각국과의 비교가 도움 될 것이다. 일본은 영국-독일-프랑스 같은 유럽 각국을 모델로 삼아 국민국가를 구축해왔으나, 현재 국가 형태에 관한 피아彼我의 차이는 크게 나타났다.

간단히 말해서, 유럽 각국은 지금 자신들의 국가라는 지붕 외에 EU라는 국가를 넘어선 공통의 큰 지붕을 가지고 있다. 소위 이중 구조의 양식으로 되어 있는 셈이다. 이에 반해 일본은 국민국가라는 하나의 지붕만을 가지고 있다. 이 상태라면 세계 정치에서 일본의 발언력이 독일 등에 비해 낮아지는 사태는 피할 수 없을 것이다.

이러한 차이가 생겨난 배경에는, 중세 이래 긴 역사 속에서 유럽이 제국 사상을 바탕으로 정치적 통합에 대한 지향을 잃지 않았다는 기본적 사실이 있다. 제국에 대한 이러한 지향은 시대를 내려가 보면 오스트리아-헝가리 제국처럼 광범위한 영토와 다민족으로 이루어진 조직체를 탄생시켰다. 이 기묘하고 복잡한 조직체는 20세기 제1차 세계대전까지

명맥을 유지했는데, 중부 유럽이나 동유럽만 EU는 이 제국의 계승자라고 볼 수 있을 것이다.

한편 동아시아의 한 모퉁이에 있는 일본은 이러한 제국적 질서와는 무관했다. 메이지 이후의 일본은 자신을 대일본제국이라 칭했고, 또 쇼와의 한 시기에는 '대동아공영권'을 외친 적도 있었다. 그러나 패전과 그 후의 경제 성장은 식민지를 두지 않는 국민국가의 유리함을 가르쳐준다고 생각되었다. 그래서 일본인의 대다수가 국민국가라는 정치 형태에 안주하고 있는 것이다. 하지만 현실의 세계에서는 어떤가? 국민국가의 전성시대는 끝이 났고, 국민국가를 위협하는 현상들이 여기저기서 일어나고 있다. 스코틀랜드의 독립운동도 그 가운데 하나일 것이다.

스코틀랜드의 독립운동은 오랫동안 일본이 근대화의 모범으로 삼아온 영국이라는 근대 국가를 해체의 위기에 노출했다. 다시 말해, 이는 영국이 소국의 연합체이며 한층 더 작은 국가의 단위로 분열될 가능성을 보여준 것이었다. 이와 관련해서는 냉전 종결 후에 유고슬라비아나 체코슬로바키아가 소국으로 분해되고 또 벨기에가 왈롱과 플라망이라는 작은 국가의 대립에서 연방국으로 변신을 이룬 사실도 함께 알아두어야 할 필요가 있다.

유럽에서는 유럽 통합이 진행되는 한편, 근대 국민국가보다도 낮은 수준에서 새로운 바람이 일고 있다. 이는 작은 국가로 귀속하자는 의식의 부활이라고 볼 수 있다. 이 때문에 불필요한 마찰이나 항쟁이 일어나고 있다는 것도 부정할 수는 없지만, 여기에는 유럽이 '다양성을 가진 통일체'라는 점이 여실히 드러나고 있다. 일본에서는 최근 갑자기 '지방

창생地方創生* 정책을 주창하기 시작했지만, 유럽과 비교했을 때 소국이라고 불릴 만한 단위가 거의 없는 만큼, 이 슬로건에서 구체적인 성과가 나오기는 힘들지 않을까 생각한다. 어디까지나 일본은 국민국가 단계에서 통합성이 높은 것이다.

역사에 일관되는 문명의 패턴

만약 국민국가의 전성기가 지나고 제국의 시대가 도래한다면, 세계사의 관점도 크게 바뀌어야 할 것이다. 역사를 바라보는 관점으로는 크게 순환사관과 목적사관의 두 가지가 있다. 전자는 역사란 되풀이된다고 간주하는 것이고, 후자는 역사가 특정의 목적을 향해가는 진행 과정이라고 보는 것이다.

종래 세계사의 개론서들을 비롯해 일반적으로 널리 유포되어온 관점은 후자인 목적사관이다. 이는 세계사 전체를 일정한 이상理想 상태를 향해 나아가는 발전 과정이라고 표현한다. 이때 세계사가 목적으로 삼는 이상 상태는 근현대 구미 각국의 문명이다. 즉, 지금까지의 세계사는 구미 중심주의의 일원적인 문명사관에 서서, 세계 각 지역의 다원적인 문명의 역사를 경시해왔다.

그러나 이러한 세계사상으로는 제국의 시대에 충분히 대응하기가 어렵다. 왜 그럴까? 현재 세계 각지에서 부상하고 있는 제국은 각자의 독자적인 문명을 기반으로 하고 있기 때문이다. 구미의 문명을 찬양하여온 세계가 그 문명에 동일화되어가는 과정이 세계사라고 본다면, 세계의 현실과 그 사이에는 명백한 괴리가 드러날 것이다. 현실 세계의 각 지역에서 볼 수 있는 제국적인 현상을 이해하기 위해서는 세계사를 다원적으로 바라보는 다원적 문명사관의 입장이 유효할 것이다. 그리고 그를 위해서는 '순환사관'에 따라 역사 속에서 '반복되는 것, 유형적인 것'을 주시해야 한다. 바로 그 끝에 보이는 다양한 분야의 패턴이야말로 다른 문명과 구별되는 하나의 문명이 존재한다는 증거가 되기 때문이다.

예를 들어 유라시아 대륙의 북쪽 가장자리에 전개되는 러시아 문명의 경우, 그 정치사에서 하나의 패턴이 또렷이 떠오른다. 이 지역에서는 역사상 수많은 다민족 국가의 흥망이 나타나는데, 그동안 몰락한 국가의 무너지고 흩어진 영토는 신흥 국가의 손에 넘어가 보다 강력한 다민족 국가로 재편성되었다. 흥미로운 사실은 이 패턴이 20세기의 러시아에서도 반복되어지고 있다는 것이다. 러시아혁명에 의해 로마노프 제국의 영토가 궤멸했으나 이들은 그 후 소비에트 정권에 의해 회수되고 소비에트 연방이라는 강력한 다민족 제국으로 재편성되었다. 더불어 말하면, 로마노프 제국이 러 · 일전쟁으로 잃었던 사할린 남부는 스탈린에 의해 대일 참전의 대가로 회수되었다.

이처럼 '구 제국의 영토 회수'와 '다민족 제국의 재편성'이라는 정치 패턴은, 20세기의 소비에트 연방에 의해서 충실히 계승되었다. 그렇다면 같은 패턴이 소비에트 연방 붕괴 이후 러시아의 현 사회 체제까지 규정하고 있다고 보는 것은 그리 비약적인 발상이 아닐 것이다. 푸틴 대통령에 의한 크림반도 병합 및 우크라이나 개입도 같은 맥락 속에서 파악해야 할 것이다.

중국대륙으로 눈을 돌리면, 이 지역의 정치사에서 떠오르는 것은 뭐니 뭐니 해도 중화 제국이라는 통치 형태다. 여기서 중화 제국의 지배에는 '국경'이라는 개념이 결핍되어 있다는 점을 꼭 알아두기 바란다. 국경이란 다수 국가의 병존 상태를 전제로 하는 것이지만, 중화 제국은 자기들 외 다른 국가의 존재를 인정하지 않는다. 중화 제국은 문자 그대로 '보편적 제국Universal Empire'으로, 세계는 본래 모두 자국의 영토라고 여긴다. 물론 실제로 중화 제국의 통치가 미치는 범위는 한정되어 있으나, 이는 어쩔 수 없는 일시적인 상태이며 그곳에 있는 경계는 '국경'이 아니라 '변경'이라고 간주한다.

21세기인 지금, 중국의 지도자들이 정말로 이러한 중화사상을 아직도 버리지 않고 있을까? 그렇게 생각하기는 힘들다. 그러나 지금도 중국은 나라 이름에 '중화'라는 문자를 쓰고 있다. 그리고 그 통치의 실태는 방대한 관료 무리를 거느리는 '인치주의'의 전통적인 패턴을 따르고 있다. 때때로 표면화되는 중국 정치의 부패 규모와 심각함은 현 사회 체제의 지배가 중국사 특유의 가산제家産制(Patrimonialism) 지배 타입에 속한다는 사실을 말해주고 있다. 가산제 지배 아래에서는 공사의 구별이 불분명하며, 정실과 파벌이 얽히는 인간관계로 모든 일이 결정된다.

이처럼 현 공산당 사회 체제가 본질적인 부분에서 전통적인 중화 제국의 지배 시스템을 계승하고 있다고 본다면, 이 시스템 특유의 '국경' 감각을 현 사회 체제의 지도자가 조금이라도 계승하고 있다고 보아야 할 것이다. 그렇게 생각하면 동중국해나 남중국해로 드러내는 중국의 적극적이고 완강한 해양 진출의 자세 등도 설명할 수 있는 것이다.

여기서는 러시아와 중국을 예로 들어 각 제국의 역사에 공통되는 정치 패턴을 살펴보았다. 그리고 정도의 차이는 있을지 몰라도 각 제국이 현 사회체제 아래서 같은 패턴의 제약을 받고 있다는 것도 추론해봤다. 각 문명을 기반으로 여러 제국이 병립하는 세계의 현상을 파악하기 위해서는, 이처럼 역사를 유형학적으로 접근하면 도움이 될 것이다.

우리에게 남은 전략은

이야기가 조금 달라지는데, 근대 유럽에는 5대 열강에 의한 세력 균형 체제가 존재하여 자연스레 이 지역의 국제 정치에 질서를 부여하고 있었다. 이 체제는 18세기에 원형이 형성되어, 19세기의 오랜 기간에 걸쳐 비교적 잘 기능해왔다. 여기서 말하는 5대 열강은 영국-프랑스-프로이센(독일)-오스트리아-러시아를 가리킨다. 이 열강 중에서 어느 한 국가가 과도하게 강화되는 조짐이 보이면 다른 열강들은 연합하여 이를 제지하는 데 힘썼다. 그 결과, 열강들 사이에서는 힘의 균형이 유지되었고, 나아가서 장기에 걸친 유럽의 안정이 지속되었다.

이러한 사실로부터, 현 실상에 관한 중요한 물음이 하나 떠오르게 된다. 바로 18~19세기 유럽에서 보였던 세력 균형 체제와 닮은 체제가 오늘날 4제국 사이에서도 세계적 규모로 수립될 수 없는가, 하는 물음이다. 만약 이것이 가능하다면 제국 간의 대규모적인 충돌을 피할 수 있을 것이며, 그럭저럭 세계의 안정은 확보될 것이다.

그러나 결론부터 말하면, 이 물음에 대한 대답은 대단히 비관적일 수밖에 없다. 첫째로, 과거 유럽의 세력 균형 체제에 관여했던 열강은 러시아를 제외하고 모두 유럽 문명이라는 공통 기반 위에 서 있었다. 이에 반해, 미국과 EU의 관계를 차치하면 현재의 제국 상호 간에는 문명의 공통성이 보이지 않는다. 이 차이는 아주 큰 것이며, 근대 유럽형의 세력 균형 체제를 현대 세계에 소생시키는 데 커다란 장애가 되고 있다.

현대 세계에 세력 균형 체제가 수립되는 데 두 번째의 방해 요인으로는, 제국 간의 극단적인 인구 불균형을 들 수 있다. 인구의 수가 곧장 힘의 척도를 나타내는 것은 아니지만, 13억을 넘는 거대한 중국 인구는 그것만으로도 세력 균형의 수립을 불가능하게 만든다. 그 인구 규모로 인해 중국은 세계 정치 교란의 요인은 될 수 있어도, 지속적인 세력 균형 체제를 이끌어갈 수는 없는 것이다.

그러나 무엇보다 근대 유럽 스타일의 세력 균형 체제가 부활하는 것을 방해하는 가장 큰 요인은, 제국의 성격 그 자체라고 할 수 있다. 일정한 이념이나 가치관을 내걸고 보편주의적으로 지배를 확대해 나가는 바로 그 점에, '제국이 제국일 수 있는 이유'가 있는 것이다. 이는 미국도 EU도 예외가 아니다. 정도의 차이는 있을지언정, 미국은 집권하는 대통령마다 인권-자유-민주화 등의 이념을 내세워 미국적인 생활양식을 만방에 퍼뜨리려는 충동에 사로잡혀 있다. 그리고 EU는 유럽 통합의 이념 아래 실질적으로는 독일이 주도권을 잡는 형태로 유럽적 규모로 주권의 통합화를 꾀하고 있다. 이는 모두 근대 주권 국가의 범주에서 벗어나고, 국가 간의 세력 균형이라는 체제와는 어울리지 않는 존재다.

이렇게 봤을 때 4제국이 두드러지는 현대 세계에서 장래에 대한 전망은 매우 어두울 수밖에 없다. 상호 세력 균형 체제를 수립하지 못한 채, 제국의 보편주의적인 팽창 욕구가 충돌을 일으키고 세계의 불안정을 초래할 것인가? 혹은 제국 간에 가까스로 타협이 성립되고, 전 세계에서 새로운 세력권으로의 분할이 진행될 것인가? 어느 쪽이 되었든, 제국의 지위에 서지 못하는 일본은 세계 정치에서 영향력을 잃어갈 것이다.

여기서 다시 한번 주의하고 싶은 게 있다. 현재의 국제 정치에서는 현대판에 맞는 새로운 계층 질서가 급속하게 형성되고 있다는 점이다. 특히 유럽과 아시아에서는 독일과 중국이 제국으로서의 모습을 드러냄에 따라, 제국에 대해 주변 각국이 의존하고 종속하는 정도도 함께 깊어지고 있다. 그리스의 채무 위기는 놀랍게도 독일이 그 국가의 운명의 열쇠를 쥐고 있음을 보여주었다. 또 동아시아에서는 대만이나 한국의 중국에 대한 경제적 의존도가 커지고 있다는 사실을 부정할 수 없다. 아시아-아프리카에 대한 중국의 활발한 경제 공세 등, 인도네시아 주변에서는 이를 가리켜 '신식민지 주의'라고 비판하는 목소리도 나오고 있다.

제국 질서가 계층 질서와 뗄 수 없는 관계에 있는 이상, 각 제국이 스스로를 정점으로 하는 국제적인 계층 질서를 형성하는 데 혈안인 것도 당연한 일일 것이다. 수많은 주권 국가가 똑같은 평면 위에 공존하는 광경은 제국의 시대와는 어울리지 않는다. 세계 정치의 추세는 주권 국가가 공존하는 상태에서 다수의 계층 질서가 경합하는 상태로 향하고 있다고 봐야 할 것이다.

이러한 사정을 배경으로, '제국적'이지 못한 일본에 남은 행동 범위는 상당히 제한되어 있다. 미-일 동맹을 통해 미국이 주도하는 계층 질서에 참여하는 것. 동남아시아 각국 및 인도, 그리고 중-근동 각국과도 관계를 친밀하게 유지하는 것. 오로지 중국이 중심에 놓이는 화이질서華夷秩序에 편입되는 것을 계속 거부하는 것. 이러한 선택지 이외에는 일본이 실행할 수 있는 전략이 떠오르지 않는다. 그러나 아무리 화이질서 편입을 거부한다 해도, 중국의 군사적 위협은 현실적이며 또 중국의 거대 시장이 발휘하는 경제적 매력에는 저항하기 어려울 것이다.

결론적으로, 제국 시대의 일본의 장래는 더욱더 어두워질 것이다. 그렇게 생각할 수밖에 없다. 그렇게 된 이상, 나의 시대 관찰이 상당히 비관적이었음이 드러나고, 10년 후 혹은 20년 후의 일본에 '뜻밖에도' 밝은 전망이 찾아오기만을 바랄 따름이다.

노다 노부오
1933년 오카야마현 출생.
교토 대학 대학원 박사 과정 수료.
《20세기를 어떻게 바라볼 것인가》, 《히틀러의 시대》 등 저서 다수.

옮긴이 **이미경**

중앙대학교 일어학과를 졸업했으며 2013년부터 삼성SDI, 삼성디스플레이, 삼성전자 인하우스에서 통번역 활동을 하고 있다. 출간된 번역 도서로는 하라다 마리루의 《철학수첩》, 가와시마 요코, 마스다 무네아키의 《츠타야, 그 수수께끼》, 야마시타 세이지의 《연봉 10억을 만드는 습관의 힘》 등이 있다.

이 책은 계간 《문예춘추 SPECIAL》의 2015년 여름호에 실린 〈교양으로 이기는 대세계사 강의〉, 2016년 겨울호에 실린 〈뉴스를 알다! 세계 3대 종교〉, 2017년 봄호에 실린 〈입문 신세계사〉, 그리고 2017년 가을호에 실린 〈세계 근현대사 입문〉 등의 원고를 가필, 수정하여 재편집한 것입니다.

역사는 어떻게 삶의 무기가 되는가

초판 1쇄 인쇄 2019년 11월 4일
초판 1쇄 발행 2019년 11월 11일

지 은 이 문예춘추 편집부
옮 긴 이 이미경
펴 낸 이 권기대
펴 낸 곳 베가북스
총괄이사 배혜진
편   집 박석현, 강하나
디 자 인 박숙희
마 케 팅 황명석, 연병선

출판등록 2004년 9월 22일 제2015-000046호
주   소 (07269) 서울특별시 영등포구 양산로3길 9, 201호
주문 및 문의 (02)322-7241   팩스 (02)322-7242

ISBN 979-11-90242-10-3 03900

※ 책값은 뒤표지에 있습니다.
※ 좋은 책을 만드는 것은 바로 독자 여러분입니다.
   베가북스는 독자 의견에 항상 귀를 기울입니다.
   베가북스의 문은 항상 열려 있습니다.
   원고 투고 또는 문의사항은 vega7241@naver.com으로
   보내주시기 바랍니다.

홈페이지 www.vegabooks.co.kr
블로그 http://blog.naver.com/vegabooks.do
인스타그램 @vegabooks   트위터 @VegaBooksCo   이메일 vegabooks@naver.com